东 南 法 学

(2013年辑·总第5辑)

东南大学法学院
刘艳红 主编

东南大学出版社
·南京·

图书在版编目(CIP)数据

东南法学. 2013 年辑：总第 5 辑/ 刘艳红主编.
—南京：东南大学出版社，2014.12
　　ISBN 978-7-5641-5355-7

　　Ⅰ. ①东… Ⅱ. ①刘… Ⅲ. ①法学—文集 Ⅳ.
①D90-53

中国版本图书馆 CIP 数据核字(2014)第 280934 号

东南法学(2013 年辑·总第 5 辑)

出版发行	东南大学出版社
社　　址	南京市四牌楼 2 号　邮编：210096
出 版 人	江建中
网　　址	http://www.seupress.com
经　　销	全国各地新华书店
印　　刷	江苏凤凰数码印务有限公司
开　　本	787 mm×1092 mm　1/16
印　　张	12.5
字　　数	307 千
版　　次	2014 年 12 月第 1 版
印　　次	2014 年 12 月第 1 次印刷
书　　号	ISBN 978-7-5641-5355-7
定　　价	30.00 元

本社图书若有印装质量问题，请直接与营销部联系。电话(传真)：025-83791830

《东南法学》编委会

学术顾问（以姓氏笔画为序）

王利明　李步云　应松年　张文显

陈兴良　韩大元

编委会主任　周佑勇

主　　编　刘艳红

副 主 编　汪进元（常务）

编　　委　龚向和　孟鸿志　肖　冰　孟　红

周少华　张洪涛　胡朝阳　施建辉

欧阳本祺

编　　辑　王禄生　宋亚辉　熊樟林　陆　璐

CONTENTS 目 录

东南法学
SOUTHEAST LAW REVIEW

名家讲坛

刑事辩护的中国经验　　　　　　　　　　　　　　　　　　陈瑞华（ 1 ）

刑法教义学与刑事政策的关系：从李斯特鸿沟到罗克辛贯通

　　　　　　　　　　　　　　　　　　　　　　陈兴良　梁根林（ 15 ）

法学专论

非刑精神病强制医疗的欧洲视野　　　　　　　　　　　　　魏晓娜（ 31 ）

知情同意原则的外延　　　　　　　　　　　　　　　　　　赵廉慧（ 45 ）

浅析我国 BOT 特许经营之法律障碍　　　　　　陆　璐　张　敏（ 57 ）

论我国城市交通中平等权之实现　　　　　　　　　　　　　陈道英（ 64 ）

关于城市交通规划编制法治化的若干问题思考

　　　　　　　　　　　　　　　　　　　　　　杨　洁　过秀成（ 70 ）

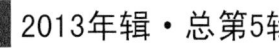

域外法制

日本医疗事故与损害救济　　　　　　　　　　　[日]石川宽俊
　　　　　　　　　　　　　　　　　　　　　　　高　翔　译（78）

译注日本《医师法》　　　　　　　　　　　　　　张忆红（85）

论美国大陪审团制度的历史发展与现实意义　　　王禄生（93）

青年论坛

论消费者法律概念的适用冲突与协调路径　　　　黄伟峰（102）

论动机错误　　　　　　　　　　　　　　　　　朱奕奕（112）

不兼容的排除合理怀疑　　　　　　　　　　　　韦永睿（123）

社会管理创新视角下的"微博问政"　　　　　　曾　佳（136）

两岸内幕人交易禁止期间之检视　　　　　　　　罗四维（146）

实务论坛

违反规章的合同效力判断　　　　　　　　　　　桂　艳（155）

《检察院组织法》修改背景下检察委员会制度立法完善
　之思考　　　　　　　　　　　　　　　张建兵　张　涛（164）

试论新刑诉法语境下贿赂案件共同被告人
　供述证据的补强规则　　　　　　　　　　沈　威　姚　舟（169）

分离与互动：家事纠纷诉调对接机制之完善　　　黄银斌（180）

刑事辩护的中国经验
——陈瑞华教授演讲实录

陈瑞华[*]

各位律师朋友,非常高兴我们有这个机会一起讨论刑事辩护问题。我和律师交往很多,已经有十来年的交往历史了,包括全国律协,包括省级的律协。除了讲学以外,我也做了一些研究项目,对刑事辩护的现状和存在的问题也有了一些粗浅的了解。虽然我本人不是辩护律师,但是和律师界有各种各样的交往。其中,我印象最深、最早、最密切的交往来自我和田文昌律师领导的全国律协刑事辩护委员会合作的一个项目。在为期一年多的调研时间内,我参加了20多个座谈会,与数百名全国最优秀的刑事辩护律师进行了交流,了解了刑事辩护中存在的问题,也了解了律师对修改刑诉法的声音。最终,我们形成了一部有关刑事诉讼法修改的建议稿(下称《建议稿》)。

此次刑事诉讼法的修改可能也吸收了《建议稿》的一部分内容,比如律师的会见问题,比如今天一直在争论的刑诉法中最大的突破——三十四条第一款,即律师在前往看守所会见犯罪嫌疑人的时候要带着案卷进看守所与之核实有关证据,这个当初在我们的《建议稿》里面是明确用5~6个条文规定了被告人、嫌疑人的阅卷权。最终,新刑诉法中争议特别大的三十七条第四款就在某种程度上吸纳了此种意见。这一点我待会儿还要特别讲一下。

再比如说,我们吸收了全国很多地方律师辩护的经验,将之变成了新刑诉法一百九十二条第二款,这是一个重大的突破,可以说它既不是英美法也不是大陆法,完全是中国刑事辩护律师的总结,那就是如何对付控方的鉴定意见,如何打掉控方的鉴定结论。在《建议稿》中我们就提出了一种很多律师都试验过的新的经验——委托专家提供专家意见,出庭作证。我们把它称为对专家的鉴定,对鉴定的鉴定。今天我们越来越多的鉴定机构开始走这样一条道路,给律师提供一种新的业务服务,那就是如何打掉控方的鉴定意见。这里值得注意的是,我的目的不是提供另一个鉴定意见,因为目前的体制并不允许律师提供新的鉴定意见。律师只能申请重新鉴定、补充鉴定,这需要征得法官的同意,在实践中非常困难。因此我们可以尝试"曲线救国"——请更顶级的专家对控方的意见发表意见,指出它的毛病,发现它的不足,打掉控方的鉴定意见,辩护的效果就能同样达到了。新刑诉法第一百九十二条第二款

---

[*] 陈瑞华,北京大学法学院教授,法学博士。研究方向:诉讼法学、司法制度。

① 本文根据陈瑞华教授于2013年10月13日在"刑事辩护论坛"的发言整理而成。录音整理者为厦门大学法学院2012级硕士研究生靳毅文。

说的就是这个意思。不知道各位在实际操作中用到上述策略的比例如何。以我个人接触很多律师的经验来看,最近这一段时间,用这条对付控方的鉴定意见的辩护越来越多。

又比如说,2006年前后我们曾经撰写了一份"律师版的刑诉法修正案"(下称《修正案》),其中第一次规定了庭前会议。当然,在《修正案》中我们把它称作"庭前听证"。之所以增加这一条是基于这样的理念:律师在庭前听证中要有所作为,打官司,先打程序。过去没有庭前会议,是承办法官带着书记员,秘密地、单方面地进行庭前准备活动,律师无从介入,律师只能在审判程序启动以后介入。从新刑诉法第一百八十二条第二款来看,立法者吸收了《修正案》的观点,确立了庭前会议制度。近期发生的几个大案,都有庭前会议的身影。刘志军案件,律师参与庭前会议,进行了一整天,法庭庭审才半天;李天一案件,北京市海淀区法院进行了两次庭前会议,接近两个整天,中间间隔十天左右;薄熙来案件,庭前会议持续了一天。在上述案件的实践中,大量程序争议问题,放在庭前会议解决。律师在庭前会议可能会提出很多个诉讼请求,跟公诉人进行抗辩,要求法官做出裁决。比如薄熙来案件最后有3个证人出庭,完全是庭前会议律师介入的结果,没有庭前会议律师的据理力争,不可能有这样的结果。

此外,我们需要进一步思考,庭前会议律师做的辩护算什么活动呢?我们在律师界发现,很多律师都反映现在有点乱,传统的理论概括、经验总结已经难以解释当前形势的变化。具体来看,过去的辩护是以审判为中心的,尤其是以法庭辩论为中心的,以审判为中心的辩护,这是一个多年来形成的基本格局。今天看来已经不合时宜了,因为我们看到,审判前的辩护出现了,这次刑诉法修改,侦查阶段律师可以介入,批捕阶段律师可以介入,审查起诉阶段庭前会议律师都可以介入,还可以申请解除羁押、变更强制措施、会见阅卷调查,在庭前大量活动等待着律师去做。上个月我在吉林讲课,我提出一个观点,大家不一定都赞同,但是至少引起了争论,那就是庭前的辩护活动律师做好准备没有。过去我们律师对庭前辩护应该说有两个态度:要么不重视,要么给予暧昧的重视,总认为庭前活动是做一些法律之外的、带有潜规则性质的一些交流妥协活动。如今庭前的一系列辩护程序上敞开了大门,在这种情况下我们如何对待庭前的辩护?是不是还要把我们的辩护活动仍然集中在法庭审判阶段?我认为,单纯以法庭辩论为中心,以宣读辩护词为标志的传统辩护方式已经无法适应新形势的需要。因为制度发生了重大的变革,而我们如果依然遵循以往辩护的经验技巧,可能就跟不上时代的发展。

除了参加全国律协的项目以外,我后来还参加了美国律师协会的一个项目。平心而论,这是我收获最大的一次。在这个项目中我与3个省的律师协会(贵州、河南、山东)进行了为期一年的关于死刑辩护的合作。经过一年的工作,3个省的律师协会都出台了关于死刑辩护的规范指导意见(红头文件)。在这一年的时间里,我们进行了不下20次的研讨会,接触律师600人以上。可以说刑辩界的精英我们都接触到了。当时我们有一个雄心壮志,想系统地把这3个省律师刑辩的经验收集起来。

之所以有这个雄心壮志是因为我想改变过去律师界消极的面貌。因为过去律师开会都是批评的多,诉苦大会开得比较多。我记得最早在2000年左右参加全国律协的活动,今天想想那段经历也是感慨万千,那时几乎都是诉苦、批判。中国律师不应该是这样的模样。中国律师应该是激扬澎湃的,应该作为这个社会人权保障的先驱,应该充满斗争精神,不应该是无奈愁苦乃至凄惨,所以当时我有一个野心:一定要把我们律师界成功的经验写到条文之中,这个工作律师应该可以做。但是今天看,律师界做这个工作可能会有各种各样的困难,学者做这个工作有一点优势,那就是学者相对超脱一些。有时候站着说话不腰疼何尝不是站着说话更轻松呢,完全可以总结很多经验。在河南,我和一个律所的七八位刑辩律师交流了一个星期,把律师从收案到案件终结每个环节的经验技巧了解一遍。虽然有点像是解剖麻雀式的调研,但是收获极大。

举几个例子,比如我们今天很多律师抱怨:"当事人是当了事就是人,事一过就不是人。"这种现象我也听说过,当事人要的是结果,对过程不关注。但律师不能如此,一个过分关心结果的律师,必然走向风险代理。于是矛盾便产生了:当事人最关心结果,律师不关心结果,你怎么说服他将高额的诉讼费交给你又不投诉你呢?有人曾戏言,人世间最难的两件事都让律师摊上了:第一,用你的思想说服法官,说服中国法官可以说是最难的。第二,把别人的钱从他的腰包里掏过来对方还心甘情愿。怎么做到?这里面当然有最基本的职业操守和职业伦理,要重视客户的利益,但光是这样是不够的,一定要有技巧。比如有一个律师就告诉我,会见阅卷调查,很多律师不重视,尤其是大牌律师更不重视,很多律师都让助手去会见,自己只在法庭说几十分钟。在中国,给了你100万,乃至200万,说那20分钟,你觉得值吗?不投诉才怪!有一个律师就告诉我,为什么不把会见阅卷调查做得非常精致呢,在他的律所中,阅卷已经变成一门专业。年轻的律师进所,他要讲阅卷摘要的制作技巧,一个法律人,案卷摘要是基本功。3天前我在北京参加一个专家论证会,光卷宗就40多卷的合同诈骗案,七八位专家从下午2点论证到晚上8点,根本事实都没搞清楚。律师只是给了40个卷宗,他什么都不做,在这个案卷里面没有留下他的痕迹。我当时就有点发火,为什么不做案卷摘要?为什么不用20页纸把要点都给我摘录出来?缺乏对案情的了解,这种专家讨论是毫无意义的。试想,你在法庭开庭的时候会抱着40个卷宗去法庭吗?你来得及查找吗?在紧张的对抗下根本来不及。因此这就要求我们律师必须做好案卷摘要。我见过做得最好的案卷摘要,20页纸把几十卷的东西摘录进来,20页里的核心是3个要素:(1)证据的简单的摘要;(2)口供等言辞证据的变化情况,有的还有图表;(3)本案的时间表。有的案子非常复杂,拘留逮捕一审、二审、发回重审又退回补充侦查,折腾无数次。没有这个表格的话怎么能说清楚?

一个年轻的律师进律所要想让带他的师父能够省心,充当真正的助手,第一项基本功:阅卷摘要。我相信任何一个国家的法律人只要和案卷打交道,阅卷摘要都是基本功。有律师说,我的阅卷摘要可以做得非常好,让人感觉到我的劳动。好到什么程度?可以让人感觉到我花了一个星期在做这个。而且,阅卷摘要还可以给当事人看。为什么不能给当事人看卷呢?让当事人看卷是最危险的,这里面有无数的经验和教训,泄露国家秘密罪等责任追究在跟着你。让他看阅卷摘要没问题,这是你律师的工作量,这是你律师在案卷中留下的痕迹。你值不值这20万、30万的诉讼费,你的劳动量在那儿摆着呢。

再比如说会见,你会见就知道嘘寒问暖吗?在会见过程中,有经验有技巧。会见可以分为3种会见:第一次会见、中间会见、开庭前最后一次会见,功能都不一样。两年前和田文昌律师对话的时候,我们详细地划分了会见的功能。第一次会见两个功能:(1)建立委托关系。实践中,99%的委托都是家属代为委托的,因此律师第一次会见必须让他签字同意,从而建立委托关系。(2)建立信任关系。第一次会见能做到上述两个部分就不错了。中间会见,功能就多了:了解案情、发现新证据、发现辩护要点、形成辩护思路和协调辩护立场等等。

你研究过这些功能吗？开庭前最后一次会见，比什么都重要。开庭前最后一次会见离开庭越近越好，它最重要的功能是了解被告人在法庭上的思路。一个掌控不了自己当事人的律师是失败的律师。你都不知道他在法庭上要说什么，突然他认罪了，你这儿还念无罪辩护意见呢，这样会导致辩护彻底失败。我和田文昌律师曾经到美国访问。每到一个城市田文昌律师就问一个问题：你能跟你的委托人观点不一致吗？美国律师都笑了，说你这问题都很荒唐，我怎么能跟我的委托人观点不一致呢？还是辩护人么？美国律师说，你这个问题应该换一个问法，庭前沟通得怎么样，庭前不沟通肯定庭上出矛盾。最后一次会见，成功地践行了律师界的一句行话："律师最好的助手是当事人，在法庭辩护中最好的助手是当事人。"只要被告人和律师在法庭上配合得天衣无缝，辩护的效果就会好一些；只要双方发生矛盾分歧，辩护的效果肯定不好。这涉及律师的职业伦理，律师和当事人的委托关系问题，我待会儿要提到。最后一次会见还有一个要点，你的辩护词必须让被告看。中国刑事辩护的理论研究一个问题，被告人和律师都是辩护方，被告人才是辩护权的来源，被告人才是辩护权的真正享有者，律师只是协助他辩护的人，因此辩护词必须给被告人看。你的辩护词不给他看，他怎么和你配合？他怎么跟你协调一致对付控方？所以多少年来我们的很多律师总是不把被告人当成当事人。我经常说一个观点，法庭不把被告人当当事人，公诉人不把被告人当当事人，剃个光头，穿黄马甲，坐在法庭正中央，这哪是当事人？这是十恶不赦的坏蛋。可见，我国的法庭布局就把被告人妖魔化了。当时在刑诉法修改的时候我提议说，改变被告人的地位从改变法庭布局开始，要么被告人和辩护人坐在一起，要么公诉人和辩护人都坐在被告人旁边。哪有一个国家打官司让被告人离律师五六米远的，能协商吗，能沟通吗？这不是镇压法庭吗？但是我们律师界集体无意识地忽视这一点，我们总认为我们不是为被告人说话，而是为正义说话，为法治说话，但你忘记了一点，律师的第一职业道德是为了客户的利益，没有客户的利益哪有辩护。所以大家看，最后一次会见多么重要。最后一次会见是一个试金石，能试出一个律师的成熟程度，辩护的效果、律师的伦理、律师和委托人的关系都试出来了。凡是能做好最后一次会见的人，法庭庭审的效果能得到基本的保障。相反，凡是不重视的，往往会出意外。例如一个被告人请了两个律师，两个律师背靠背，一个辩护无罪一个辩护有罪，当庭发生冲突。这种情况当然有争议，但我们认为这会造成辩护方的自相残杀，造成辩护方的自相矛盾，造成辩护效果的相互抵消，这是让仇者快亲者痛的事情。当然这个涉及一个最复杂的问题，律师有没有权利独立辩护的问题，这个问题我待会儿简单讲一讲。我们整个的话语系统，和当前律师整个的发展方向可能有些矛盾。需要我们正视它。

再比如说在死刑辩护中，有律师提出另一个观点，死刑辩护尤其到了二审死刑辩护阶段，要高度重视量刑辩护，我去年参加最高法院的一个会议，最高法院5个刑庭的庭长，告诉我一个数字，让我极度震惊，在最高人民法院复核的死刑案件中，有三分之一的案件，律师做的是无罪辩护。这个不奇怪，如果认为无罪辩护有道理，当然可以做无罪辩护，但是非常遗憾的是，这些做无罪辩护的律师不做任何量刑辩护。法官问他，这个案件有3个争议焦点，涉及生与死，请律师帮助调查一下。然而，我们很多律师都充满道德上的一种正义感，拒绝做量刑辩护，坚持只做无罪辩护。言下之意，是否自首、退赃、被害人有无过错跟我无关，当事人是无罪的，我只做无罪辩护。法官说：这是最后一次机会，两个月以后就要决定杀和不杀了，你能不能提交无罪辩护意见，然后再给我提交一份量刑辩护意见？有的案子法官几乎到了恳求的地步了,你不去调查我就得亲自到地方上调查,请你帮我调查行不行。律师说不,就做无罪辩护,判无罪,这是你的职责。这里就涉及一个问题,一审、二审和死刑复核辩护,功能上要不要区分。都到了死刑复核了,最后一道关了,无罪辩护勇气可嘉,但是量刑辩护是不能缺的,最大限度地维护当事人的利益要求我们在做无罪辩护意见的同时指出几条量刑辩护意见来,留得青山在不怕没柴烧,先保他一条命再说。

除了全国律协和美国律师协会的项目之外,我跟律师界还有一个接触——与耶鲁大学合作的有关律师会见的项目。项目结束之后,我们整理了25条律师会见规范提交给了全国人大法工委。这个项目一开展,又发现了问题。有些可能比较超前。第一,会见过程中要不要带案卷,在刑诉法修改前一年我们提交了4条意见给人大,说明为什么要让被告人阅卷。在德国,侦查员在案件正式起诉时,案卷材料要有两份,一份给法官,一份给被告,这是检察官的义务,不做就是程序违法。当然律师也可以到法院阅卷。美国比较复杂,有联邦有各州,根据我看的资料,被告人的阅卷权也是能得到保障的,律师的就更没有问题。被告人为什么要阅卷? 第一,被告人有辩护权,有辩护权就得有质证权,有质证权就得阅卷,不阅卷怎么质证。这是辩护权的应有之意。第二,不阅卷的被告人容易和律师的观点发生分歧,对案件的事实产生误判,没法沟通。只有让被告人阅卷,才有可能和辩护人讨论案件。当然尽管被告人本人法律水平有限,但并不能因为这个原因就否定他的阅卷权。我们看薄熙来案,其中有一个细节,首席辩护律师让薄熙来看了全部案卷材料,薄熙来还做了摘录,法庭上一摞纸是他对案件的摘录,薄熙来可以从容不迫地发言。对证据发表质证意见,对证人发问,建立在他阅卷的基础上。所以薄熙来这个案件是特殊的人物、特殊的环境和特殊的背景给他特殊的保障。在现场旁听的律师朋友告诉我,薄熙来比律师发挥得还要好,律师发挥得已经相当不错,薄熙来的发挥则是出乎人们的意料。这跟他充分的阅卷有关。所以我们有的时候,对被告人对辩护的渴望没有重视。新刑诉法这次之所以把这个写下来,就是基于这个战略考虑,让被告人发挥更大的作用,让被告人和辩护律师之间相互沟通,做有效的质证。有一位律师告诉我他的经验,说一般的案件还看不出来被告人阅卷的优势。他有一次给一个经济类犯罪案件辩护,这个案件非常复杂,涉及很多的票据、董事会决议、合同文本、股权争议,一般遇到这种多学科交叉的案件,定性究竟是民事还是刑事,争议很大。被告人很特殊,是当地国有企业的总会计师,金融学博士,对金融领域的问题了如指掌,那天在法庭上,检察官和辩护人发表意见,讨论到中间,被告人忍不住说,审判长我要发言,审判长同意了。他说能不能让我澄清一下公诉人和辩护人讨论的问题,3分钟把问题澄清了,说这个在金融学领域是常识问题,你们争什么。后来法官休庭,专门跟检察官和辩护人说:"你们跟被告人再沟通一下,今天上午的讨论时间过得很快,但是很多问题没有讨论清楚。"然后在一个房间里,公诉人和辩护人就他们讨论的几个专业问题问被告人,被告回答得一清二楚。你不得不承认,专业就是专业,类似这种高度专业化的知识、经验和技巧,被告人本人具有更大的优势。如果开庭前让他阅卷,跟他沟通,辩护的效果会更好。所以让被告人阅卷,是我国继辩护律师阅卷之后一项重大的突破,最后写在刑诉法里,这跟我们当年律师界做的努力有很大关系。

再比如说,这次我们在做律师会见规范时,一个新问题又出来了。多少年来,我们理解的会见权就是律师申请会见在押被告人、犯罪嫌疑人的权利,真的是这样吗? 请问在押被告人、犯罪嫌疑人有没有权利要求会见律师? 根本上说,会见权是辩护权的核心,它是辩护权的保障也是表现。只有律师会见在押被告人、犯罪嫌疑人的权利,难道就没有被告人要求会见律师的权利吗?你看我国的刑诉法,整个的理念就是保障律师的会见权,为什么不保障被告人或犯罪嫌疑人的会见权呢?我们看医生,医生主动看病人当然好,但难道病人就没有权利主动要求医生来看病吗?谁是得病的人?谁最需要帮助?不言而喻。在去年上海举办的公安部全国监所会议上,当我们把这个问题提出来后,全场的100多个看守所所长震惊了,他们没想过。我说在押被告人、犯罪嫌疑人不是罪犯,不要用改造的思维。除了那些短期自由刑的人,嫌疑人、被告人在法律上是无罪的人,而且还是最需要救助的人。这个时候应该给他特殊的权利保障,你还给他剃光头、穿黄马甲、戴手铐脚镣,为了防止他逃跑可以,但是在法庭上是不能这个打扮的。我说将来得有三项工作要做:第一,每个看守所门口一个电话;第二,电话边要有律所名录;第三,必须有一个图书馆给他们看法律文书。还有嫌疑人应当有权随时随地要求会见律师,和律师沟通,且受托律师有义务到来。没有委托的律师但符合法援条件的,要在24小时内指定一个符合条件的律师跟他会见,会见权未来是双重的。这个理念现在有些超前了,但是你想想,会见权的主体是谁?难道被告人、犯罪嫌疑人没有权要求会见律师吗?如果答案是否定的,被告人要求会见律师的权利就成了律师的义务了,你的义务就是会见他。这里面涉及我国律师制度的一个深刻的观念的变革。要不要发生变革?这个大家都可以讨论。

近期我还主持了一个最新的项目。在这个项目中我与山东两个城市的律协(济南律协和东营律协)一起合作研究量刑辩护。量刑辩护又是我国辩护中最新的经验,量刑辩护是建立在对无罪辩护放弃的前提下,或者在做无罪辩护的同时进行量刑辩护。实际上,百分之九十乃至所有的案件都有量刑辩护的空间,那么我们应当怎么做量刑辩护?我们进行了一年的研究,有重大发现。坦白说,民间有智慧,只是智慧没有被吸收进来。总的来说,我在这个项目中有两个重大发现:第一,我们对量刑情节的研究失于简单和草率。近年来,刑法学界研究量刑情节取得了一些进展。但是从辩护实务的角度你会看到,它仍有新的空间。比如在调研的过程中,我们充分吸收了律师的观点,提出了一个标准,量刑情节不仅分法定和酌定,还有另一种分类方法,就是犯罪时已经出现的量刑情节和犯罪后新促成的量刑情节。上述区分标准是以犯罪行为为界。犯罪前的情节很多,比如主从犯、未成年、被告人有无过错、主观过错大小、前科,我国刑法规定的情节绝大部分是犯罪时已经出现的情节。但是近年来,刑事诉讼法和刑罚发生了重大的交叉,新情节大量适用,比如刑事和解,最高人民法院的司法解释把它变成了法定量刑情节,而且应当从轻,可以减轻,可以免除,使之在量刑的意义上可以和自首立功相提并论。这些情况包括但不限于积极退赃、积极退赔、认罪悔罪和被害方谅解。李天一的案件,另外3个被告人的辩护律师就用了一条,那就是和解。3个被告人每人赔了被害人15万,两个判缓刑,已经充分显示出中国法院的判决逻辑了,刑事和解已经发挥作用了。而李天一不认罪,拒绝赔偿,尽管是未成年人,依然被判了10年,那个成年人被判了12年。当然这个判决本身是有争议的,但是我们可以看到,今天中国法院的逻辑,对整个的刑事和解很重视。刑事和解是犯罪后出现的情节,更不用说自首立功坦白了。有人计算了一下,在我国整个的刑事司法辩护实践中,十几种常用的情节都是犯罪后新促成的情节。

如果大家认同这个标准的话,在这两类情节中律师的工作重点是什么?对第一种量刑情节,律师的工作重点是发现、搜集和调查。对后一部分量刑情节,光收集调查没用,要积极促成。律师要努力成为量刑情节的制造者、促成者。刑事和解不是从天上掉下来的,你要斡旋、促成,要参与妥协的过程。

再比如,在量刑辩护中我们也发现了一种新的经验:律师如何做调查。我们过去老说调查难,在无罪辩护中调查确实困难,在程序辩护中调查确实困难,你调查被告人是否无罪或者被刑讯逼供,难度太大,风险极大。但是我们也发现,在定罪问题基本没有争议的情况下,量刑情节的调查没有那么大的麻烦。到居委会开一个证明,到学校开个证明,到被害人家里调查,到派出所调查,有的时候基本上能得到保障,不像无罪辩护中的调查那么困难。又有一个问题出来了,你会调查吗?我和田文昌律师专门就此进行了讨论,有经验有教训。举例,山东东营一个区法院开庭审判一个抢劫案,案情很简单,两名被告人入住宾馆,叫一楼的按摩女上楼按摩,一进房间门一反锁,嘴堵上,手捆上,把她身上的钱款抢劫一空,最后发现了信用卡。然后经过殴打逼她交出了密码,然后一个人看着她,一个人取钱,取了钱之后两人发了个手机短信跑掉。后来两人走投无路投案自首。经查,两人一共抢了7 000元人民币。受审时,案情清楚,没有无罪辩护空间,律师就做量刑辩护,两人对事实供认不讳,没有争议。我们的律师在开庭时当庭递交两份书面意见,说被害人是个河北籍的女子,昨晚才回到东营,调查了两份材料——第一份:被害人的量刑建议书,简单地写了一下情况,说得到了一万元的赔偿,请法院判缓刑,被害人签名了。第二份是被害人的收据,内容为被害人今收到谁谁谁送来的钱,人民币壹万元整,年月日,签名。法庭让公诉人质证,公诉人提了两个问题:第一,谁调查的这两份证据?辩护人说是我,公诉人说你调查怎么在证据上没有反映,你调查的时间、地点、见证人、询问过程和问答都没有,鬼才知道是不是被害人签的字,你向我证明是不是被害人真实的签名。第二份收据是她真的收到这个钱了吗?你怎么能向我证明不是伪造的,不是你随便找个人签的呢。辩护人很委屈:我辛辛苦苦跑了一天搞来的证据,居然不信任我,那要这样的话对你的卷宗我也可以不信任。公诉人问,你看的卷宗,我哪份调查没有时间地点,过程见证人、询问人还是两人。在打证据的时候经常打案件证据的来源,有没有看验检查笔录,有没有搜查笔录,有没有各种笔录的记载、佐证。你的调查有吗?在证据法学上我们有个概念叫鉴真问题,又叫证据链条的完整问题,你这个书证的真实性在哪里?我们当时看到这个案件以后产生极大的震动,过去我们打控方的笔录打得轻车熟路,一到我们的时候犯的是一样的毛病,我们只有结果证据,没有过程证据,没有时间、地点、搜集证据的过程、见证人、案件真伪的保障,更没有办法能保障这份证据没有被伪造篡改。一句话,你如何让法庭相信是真的?所以后来我们在起草量刑辩护指导意见的时候,我们拟定了几条调查规则:第一,调查必须两人进行,一个人调查无效;第二,必须有见证人,一定要找一个有公信力的人,比如居委会的干部、村支书、居委会有一些职务的人或者是警察,有一定的中立性、权威性的人做见证人。

我说这么多是干什么呢,是说我参与律师调研快十年了,参加了4个重大的项目,每个项目里都感觉到活生生的辩护经验都在律师手里,需要总结,需要提炼,所以后来我和田文昌律师不约而同地取了一个名字"刑事辩护的中国经验",当时搞这本书我和他进行了三天三夜的对话,4个人2个录音笔,敞开聊。我确确实实发现,30年来中国的刑事辩护律师在中国最恶劣的司法环境中也创造了最悲壮的经验,而且能在很多案件中取得积极的效果,需要我们认真地总结清理。下面我总结一下,究竟有多少经验是我们这本书里涵盖的呢?要讲恐怕一天也讲不完,但是我这里将最重要的做一下概括。

辩护经验之一：多种辩护形态并存

第一个经验，中国律师30年来辩护经验首要的一个，多种辩护形态并存，辩护形态走向多元化。应当说，这个经验是一步一步发展出来的。从20世纪70年代末80年代初律师制度恢复以来，最早的是实体辩护，以定罪为靶子，以无罪辩护为先导，到今天出现了5种辩护形态并存的局面，这是我们这本书的一个基调。这本书的大纲是我列的，我列了大纲，以此为基础和田律师谈的。我说列这个大纲脑子里得有个概念，刑事辩护的5种形态的概念得有，打官司、做辩护，5种形态在中国出现了。这个经验需要总结，这个经验来自两方面：(1)来自中国法律制度的发展。法律制度创造了中国5种辩护形态的基础。(2)来自律师的成功实践。只有成功的实践，才可能有多种辩护形态。

我在这里先不抽象谈，举个例子。北京一个律师给一个医生辩护，这个医生是某医院血液科主任，在当地是响当当的人物，英国的某大学医学院留学回来的博士，号称该省5名顶级的血液病专家之一，主任医师，当地政协委员。检察院以受贿罪对他立案侦查，理由是他利用职务之便收取医药代表的回扣接近70万元人民币。因为在中国的公立医院，存在一个普遍的问题，医药代表为了推销药或者设备，坐镇医院，给所有的医生计算工作量。我们后来看到这个案子的资料才惊讶地发现这真是职业化、专业化的操作。比如说，这个人姓江，江医生2009年一年的看病支出的清单，开100块钱的药，回扣20，好家伙，20%的回扣，这一年就给他发了70万。该市检察院反腐行动廉政风暴，一抓抓了该市十几个医院的院长和医生，其中也有他，现在搞反腐败一抓就是一串，如果受贿70万元，大体要判刑10～12年，因为本案没有法定减轻处罚的情节。这个案件的律师在侦查阶段就介入了，在批捕环节做了一项工作，提交了法律意见书给检察院。律师认为被告人不构成受贿罪，因为这是典型的非国家工作人员受贿，理由是70万元回扣没有一分钱利用主任的身份。你可以查医院血液科主任的总共8条职责中没有任何一条跟他收回扣有关，收的钱是在门诊室开药方收的钱，任何一个医生只要是在门诊看病都有开处方的权利，这是典型的医生运用开处方的机会收回扣，典型的商业贿赂，是非国家工作人员受贿。该罪的量刑一般是5年以下，数额巨大、25万以上的，要判刑5年以上。这个案件是70万，律师放弃了无罪辩护，在批捕环节就准备申请变更罪名，但反贪局、检察院不听，案件到了审查起诉阶段继续提这个问题，也不同意。律师就在法院开庭阶段正式提出了这个辩护意见，在这个案件中，律师做了好几个辩护。他的辩护意见分了4份，这是我见过的新型的辩护。我问他，为什么不放在一块儿？他说放在一块就100多页，谁有耐心看完？我就把4种观点分别提交辩护意见。比如"江某某案件无罪辩护意见书"、"江某某案件罪名变更申请书"、"江某某案件量刑辩护意见书"和"江某某案件程序辩护申请(意见)书"4份。每一份都在7～8页。一份不采纳没关系，我还有后面好几份呢。分别提交4份，每一份附录法院的判例。法院的案例、先例附在后面，还特意找北京的专家出具了专家意见，每一份附上一份专家意见。首先看第一份，被告人不构成受贿罪，论证了，法院采纳了。第二份，认为被告人构成非国家工作人员受贿罪，变更罪名，在无罪辩护没有空间的情况下，论证构成较轻的罪，打掉较重的罪，这叫阶梯理论，你给法院一个台阶下，给他个出路，体现了律师的智慧，而不是一味地对抗。第三份，本案有量刑辩护意见，提交了一份，这个人得到的锦旗无数，是资深专家，医德很好。收回扣，这是中国国立医院的体制性问题，把整个的辩护归结于体制。还举了例子，深圳一口气抓了12个医院的院长，后来当局下令，不能再抓了，要不医疗水平会下降很多。另外，获奖无数，救活了多少人，又多次做无偿医疗，这些东西摆出来之后，合情合理，让人震动。不仅如此，还做了程序辩护，这个案件，从批捕环节就提醒检察官不构成受贿罪，检察官不予理睬；审查批捕、侦查阶段，乃至审查起诉阶段检察官都一意孤行，以致今天到了法院。如果这个案件受贿罪不成立的话，结论只有一个，原来的侦查是无效的，因为检察院对非国家工作人员没有侦查权。没有侦查权那么其侦查来的就是无效的证据。我后来问他，你真的希望他宣告管辖无效吗？他说当然不是，要想取两分必须拿出十分来，把他吓住。程序辩护就是要在心理上吓住他，让他羞愧，让他无法发言。果然那个检察官说，如果是非国家工作人员受贿，那么我管辖错误，如果是受贿，那么我一点错误没有。当然，把这个球踢给法院了，你怎么办？你要是判是个非国家工作人员受贿，这个案子管辖就错了，要是受贿管辖就对了。最终，律师的辩护效果很好。法院认定了非国家工作人员受贿，也认定了量刑情节。当然关于程序辩护，法院认为尽管在管辖上有瑕疵，但是考虑到这个案件一开始是有争议的，是善意的，不是恶意的，因此检察机关取得的证据仍然有效。最后认定构成非国家工作人员受贿罪，量刑5年，在起刑点上。

概括一下，到目前为止，已经出现了5种辩护形态并存的局面，律师可以做3种选择。第一种选择，在某一个案件中用其中一种；第二种选择，用若干种；第三种选择，全都用上，例如刚才这个例子。这就好比是兜里的钞票，怎么花、花多少，这就是你的工具、你辩护的武器，我觉得如果说10年前总结还不成熟的话，今天已经成熟了。

第一种辩护形态，实体辩护中的无罪辩护，在任何国家都是最难也是效果最好的辩护。推翻指控、认定无罪，这是刑事辩护皇冠上最亮丽的明珠。所以今天我们和很多大律师交流，他们在介绍自己的时候，经常说自己做过几个无罪辩护成功的案子，以之代表自己的成功。无罪辩护在我国大体分两类：实体和证据。实体上的，运用实体上的抗辩事由，如指出其为民事纠纷、行政案件等，认定被告人无罪，这个我不多说了。第二种证据上的无罪辩护，综合全案证据，事实不清，证据不足，指控的罪名不能成立。应当说，这种辩护空间越来越大。因为首先，我国刑事侦查的质量不高，我们2010年以后才有证据规则，证据规则的不完善导致侦查以口供为中心，实践中出现大量常识性的错误。其次，证据法越来越完整，从2010年两个证据规定，到2012年刑诉法，再到最高院的司法解释，我们最高院司法解释里已经有30多条证据规则，每一条都是律师辩护的武器。证据法越来越完善，而公安、检察的侦查水平没有相应地提高，给我们的证据上的无罪辩护创造了空间。有好几个案子，河南李怀亮案件因为证据不足宣告无罪，还有最近冤假错案的纠正几乎都是因为证据不足。王书金案件则是全世界最奇怪的案件，律师认为王书金是罪犯，检察官认为他无罪。为了论证聂树斌是罪犯，我们的检察院充当了人世间最独特的辩护人，找了4个漏洞，论证王书金不是杀人犯。有一种情况比较特殊，非法证据排除能不能导致无罪辩护，如果非法证据排除能够把对方关键证据给打掉，导致检方证据锁链断裂，则非法证据排除滑向无罪辩护，但其本身不是无罪辩护。

第二种：罪轻辩护。刚才这个医生的受贿案是典型的。在打掉重罪的基础上论证被告人构成一个较轻的犯罪。这种辩护有两个前提条件：第一，无罪辩护没有空间，第二征得被告同意，以被告同意为前提，因为律师毕竟要充当一部分公诉人的角色，论证构成一个较轻的罪名。这种辩护尤其在死刑案件中空间最大,把一个死刑改造成非死刑,空间非常大。比如论证故意杀人或者故意伤害不成立,论证构成寻衅滋事。我最近两年接触了五六个这种案件,一下子把量刑从死刑、无期徒刑降到了7年以下,这最终是一种量刑问题。为了让大家理性地看待这个问题,罪轻辩护又可以分三种:其一,较重的罪名改成较轻的罪名,从而换得量刑上的优惠。受贿罪改成非国家工作人员受贿,故意伤害改成寻衅滋事聚众斗殴,都是这个道理。其二,降低犯罪数额的辩护,一个案件有80多笔受贿,金额2 000万,我打掉其中三分之二,量刑自然降下来了,这也是一种罪轻辩护,在财产性犯罪中用得最多。在中国有几个数额非常关键,比如10年10万,如果能降到10万以下就成功了,还有三个档是100万、500万、2 000万。其三,打掉部分罪名的辩护,从而降下来量刑。在中国把整个案件推翻非常困难,但是把三个打掉两个,空间是相当大的。因为检察院的心理是都给他打掉了那就是错案一个了,到年终的考核机制是非常残酷的,一票否决,检察院内部有一句不成文的规定叫百分之百的胜诉率,你敢让一个无罪,你检察长在全国同级检察院里排名就是倒数第一了。所以说当一个律师为做无罪辩护成功而喜悦的时候,公诉人在旁边恐怕就要遭受磨难了,这是中国的体制决定的。我现在也担任最高检察院专家咨询委员会委员,每次开会我都提,业绩考核制度不仅毁掉了中国的检察官,也毁掉了中国的辩护制度,毁掉了中国的司法环境,这不光是辩护问题,是体制问题。

下面看第三种,量刑辩护。量刑辩护是在刑事辩护中以量刑情节为依据,追求量刑情节上最有利于被告人结果的辩护。两个特征:第一,打量刑情节,以量刑情节为对象来打;第二,追求被告人量刑上最好的结果,目前方兴未艾。特别是2011年以后,量刑规范化改革,把量刑程序相对独立化。现在我国的法庭调查和辩论都分为定罪和量刑两部分,连检察院的起诉书跟量刑建议都分了,起诉书是定罪申请书,量刑建议书是量刑申请书,所以说这个问题多么重要。要研究它的规律,我们也做了专门的讨论。

第四种,程序性辩护。程序辩护是指以刑诉法为依据,追求有利于被告人的程序上的结果。以刑诉法为依据,与刑法无关,论证有利于被告人的程序上的法律后果。我国在2012年刑诉法修正后已经出现了三类程序性辩护。

第一类,批捕环节申请检察院不批捕的辩护,打官司先打程序,打程序先打批捕,只要能变成取保候审,大获成功。你如果能够申请检察机关不批捕,就是成功。最近这次刑诉法给我们提供了许多武器来做不批捕的辩护,或者进而推广到变更强制措施的辩护。因此,我们律师要研究刑诉法第七十九条"逮捕的必要性",逮捕必要性的5个标准,每个都是律师拿来论证被告人没有达到逮捕必要性的法律依据,你比如说,交通肇事案有必要逮捕吗?一个怀孕的妇女,最多判5年有必要逮捕吗?一个未成年人、一个高中生,就因为偷了一部手机,最多判3年,有必要逮捕吗?你先让他不逮捕了,再做其他辩护。北京现在到了什么程度?北京市三级检察院,未成年人案件的批捕率,最新数字到去年年底是62%左右,接近40%的不批捕,这个数字还在扩大。现在检察机关对逮捕必要性审查的观念越来越深入人心。尤其未成年人案件,不批捕率大幅度上升。一个律师给一个未成年人辩护,你如果能让他不批捕,变成取保候审,这就意味着有可能不判实刑,甚至有可能判无罪,难道这不是无罪辩护成功的先兆吗?另外,羁押必要性审查的辩护,我们现在的羁押必要性审查,你律师就要把他用起来,论证没有羁押必要,建议变更强制措施。这个辩护不光在批捕环节,还涉及一审二审,都可以做。递交申请书,建议变更强制措施,解除羁押状态,原来羁押的理由不存在了。

第二类程序性辩护是庭前会议中的辩护。我现在越来越发现很多律师已经开始很好地利用庭前会议了。我的一个律师朋友告诉我,他有一个案子在江苏泰州一个基层法院开庭,他申请庭前会议成功了,庭前会议要干几件事,他说他要把刑诉法给他的权力都用尽。首先,他要申请5个证人出庭做证,前面3个是烟幕弹,后面2个是真实的想法。其次,申请专家辅助人出庭,运用一百九十二条第二款,对控方的鉴定意见发表意见,从北京请了顶级的专家,来打掉控方的意见。现在我在北京见到很多专家,都开始搞这个业务了,很多鉴定机构开始做这个业务了。各位律师要学会用好它。昨天在飞机场候机的时候我还帮浙江的一个律师联系了3个专家,上海1个,北京1个,当地1个。我请司法部司法鉴定管理局局长给他找顶级的审计专家,来打掉对方的审计报告,检察院请当地的2个会计师做证,结果他最后告诉我,准备请北京那个全国著名的审计鉴定专家。因为有的案子,恐怕就是打鉴定。庭前会议中的程序辩护就多了,申请回避、申请变更管辖、申请证人出庭都是,都应该用好。

最后一类程序性辩护是非法证据排除,这是最重要、最难得的一种程序性辩护。这种辩护就是美国哈佛大学教授、著名辩护律师德肖维茨在《最好的辩护》里写的,反守为攻的辩护,这是最好的辩护。在七八年前,我写了一篇文章《论程序性辩护》,主要指的就是这第三类辩护。当时前两类在我们国家还没有出现,只有第三类。什么叫反守为攻的辩护?程序性辩护在非法证据排除里面特征有三个。第一个特点,被告人成了原告,律师是代理人,侦查人和检察官成了共同被告,你指控他违法,要求法院排除。这是一种独立的司法审查之诉,申请法院挑战侦查的合法性。这个带有进攻性。最近我在写一篇文章《论公诉的三个类型》,在这种案件中,公诉人做的公诉比较特殊,叫防御性公诉,他成了防御的一方了,你成了进攻的一方了,你提交的申请书副本还要送达给他,他要抗辩,他成了被告人的形象了。第二个特点,这种案件不是追究谁的责任,不要试图追究侦查员的责任,那是死路一条。在中国启动追究侦查员的责任比登天都难,这种案件就一个目标,打掉控方的证据,论证对方证据的合法性问题,宣告证据无效。早在2004年我就出版了一本书《程序性制裁理论》,这是一种独特的程序法上的制裁方式,两个无效:侦查行为无效,结果也无效。到此为止,不要过多渲染侦察员违法,而要更多地渲染他违反法定程序,证据不具有证据能力,我在证据法和程序法上和你对话。第三个特点,在这个诉讼中,主要的手段是两个:第一,要求审查控方的证据,控方会逐一向你出示他的证据,最常见的证据,口供笔录、情况说明、录像资料等等,你要做好充分的知识储备,来打掉控方的证据。所以我们今天看,时代已经发生重大变化。最近浙江有一个律师,打掉控方的情况说明,打得控方落花流水。公诉人提交了一份情况说明,上面写道:兹证明,我公安局工作人员李某某、张某某没有刑讯逼供,依法办案,特此证明。"这种不叫证据,叫外交部声明。外交部声明只是个主张、立场,没有提供任何事实。请公诉人告诉我,被告人5页刑讯逼供控告书,某年某月几点几点,侦查员采用了什么手段刑讯逼供,有没有?回答我。"问了五六个问题,公诉人回答:我不知道,不是我干的我怎么知道。你不知道让侦查员来,别在这发表声明,没有任何证据效力,既不是书证也不是人证,也不提供事实。当然有时候我们律师的意见法官听不进去,这个案子很侥幸,碰上一个比较讲理的法官,法官说,情况说明无效,请让侦查员出庭作证,至少打掉了情况说明。还有录像,我不知道我们今天的律师能够容忍这样的录像展示方式吗?48个小时的录像就放20分钟,剪辑后的。拒绝参与质证。经过剪辑后的录像是不具有证据效力的,录像的生命在于完整性、同步性。我哪知道全程是什么样子。所以现在控方在法庭上整个的举证留下了无限的空间,你要用证据法的知识储备原理来打掉他。第二,要高度重视申请法院庭外调查,我们过去对这个是不重视的,但在非法证据排除问题上,这个极其重要。最近全国律师都在援引两个案件,都是庭外调查成功的结果。一个是非法证据排除第一案,去年在厦门开会,参与该案的律师亲自来介绍了经验。那个案件为什么能成功?就是律师说服法院到看守所调取了体表检查登记表。田文昌律师的那个程正杰案件,广东佛山的,再三申请法官启动鉴定程序,因为被告人的脚趾的指甲盖被打翻了,被告人说是侦查员干的,申请鉴定,这一鉴定,伤情发生的时间、后果一清二楚,再调取看守所的录像,把这个证据打掉,证据不足,宣告无罪。这可能是最近几年为数不多的非法证据排除而且宣告无罪的案件。后来我们专门讨论了这个案件,想挖挖细节,究竟用了哪些手段。辩护律师说有些手段不能说。我说把能说的都给说出来。这个还是有些技巧的,这个案件不是那么单纯,但至少律师成功的辩护是成功的一个方面,没有这个更不能成功了。

最后,第五种,证据辩护。证据辩护有两个特征:第一,以上4种辩护都有证据因素,所以证据辩护是依附于以上4种辩护形态的。可以说现在动不动就犯罪构成四要件的辩护已经一去不复返了。我就问这种只说四要件的律师,你说主观方面不构成犯罪,有证据吗?你光用刑法的知识来论证啊?你给我找5个证据。他说这还要证据吗?我们大学刑法案例分析从来不管证据。我说大学学刑法案例可以不考虑证据,但你辩护不能不考虑证据啊。离开了证据你怎么知道不构成?什么理由啊?你说主观方面不是故意,用证据证明。所以大家看,证据在每种辩护中都离不开。这是它的附属形态。第二,独立形态,主要在打掉控方的单个证据,论证单个证据不能成立。前天在北京的案件,河南一个女律师问我,这个案件证据怎么办?合同诈骗案,20多页的复印件,公安认为被告人改了合同,所以是诈骗。现在这个复印件拿到法庭上来,怎么打掉它。结果我发现有3个手段。第一,没有任何人说清楚证据来源,新刑诉法明文规定,来源不明的证据没有勘验检查笔录印证的,一律无效。第二,复印件,没有证据表明没有涂改过,而且又没有原件。传来证据在没有原始证据印证的情况下,有伪造的可能性,不能用。第三,这个案件关键是是否影响了被害人的判断,因此没有鉴定,仅凭模糊不清的20页的复印件,就认定被告人虚构事实,歪曲真相,证据不足。所以我们把单个证据排除出法庭外,这也是一种证据辩护。

辩护经验之二:从庭审中心扩展到审判前辩护

第二个经验,从以审判为中心的辩护扩展到审判前的辩护。到目前为止,审判前的辩护有以下几种:第一,侦查阶段向侦查员辩护,发表辩护意见,新刑诉法给了空间了。第二,批捕阶段向检察官辩护,论证没有批捕的条件。根据青岛市检察院上半年统计,有律师辩护的案件和没律师辩护的案件相比,在青岛两级检察院,批捕率相差20%。第三,审查起诉阶段的辩护,向检察院辩护。第四,庭前会议阶段的辩护,在庭前会议阶段申请各种程序性的决定。第五,会见,可以若干次会见。第六,阅卷。自审查起诉之日起,全面阅卷,双重阅卷,开庭前还有一次。第七,调查,根据案件因人而异。第八,一个看不见的辩护活动,辩护思路形成。辩护思路的形成要在整个开庭前完成,以辩护词的形成为标准。

大家看,算起来,在一审法院正式开庭前,有8项重要的辩护活动。审判前的辩护,在没有法官介入的情况下,有多大的空间?第一,一些重大疑难有争议的案件,越早辩护空间越大,这是中国的特殊性,像合同诈骗非法经营这一类的案件,个别机关插手经济纠纷的案件,越早越好。用经济手段解除通缉令,案件到此结束。一到审查起诉阶段局面就失控了,一到法院,难度更大了,一批捕就没戏了。第二,程序辩护在审判前空间大,越早越好,到法庭上空间就小了,到时你挑战的不仅仅是法院,而是法院代表的整个政法体制。第三,重罪改轻罪的辩护,庭前空间极大,我也见过很多在审查起诉阶段成功的。这种辩护阶段理念的变化还会影响到辩护律师的收费体制。中国的收费制度和美国是截然相反的两个极端,美国是按小时收费,中国是先收费再办事儿。审判前这么多次的辩护活动,一点也不比审判阶段工作量小。所以我在吉林倡导一种观念,以辩护活动量作为将来新的收费标准,意味着中国的辩护收费将发生重大的变革,只有这样才能让真正敬业的律师得到应有的报酬。我做过北京律协惩戒委员会复议委员会的委员,我做了5年后来不做了,一年处理的律师被投诉申请复议的200多件,都跟收费有关,高收费低服务,受到惩罚后不服申请复议。当时看了有些被投诉的情况真是让人摇头,今天很多律师在抱怨恶劣的司法环境,改造这个制度,但是我们必须扪心自问,我们敬业了吗?以客户利益为最大化了吗?恐怕要反思。这两年我做了很多工作都是跟律协合作制定最低工作标准、死刑辩护标准、量刑辩护标准,最近还准备做一个非法证据排除的标准,你得有个最低工作量吧。

辩护经验之三:刑事辩护的艺术是说服法官的艺术

第三个经验,刑事辩护的艺术是说服法官的艺术。中国刑辩的成功经验表明,只有成功地说服法官,才能取得辩护的成功。说服法官的艺术就是辩护的艺术。最近有一本书是有关美国联邦最高法院一个大法官和美国一个著名律师对话录,何帆法官翻译的,北大出版社出版的,大家关注这本书。书名就叫"说服法官的艺术:刑事辩护的奥秘与真谛"。我们在法庭上辩护,我们做了什么,我要问3个问题:第一个,我是要给旁听的公众发表演讲吗?在法庭辩护过程中,谁是你辩护的倾听者?你在说服谁?你说服的对象只有法官,这样才能维护委托人的利益。第二个,在法官正在审判一个案件的过程中,要不要尊重法庭,还是要炒作,放到媒体上?当然很多律师都会反驳说,你不知道法官有多恶劣啊?如狼似虎啊,我怎么尊重得起来啊?这个话我2000年说过,最高法院10个法官参加一个会议,还有学者,有一个学者就说要尊重法官。我发言的第一句话就说法官要让人尊重首先得有让人尊重的地方,那10个法官站起来说这个教授太过分了。大家想想,我是不是有点过了。有人说法官不公正,有偏见,这个在中国很多敏感重大案件中都有,那么我们怎么办?难道要以暴制暴?如果律师不带头信任法律,还能有好的法治环境吗?第三个,不要把法官都逼上绝路,法官里面也有很多优秀的人,有良知的人,不要把他们都逼到对面去了。

说服法官的艺术,给大家提供3条思路:思路一,学会用法官能接受的语言思维方式、推理方式和法官对话,一定要研究法官的心理。尊重法官的一个基本要求,就是尊重他的思维方式和推理方式,跟他对话。思路二,援引最高法院的判决书、论文、案例分析中体现的思维方式辩护。大家现在喜欢引用学者的观点,但是为什么不引用最高院公报案例的观点呢?为什么不引用最高院刑事审判参考、民事审判参考里面典型案例的观点呢?我的观点在山东律协讲完之后,有一个律师就用我的方法在他们中院做了辩护,援引张军前副院长关于证据问题的论文,论证这个案件证据不足、事实不清,公诉人哑口无言,法官也不敢不采纳。有的时候,我们对中国的法官还应该增强一点信心,特别是最高法院很多专家型法官的观点,比如最近逐渐增加的指导性案例,将来就是辩护的最有力的武器。我最近让我的学生做了一项工作,把刑事审判参考里的证据上的案例做了整理,我发现了宝库,不知道各位注意到了没有。陈兴良教授已经将刑事审判参考刑法部分出了一套书,学者解释,我最近想做证据法这一套。律师应该用这种案例做辩护,效果最好。这都是最高法院法官的案例分析,体现了法官的思维方式。我们这个国家,要建立法治传统的一个基本要求就是必须建立法律职业共同体。我们一方面要影响法官,另一方面将法官写得好的判决书案例论文援引过来作为判决的根据。在中国很多疑难案件,往往内部分歧比较大,所以你要善于把分歧中对你有利的审委会委员争取过来。要说服法官就要研究法官,才能最大限度维护客户利益。思路三,就是对鉴定意见的鉴定,我国目前对鉴定没有别的办法,新刑诉法第一百九十二条提供了最好的依据,不要试图重新鉴定,只要推翻对方的鉴定意见就够了,这里面有几个操作的关键。关键之一,走投无路,控方的鉴定意见不成立,也没有其他办法;关键之二,请一名专家出具专家意见,对控方的鉴定意见发表意见,论证控方鉴定意见不成立,进行消极辩护,申请该专家作为专家辅助人出庭作证;关键之三,该鉴定人不管是出庭还是出具意见,目的就是论证鉴定意见不成立。这里面可能导致鉴定意见不成立的问题主要有:(1)主体不合格;(2)鉴定程序违法;(3)剪裁不合格;(4)结论超越职权范围。有两点要注意:第一,要尽量聘请职称更高、权威性更高的专家,最好由律所出面委托,不要由家属委托,河南律协给当地律师做了个指引,由律师事务所委托,钱当然是当事人出,比较好,超脱中立,专业化。

顺便说一句,近年来,我了解的几个律师办的特大经济案件出现了一个最新动向:团队作战。标志是:第一,一个当地律师,再配一到两个外地的律师(比如北京)。这么做的好处是:其一,集中集体智慧;其二,发挥各自人脉。第二,相关领域的专家介入团队,在重大的辩护思路形成的时候由辩护团队提供意见。2005年我们去美国访问时最大的体会是美国的死刑辩护团队作战写到律协规范性文件里,死刑辩护必须至少4人,缺一个都无效,2名律师,1名减刑专家,1名调查员。美国律师协会这个规范后来也被美国联邦最高法院认可了,作为宣告无效辩护的依据。我们国家现在对于特大经济案件,只要当事人有这个财力,团队作战是今后的一个思路。

(责任编辑:王禄生　审校:王禄生)

刑法教义学与刑事政策的关系：
从李斯特鸿沟到罗克辛贯通
——中国语境下的展开

陈兴良　梁根林＊

陈兴良教授：

各位老师、各位同学，大家晚上好！我和梁根林教授来到东南大学法学院给大家办一个讲座。这个讲座是我和梁根林教授两个人共同完成的。首先我围绕我们今天这个题目讲大约一个小时，然后由梁教授在我讲的基础之上进行评论和批评。然后刘艳红教授还有一个评论。最后留出一些时间，同学们可以提出一些问题，我们共同来讨论。我们今天晚上讲的题目是"刑法教义学与刑事政策的关系"。

题目当中涉及两个概念：一个是刑法教义学，一个是刑事政策。大家对刑事政策这个概念会比较熟悉，而对刑法教义学这个概念可能稍微生疏一点。因此在这里，我首先要对刑法教义学这个概念做一些解释。刑法教义学主要是涉及教义两个字，所谓的教义，它是宗教上的概念，因此也被翻译为信条。刑法教义学，指的是对于刑法条文就像对待宗教的教义一样，先验地假定它是正确的，在这个基础之上来进行解释，由此而形成的刑法知识体系就是所谓的刑法教义学。根据李斯特的整体刑法学的思想，在整体刑法学当中，刑法教义学被认为是刑法理论的主体部分。除了刑法教义学以外，还有刑事政策学、犯罪学、监狱学等等，由此而形成了一个完整的刑法理论。刑法教义学这个概念在以往我国的刑法学概念当中并不常见，近年来随着德、日的刑法知识传入，刑法教义学这个概念逐渐开始使用。所以，我们也是在传统刑法教义学概念的含义之下来使用的。这里讲的另外一个概念是刑事政策，我们通常所理解的刑事政策指的就是国家控制犯罪和预防犯罪的有关措施，尤其是刑罚措施的一个总和。有一门课叫刑事政策学，专门讨论刑事政策问题。但是，我们在这里讲的这个刑事政策和刑事政策学意义上的刑事政策，虽然有一定的关联性，但也不完全是同一个概念。我们在后面要讲到，刑事政策实际上是指一种目的刑的思想。那么，刑事政策和刑法教义学两者之间到底是一种什么样的关系呢？如何来把握两者之间的关系，这是我们今天晚上需要讨论的问题。

我的讲解分为三个问题。第一个问题是"李斯特鸿沟"。在"李斯特鸿沟"这个问题下，我们主要是看李斯特是怎样来处理刑法教义学与刑事政策之间的关系的。李斯特是德国著名的刑法学家，同时也是刑事社会学派的创始人，在近代刑法史上，李斯特具有重要的地位。

＊ 陈兴良，北京大学法学院教授，法学博士。研究方向：刑法学。梁根林，北京大学法学院教授，法学博士。研究方向：刑法学。

① 本文为陈兴良教授和梁根林教授2013年10月12日在东南大学法学院所做讲座的录音整理稿。录音整理者为东南大学法学院2011级法学硕士研究生丁欣。

李斯特在1881年出版了《德国刑法教科书》,这本书对于后来德国刑法学的发展起到了重要作用。这本书也已经被翻译到我们国家并出版。而所谓的"李斯特鸿沟"是指李斯特把刑法教义学与刑事政策看作是一种外在的关系。李斯特曾经有一句名言"刑法是刑事政策不可逾越的鸿沟"或"不可逾越的屏障",他的这句话的基本含义是指,刑法教义学遵循的是客观的、事实的、价值中立的,甚至是形式主义的一种规则,由此而建立起一个刑法教义学的体系。那么在这个刑法教义学体系当中,它贯串着的是罪刑法定的思想,是要对公民的个人自由和权利加以规范的保护,由此而形成一个所谓的刑法教义学。在刑法教义学当中,有个所谓的"三阶层犯罪论体系",也就是"构成要件该当、违法、有责"。那么,这样一个刑法教义学的犯罪论体系是封闭的,是遵循科学的规则、实证的规则,主要是来保障公民的个人权利和自由。刑事政策指的是李斯特所倡导的目的刑、教育刑的思想。刑事政策在刑法教义学之外,它不能侵入到刑法教义学当中去,由此而形成了所谓的"李斯特鸿沟"。"李斯特鸿沟"实际上也是把犯罪论和刑罚论这两者加以分立,两者贯彻的指导思想是不一样的。犯罪论体系主要是解决犯罪成立的条件,即在具备什么样的条件下犯罪能够成立,那么在这个问题上应该严格贯彻罪刑法定,法律没有明文规定的就不能按照犯罪处理。但是,在一个人构成犯罪以后,在对犯罪人如何处置上,他所追求的是目的刑的思想。主要是对犯罪嫌疑人进行矫正,也就是所谓的个别预防的思想。那么,在刑罚论这里,他体现了一种刑事政策,对矫正犯罪人的有效性的一种追求。在他看来,这两者是互相分离的,只有这两者互相分离,这两者才能各自实现应有的价值。

  我们首先来看在犯罪体系这块。李斯特是古典派的犯罪论体系的创始人之一。古典派的犯罪论体系创建了"构成要件该当、违法、有责"这样一种三阶层的犯罪论。在这三阶层的犯罪论当中,首先有个客观的、叙述性的构成要件,李斯特倡导的是一种因果行为,也就是要从纯客观的、纯物理的、纯事实的角度来把握行为。只有这样才能限制司法权,避免将无罪的行为入罪来提供有效的法律保障。它是面向事实的、形式的、价值中立的,之所以可以在构成要件当中做到形式主义,主要是李斯特认为在立法的阶段就已经完成了一种实质的判断,因为立法者就已经把一些具有法律侵害性的行为规定为构成要件,因此只要你认定一个行为是符合构成要件的,那么这个行为就已经具备了法律侵害性,而不要再另外做实质判断了,这是一个客观的叙述性构成要件论。在这个基础上有一个客观的规范限制的违法行为,也就是在构成要件基础之上再来进行违法性判断。在李斯特看来,违法性的判断也是形式主义的而不是实质判断,而这一点是我们一般人所特别难以理解的。这一点他和贝林也不一样。贝林是德国另一名著名刑法学家,贝林认为构成要件是形式的,但在违法性阶段应当做实质性判断,而李斯特认为即使是违法性也只是做形式判断。所谓的形式判断也就是像正当防卫、紧急避险这样一些法定的违法阻却事由,如存在这些法定的违法阻却事由,则违法性就可以被否定。而如果不存在法定的违法阻却事由,构成要件本身具有违法性,那么违法性就成立了。因此违法性层面上,他也是做了规范的判断,一个形式判断。第三个阶层是主观的叙述性的责任论。在李斯特时代,他的责任是一种心理责任论:只要有故意和过失,达到了刑事责任年龄,具备了刑事责任能力,那么就应当承担责任。所以这样一个责任论是一种叙述性的、描述性的。以上三个阶层构成的古典犯罪论体系本身,为后来的三阶层的犯罪论的发展提供了模本。这样一个古典的犯罪体系,它是具有形式性的,是一种规范的判断并且是封闭的,它所体现的是一种罪刑法定的原则。所以这是李斯特的刑法教义学的一个体系。

再来谈谈李斯特的刑事政策的思想,在刑事政策上他是一个实证派学者。德国的刑事政策思想起源于费尔巴哈,但是我们都知道费尔巴哈是一个一般预防论者,他所强调的是法律威慑,但是到了李斯特,刑事政策的思想有了很大的转变,这个转变主要体现在以下三个方面:第一,从以刑罚为中心的刑事政策到追求多样的犯罪抗制为目的的刑事政策。也就是在费尔巴哈时代,刑事政策是以刑罚为中心的,费尔巴哈强调的就是法律的威慑,这里的法律就是指刑罚,用刑罚来威慑,所以是一种一般预防的思想。但是到了李斯特时代,形成了多样化的犯罪抗制措施,尤其是强调对犯罪的社会预防。李斯特创立了刑事社会学,认为犯罪的成因当中除了个体的原因以外,社会的原因也起了很大的作用,因此李斯特就提出了"最好的社会政策就是最好的刑事政策"这样一个思想,因此,他的刑事政策的措施是多样化的。第二,从以法律威慑为中心的刑事政策到以犯罪人的矫正为中心的刑事政策,这也就是刑事政策的目的从费尔巴哈时代的一般预防到李斯特时代的个别预防的一种转变。个别预防的核心是要对犯罪人进行矫正,李斯特曾有一句名言"矫正能够矫正的罪犯,不能矫正的使其不能为害"。这样一句话就充分体现了李斯特的个别预防的思想。随着刑事政策从一般预防向个别预防转化,刑事政策的着力点有了很大的转移,使得刑事政策在犯罪的层面上有了更好的预防犯罪的效果。第三,从依附于刑罚的刑事政策到独立于刑罚的刑事政策。在费尔巴哈时代,刑事政策思想是依附于刑罚思想来存在的,它没有形成一个独立的学科,而到了李斯特时代,刑事政策的思想从刑罚思想中剥离出来,刑事政策逐渐成为一个独立的刑法学科,所以李斯特曾经提出一个整体刑法的概念,刑事政策在整体刑法中占有重要的地位。通过以上分析,我们可以看到在李斯特那里,刑法教义学和刑事政策是一种外在的关系,两者是独立的:刑事政策不能侵入到刑事政策当中去;刑法教义学要完全独立于刑事政策。两者之间的这样一种关系就被后来德国的著名刑法学家罗克辛称为"李斯特鸿沟"。罗克辛认为他发现了"李斯特鸿沟"。"鸿沟"这个词非常生动、形象地揭示了李斯特关于刑法教义学和刑事政策之间关系的事实性描述。"李斯特鸿沟"在李斯特思想中确实是存在的,李斯特认为刑法教义学和刑事政策的分立是有必要的,因为这两者的性质是不一样的。刑事政策是追求目的的,以目的为引导,追求的是惩治犯罪的有效性。但刑法教义学追求的是形式的、实证的一种犯罪构成体系,刑法教义学主要是对国家的司法权加以限制,严格贯彻罪刑法定原则。所以在李斯特看来,这两者的性质、目的和功能完全不同,两者不能互相渗透,否则的话公民的个人权利和自由就得不到保证。这是我们要讲的第一个问题。所谓的"李斯特鸿沟",给大家做一个简要的描述。

第二个问题,我们来看一下"罗克辛的贯通"。罗克辛是继李斯特之后德国当代的一个著名的刑法学家。我们可以列出德国近代刑法学发展的一个时间表,我们刚才讲到李斯特《德国刑法教科书》出版在1881年;1901年德国著名刑法学家贝林出版了《犯罪论》,创立了构成要件理论,李斯特和贝林这两个人被认为是古典派犯罪论体系的创立者,因此古典派的犯罪体系产生于19世纪末20世纪初。在古典派的犯罪体系后是新古典的犯罪体系,新古典的犯罪体系的代表人物是迈耶和梅兹格,他们的时代是在1915年前后。新古典的犯罪体系后是德国著名刑法学家维尔泽尔创立的目的行为论的犯罪体系,目的行为论的犯罪体系创立在1935年前后。从古典派的犯罪体系到新古典犯罪体系,再到目的行为论的犯罪体系,德国的犯罪体系经历了一个很大的变化。我们都知道,在20世纪20年代末30年代中期爆发了第二次世界大战,第二次世界大战的轴心国就是以德国的纳粹为代表,这是在人类历史上留下深刻印记的一场战争。这一时期,德国处于战乱之中,而且这个时期的德国刑法学也受到了纳粹思想的影响,所以这段时期的德国刑法学实际上是停滞的。在二战结束以后,随着纳粹思想受到清算,德国的刑法学也得到了恢复,到了1970年前后,德国著名刑法学家罗克辛创立了目的理性的犯罪体系,这个犯罪体系一直影响到今天,成为德国占有通说地位的一个刑法教义学的体系。由此可见,如果以1881年李斯特出版《德国刑法教科书》为标志,罗克辛距离李斯特100年左右。罗克辛的目的理性的犯罪体系是结合了新古典犯罪体系和目的行为论的犯罪体系而由此形成了一个目的理性的犯罪体系或者是功能性的犯罪体系。罗克辛的目的理性的犯罪体系建立在贯通李斯特鸿沟的基础之上,我们把它称为"罗克辛贯通"。正是"罗克辛贯通"使罗克辛超越了李斯特的刑法教义学和刑事政策思想。下面我们对"罗克辛贯通"的思想状况和路径做一个描述。"罗克辛贯通"主要是打破了刑法教义学和刑事政策思想之间的壁垒,把刑事政策引入到刑法教义学当中,这是和李斯特有根本的区别的。李斯特是把两者隔离的,将两者看作是一种外在的关系,而且强调了要在两者之间划一条鸿沟,也就是刑事政策不能侵入到刑法教义学之中,而这就是"李斯特鸿沟"的来源。而罗克辛则打破了这条鸿沟,他把刑事政策引入到刑法教义学之中来,使刑法教义学和刑事政策从李斯特时代的外在关系变成一种内在的关系。

下面我们来描述一下罗克辛是怎样贯通的。首先,在构成要件这个阶层,罗克辛实现了构成要件的实质化。因为我们刚才在描述李斯特的构成要件时曾经说过,李斯特的构成要件是客观的、描述性的,它是一种形式的构成要件。因为在李斯特看来,实质要件已经有立法完成,立法者将那些具有法律侵害性的行为规定为犯罪,这是因为只要符合构成要件的就必然具有处罚必要性,因此,构成要件只是一个形式范畴。但是罗克辛认为在构成要件这个环节,不仅仅应当做形式判断,而且还应当做实质判断,而构成要件应当实质化。也就是说符合构成要件的行为未必都具有处罚必要性,而有的行为虽然符合构成要件但并不具有处罚必要性,应当在构成要件里面加以排除。这里涉及李斯特对立法和司法的关系的一种理解和罗克辛对立法和司法关系的理解。在李斯特时代,他将立法者看作是一个"哲学王"一样而能够制定出一部完美无缺的刑法,能够把社会生活当中具有刑罚处罚性、应当处罚的行为都毫无遗漏地在刑法典中予以规定出来,而司法的职责只是根据法律的规定去认定这些行为,而不需要对这些行为进行实质性的价值判断。但这种对立法和司法的分工的见解显然是理想主义的,是一种"乌托邦"。现在我们已经承认刑法本身具有不周严性、不完整性,也就是说立法者不可能将所有犯罪在刑法典中毫无遗漏地规定下来。而且立法者规定的那些行为虽然具备了构成要件的形式特征,而事实上它是不具备处罚必要性的。在这种情况下还要对符合构成要件的行为进行实质审查。像那些虽然具备构成要件的形式特征而不具备处罚必要性的行为应在构成要件里予以排除。所以在这个方面,罗克辛创立了客观归责理论。客观归责理论实际上就是对符合构成要件的行为再来进行客观归责的实质性审查。客观归责理论是一种实质审查理论,它所提出的一些客观归责的具体的判断标准,比如制造法所规避的风险、风险的提高或降低、构成要件的效力范围等等这样一些判断规则,对于解决某些虽然符合构成要件但是实质上没有处罚必要性的行为,将其从构成要件中排除出去则起到了一个有效的审查作用。比如说有这样一个行为:甲要用一块石头砸向乙的头部,如果砸中了,乙可能被砸死或至少重伤。而此时丙发现了,他要去解救乙,就用手去挡那块石头,石头被丙挡了一下后没有砸到乙的头部,但砸到乙的腿并致其轻伤。在这样一个案件上,从形式上看,丙的介入行为对于乙的腿受轻伤存在着影响这样一种条件关系,因此是符合构成要件的,也就是这个轻伤好像是丙造成的,但是丙是为了解救乙,那么他的行为被认为是有伤害性则显然不符合常理。在这种情况下,罗克辛认为丙的行为是一种使风险降低的行为,这种风险降低的行为本身是不能客观归责的,因此将丙的行为排除在构成要件之外。所以这个理论的提出对于解决此类案件起到一个事实审查的作用。通过这样一个审查使得符合构成要件的行为不仅在形式上是符合构成要件的,而且实质上是具备处罚必要性的,因此使构成要件构成合理,因为构成要件是罪刑法定的。罪刑法定是指法律没有明文规定的不能作为犯罪来处理。在李斯特时代,罪刑法定强调的是它的限制机能,也就是防止司法机关将法律没有规定的行为入罪,它是消极的限制机能。这样一种消极的限制机能当然对于保障公民的基本权利和自由起到了重要的人权保障作用。李斯特将罪刑法定和刑事政策看成是对立的,认为两者性质是不同的。如果刑事政策纳入到刑法教义学中来,就会使得罪刑法定原则受到损害。但罗克辛认为这两者并不矛盾,刑事政策恰恰是罪刑法定的一个基础,将刑事政策引入到构成要件来以后就使得罪刑法定原则不仅具有消极的限制性机能,而且具有积极的排除功能。所谓罪刑法定消极的限制性机能是指避免将法律没有规定为犯罪的行为纳入到构成要件中来,起到一个排除作用;所谓罪刑法定积极排除功能是指那些虽然在形式上符合构成要件但实质上不具有处罚必要性的行为,而将它们从构成要件中排除出去。从这个意义上说,罪刑法定和刑事政策并不矛盾。通过这样一种改造实现了构成要件的实质化。当然这种构成要件的实质化是以构成要件的形式判断为前提。在构成要件实质判断和形式审查之间形成一种位阶关系。

  第二个阶层是违法性。我们之前讲的李斯特的违法性是客观的、规范的、限制的,违法性作为一个形式审查,就看有没有正当防卫、紧急避险这样一些法定的违法性阻却事由,如果没有,违法性就认定了。但是在罗克辛这里,他实现了违法性的价值化。罗克辛认为在违法性阶层所要解决的并不只是看正当防卫、紧急避险这样一些法定的违法性阻却事由是否存在,而是也起到了一种解决社会冲突的功能。这里所涉及的是国家干预权的大小,即国家要不要干预。有的虽然不是法定的违法措施,虽然符合构成要件该当性,但这个行为本身法律没有必要加以干预。在这种情况下就可以作为一种超法规的违法阻却事由,在违法性阶层予以排除。超法规的违法阻却事由事实上在新古典学派那里就已经被提出来,那么到了罗克辛这里就被赋予一种刑事政策的功能。在罗克辛看来,违法性阶层是刑法中最活跃的部分,通过违法性将超法规的违法阻却事由予以排除,限制了国家的干预权,使得刑法虽然没有修改但变得更加合理。比如说安乐死,国家要不要进行干预,这是有很大争议的。安乐死并不是一种法定的违法性事由。安乐死的行为依然是一个构成要件的杀人行为。安乐死要不要出罪就要看一个社会在特定时期,公众对于安乐死的出罪是否普遍认同。在没有获得普遍认同的情况下,对于安乐死这种行为仍然要受到刑法处罚,那么在违法阶层就可以不予排除。但如果到了某个时期,社会公众对安乐死有了一个更加宽容的态度,认为不需要受到刑法处罚,那就可以在违法性这个阶层予以排除,使得国家的干预权限缩。这样就使得违法性这个阶层变得功能化,使得刑法不再是机械的而是能动的、对社会做出反应的一种法律规范。

  第三个阶层是罪责,罗克辛实现了罪责目的化。我们都知道在李斯特时代,占统治地位的是心理责任论。心理责任论是一种心理故意、过失,是一种心理事实。因此这种责任论是一种主观描述性的责任论,只要有故意、过失就可以追究责任。但是新犯罪论的古典体系就已经提出了规范责任论到目的行为论的犯罪体系,已经完成了从心理责任论到规范责任论的转变。根据规范责任论,故意、过失本身不是主观的规则,而主要是为主观规则提供一种心理的事实,一种主观实施。所谓主观事实是在故意、过失的基础上再来进行规范评价,要看行为人是否具有违法性的认识以及当时是否具有期待可能性。违法性认识、期待可能性这样一些要素才是一种归责要素。目的行为论还把故意、过失纳入到构成要件里面去,认为是属于构成要件的要素。在责任里面,他主要讨论的是责任能力和违法性认识、期待可能性等这样一些归责要素,实现了从心理责任论到规范责任论的转变。事实上,规范责任论要比心理责任论更加实质化,这时候的责任已经不是一个事实的判断,不是描述性的而变成评价性的,带有价值性。但罗克辛认为规范责任论仍然是一种形式责任论。在规范责任论的基础上,罗克辛提出了所谓的"实质的罪责论",在实质的罪责论里,罗克辛主要是引入了"预防必要性"这个概念,认为有主观上的归责还不够,还要看是否有预防必要性。如果虽然具有谴责必要性,但没有预防必要性,则仍然不应当作为犯罪来处理。这样一种理论是一种功能的罪责论,事实上进一步限缩了罪责的范围。

通过以上三个范围的改造,刑法教义学就和刑事政策融会贯通,刑事政策就成为贯串刑法教义学三个阶层的一条红线。在构成要件里面要体现刑事政策的思想,要考虑处罚必要性的问题,要进行事实判断。在违法性的阶层里要进行事实审查,使刑事政策能在违法性这个阶层里妥善解决社会纠纷。在罪责的阶层,不仅要考虑谴责可能性,而且要考虑预防必要性。我们可以看到刑法教义学经过罗克辛的改造,刑事政策和三阶层犯罪体系融会贯通,这样做的结果并没有发生李斯特所担心的刑事政策对罪刑法定的冲击,使公民的权利和自由受到威胁。不仅如此,刑事政策作为一种价值、一种目的、功能被引入到三阶层的犯罪体系以后使得犯罪的范围进一步限缩,从而进一步保障了公民个人权利和自由。这样呢,罗克辛就完成了所谓的"罗克辛的贯通",将刑事政策和刑法教义学实现了一种完美的贯通。所以罗克辛目的理性的犯罪体系或刑法教义学体系是一种以刑事政策为主导的刑法教义学体系,这样一种体系能更加有效地保障公民权利和自由。这一点对此后的刑法教义学的发展产生了重大的影响,这是我们讲的第二个问题"罗克辛的贯通"。从"李斯特鸿沟"到"罗克辛的贯通",在德国经历了100年左右,这是一个漫长的过程。"罗克辛的贯通"对刑事立法和刑事司法都产生了重大的影响。

下面我们谈第三个问题,所谓的中国意识。"李斯特鸿沟"到"罗克辛的贯通"对刑法教义学与刑事政策怎样处理以及两者的转变对当下中国刑法学和刑事政策的关系有哪些借鉴,这是我们考察"李斯特鸿沟"到"罗克辛的贯通"追求的现实的社会效果和理论意义。在这里,我提几个命题。第一要完成从四要件到三阶层的犯罪体系的转变。从"李斯特鸿沟"到"罗克辛的贯通"都是建立在三阶层犯罪论体系的基础之上,以三阶层作为理论主体的这样一个刑法教义学在德国已经有100多年的发展历史,但在中国目前占主导地位的还是来自苏联的四要件的犯罪体系。四要件的犯罪体系是建立在社会危害性的理论基础之上的。四要件和社会危害性是一种什么关系,这个问题在苏联刑法学中就存在较大争议。社会危害性是一种实质危害,并被认为是犯罪论的特色。四要件是主客观相统一的。四要件和社会危害性到底是一种内在关系还是外在的关系,这在苏联刑法学中纠缠不清。有的人认为是一种外在关系,不能把社会危害性看成是犯罪构成的一个要件或一个要件的某种属性,他们认为如果这样会贬低社会危害性在刑法中的地位。他们认为社会危害性是至高无上的,是处于四要件之外的,四要件只是社会危害性的构成,即四要件都具备了说明一个行为具有社会危害性,四要件和社会危害性是平起平坐的。因为社会危害性是犯罪概念中提出的,而犯罪概念论和犯罪构成论是平等的。这是一种观点。这种观点听起来好像很有道理,但其存在一个问题:如果根据这种观点,那么四要件就被形式化了,既然四要件和社会危害性是分离的,那么四要件就成为一个法律形式,四要件本身不具有社会危害性。因此有的人提出了四要件并非犯罪构成之外的东西,是构成要件当中的一个要素,是犯罪构成客观方面的属性,应当把社会危害性纳入到四要件当中来考虑。这两种思想一直在争议当中。四要件和社会危害性的这种争执很像我们刚才讲的刑法教义学和刑事政策间的关系,到底是外在的还是内在的关系。我们看到从"李斯特鸿沟"到"罗克辛的贯通"已经很好地解决了这个问题,但是在"四要件"的立论中,这个问题始终没有得到很好解决。尤其是我们把社会危害性看得比四要件还重要,那么四要件的犯罪构成就是一种社会危害性理论,这种情况下社会危害性就没有受到应有的限制。社会危害性所具有的实质性的思维和罪刑法定所倡导的形式理性,这两者必然发生冲突。在过去刑法确立了类推制度的情况下,讲社会危害性有它一定的道理。那么,基于社会危害性这种至高无上的地位,一个行为刑法有规定的、有社会危害性的应受到刑法处罚;一个行为有社会危害性,即便刑法没有规定也应当受刑法处罚,可以这么类推来提供处罚工具。在这种情况下,社会危害性理论是可以贯穿的。而现在刑法规定了罪刑法定原则,罪刑法定就是一个行为犯罪是不是构成反坐就要看法律有没有规定,在这种情况下,社会危害性就受到了一定的限制。但是,在四要件里这样一种形式和实质判断并没有得到厘清,在这种情况下,我们认为应当推动四要件的犯罪体系向三阶层犯罪体系转变。只有树立了三阶层的犯罪体系之后才能很好地进行形式判断和实质判断、刑法教义学和刑事政策之间的关系。因为三阶层是一个知识框架,它为刑法知识的整合提供了一个基本的框架,我们只有完成了这种转变才能很好地处理刑法教义学和刑事政策之间的关系。

第二点,刑事政策对刑法教义学应当有一种目的的引导。也就是说我们刑法教义学不是过去的那种概念的、法条主义的知识形态,而是要受到刑事政策的引导。在这种情况下,我们的刑法教义学是具有能动性的,是能反映社会生活的,能保护公民个人权利和自由的,能实现司法公正的。所以刑事政策对刑法教义学的目的引导功能对推动刑法教义学发展是十分重要的。刑法教义学本身具有形式特征、某种框架性的构造,这反映的是刑法的稳定性一面、标准确定性的一面。另一方面,刑法要反映社会生活、犯罪的发展变化,在这种情况下,刑法要避免僵化,要受到刑事政策的引导,使刑法更能够反映惩治犯罪的实际需要。

最后一点是刑法教义学对刑事政策的边界控制,这是很重要的,也是我们在处理两者关系时需要把握的一个最重要的原则。因为刑事政策本身反映的是惩治的合理性,惩治犯罪的必要性。但是刑事政策的思想必须要受到刑法教义学的某种限制。刑事政策只能在刑法教义学范围之内发挥作用而不能超出刑法教义学的边界。在很多情况下,刑事政策对刑法的解释所起到的是一种出罪的功能,对刑法教义学的推理是起到一种补充的作用。也就是在刑法教义学中主要的还是根据刑法教义学自身的逻辑进行判断,而在某些情况下采取刑事政策来判断,但是,按照刑事政策判断只能起到一种出罪的作用。我们在有关的司法解释里面都可以看到刑事政策的一种判断,它和刑法教义学的判断逻辑是不同的。比如1984年最高法院和最高检察院、公安部关于强奸罪的一个司法解释里面就提到,"对于第一次强奸妇女,但后来男女关系发生变化,有些甚至交了男女朋友,甚至结婚了"这种情况下,按照司法解释,对于第一次强奸行为就没有必要予以作为犯罪处罚。这里,我们可以看到违背妇女意志,强行和妇女发生性行为,那么他的强奸罪已经既遂了。那么从刑法教义学角度来说,强奸已经成立了,而之后加害人与被害人之间的关系的发展并不能否定强奸罪成立的事实。而这里司法解释这样规定主要是考虑刑事政策的需要,也就是虽然有强奸但是没有处罚必要性,因此不需要作为强奸罪来处理。另外一个例子,对于"拆东墙补西墙"的诈骗,根据司法解释规定,应当根据最后没有能归还的数额来计算诈骗的数额,而不是累积相加。因为"拆东墙补西墙"也是诈骗,应该累积相加,但是考虑到后一次诈骗是为了归还前一次诈骗的数额,因此最后计算数额时不是累计相加。和这样一种做法非常类似的是挪用公款,如果是挪用后一次公款来归还前一次公款,那么在计算挪用公款数额时不是累计相加,而是根据未归还的数额来计算。若从刑法教义学的角度来说,每一次挪用公款都是一次犯罪,数额应当是相加的,但是从刑事政策的角度出发,后一次挪用是为了归还前一次,因此后一次的数额应予以排除,予以减掉,这样一种处理更加合理,因此这样一种司法解释体现了刑事政策的一种观说,我认为是合理的。而刑事政策,在刑法教义学当中,它主要起到一种排除犯罪的功能。它是这样一种刑事政策的解释,它是有利于被告人的。所以刑法教义学要对刑事政策的边界加以控制,避免刑事政策本身所具有的这种能动性、目的性来破坏罪刑法定,防止可能侵犯公民个人权利和自由的危险。以上就是我对刑法教义学与刑事政策的关系这个问题,从"李斯特鸿沟"到"罗克辛贯通"所做的阐述。我的发言到此为止,下面请梁根林教授。

梁根林教授:

　　各位老师、各位同学们,大家晚上好,刚才兴良教授非常准确地、非常精确地、非常精细地、非常精致地完成了他的主报告。这是我和兴良老师,第二次到东南大学来,"属于二进宫"。刚才刘老师也讲了,我们上次搞了一个"是与非"的对话,仍然是陈老师当主角,我来当劳务。今天仍然是这样。陈老师作为我们刑法界的带头大哥,一直引领着我们刑法学的发展潮流。说一些有的学科不太爱听的话,其他一些学科的带头大哥的作用已经不明显了。但是刑法学界的带头大哥,特别是兴良老师和明楷老师,两位带头大哥始终带领我们刑法学的学术往前进步。我们在后面紧赶,有的时候还要拿着绳子把他们拉一拉,要他们不要跑得太快,或者说不能把我们甩得太远。有的时候也要开个玩笑说:也不能让他们走弯路,不能走邪路,但更不能走老路。我们要有道路的自信,那么今天兴良教授的报告应当说是我非常期待的,也借这个场合和他继续学习,因为这个报告实际上在今年5月份,兴良老师在一次吃饭的时候说到他最近在看罗克辛的东西。虽然过去看过蔡桂生翻译的这本书,过去读过但没有细读。最近细读以后深受启发,说准备写个东西。

　　当时听到他这样的一个计划以后,我可以说是有一种发自内心的激动,为什么这样讲呢?因为在我过去对他的了解当中,或者说对他的误判当中,我始终认为——因为兴良老师大家都知道——在解释论上是采取形式解释论;在构成要件问题上,他是采取构成要件这样一种客观说法,构成要件把它作为形式判断、事实的判断、客观的判断,排除构成要件主观要素。

　　我记得是去年,还是前年,我们在北京搞"当代刑法思潮论坛"的时候,兴良教授谈到"从贝林到特拉伊宁"这样一个话题,类似于今天这样的话题——从"李斯特鸿沟"到"罗克辛贯通",那么在"从贝林到特拉伊宁"这样一个主题报告里面,兴良老师提出来要回到贝林。也就是说要回到贝林所倡导的构成要件纯客观、纯事实、纯形式、纯粹的价值中立。回到那个时代,来理解构成要件,然后在重新出发。

我记得当时我在做评论的时候,作为调侃,我和陈老师说:回不去了,回头望一下还行。回到贝林已经不可能了。回头望一望贝林,知道贝林当时的出发点在哪。所以在我过去的观念当中一直认为,陈老师在对构成要件上采取形式解释论,当然他的刑事解释论是不排斥实质解释论的。只是说刑事解释论在先,在这个基础上进一步考虑做一些价值的判断。那么在构成要件的理解上,我过去一直认为他是比较形式化。所以当他关注罗克辛这个刑事政策导向的目的理性的犯罪论体系的时候,我是发自内心的激动。我说陈老师可能要转向了,陈老师可能要有变化了。所以当陈老师赶稿出来发给了我以后,我是连夜拜读了一遍。然后我就和陈老师联系,我们在北京搞一个活动,我们要PK一下。所以在这个基础上我对陈老师、对这个问题的思考有了一个更全面的认识。应当说陈老师讲的这三个问题:"李斯特鸿沟",所谓的"李斯特鸿沟"是怎么形成的,它的内涵是什么;"罗克辛贯通"又是如何贯通的;"罗克辛贯通"对中国的启迪:从三个方面做了简明扼要的清晰的报告,可以说准确地解读了"李斯特鸿沟",也准确地解读了"罗克辛贯通",或者说准确地解读了罗克辛刑事政策导向目的理性的犯罪论体系的基本框架和基本要点。对他刚才讲到的中国问题,或者叫中国语境当中怎么看待"罗克辛贯通",讲到的三点,我也基本认同,特别是后面两点,我觉得很好。在这个基础上我还是要拍一拍脑瓜说"完全赞同,讲得好!"大家肯定觉得很没劲,说这哪是北大出来的?北大出来的就应该PK,对不对?

首先第一个问题,就是"李斯特鸿沟"这个词,实际上也是翻译问题,"李斯特鸿沟"说的是刑事政策跟刑法体系,或者说跟刑法教义学、跟刑法规范,说这两者之间存在巨大的沟壑,两者之间有很大的鸿沟,无法跨越的沟。我在琢磨,李斯特的视野当中,李斯特的知识体系当中,刑事政策跟刑法体系之间的所谓沟,真的这么宏大吗?这个所谓的鸿沟,我们把它翻译成中文叫"鸿沟",是一个德文翻译上的问题呢,还是罗克辛为了证明自己比李斯特伟大,然后故意把李斯特知识体系当中的刑事政策跟刑法体系之间的紧张性、对抗性放大了呢?我觉得可能这两个方面的因素都有。我不懂德文,但是在今年上半年,我曾多次跟懂德文的老师请教"李斯特鸿沟"中"鸿沟"这个词在德文当中是不是就是"鸿沟",人家说不是。所谓的"李斯特鸿沟",讲的是刑法体系和刑事政策,是两个分立的东西,两个并排放着的东西,两个不能交集的东西,不能融合的东西,但是并不是说,两个彼此扯得很远的、存在巨大沟壑的东西,这当然是翻译的问题。那么,在李斯特的知识体系当中,这两者之间其实也并没有像罗克辛讲的有不可跨越的一个巨大的沟壑。因为大家都知道,李斯特在近现代,可以说在现代以来,是一位奠定了近现代刑法学基础的这么一个大师,一个学者。首先就是他提出了整体刑法学理论,他提出这个构想,事实上可以说影响了德国刑法学,包括大陆刑法学100多年。整体刑法学就是要强调把刑事法的问题做一个贯通的思考,其中也包括要把刑事政策与刑法教义学做贯通的思考,所以,在本质上,它并不想把两者之间完全对立起来。这是非常重要的一个方面。那么,另外一个我想要特别为李斯特做一点辩护的是,李斯特在刑法体系内部是不是完全排斥刑事政策的考虑?当然不是,刚才陈老师讲得很清楚,至少在刑法内部,他没有排斥刑事政策,但是,在我们通常讲的刑法教义学的内部,他是不是排除了刑事政策？在我看来也没有。他只是在犯罪论的问题上,他觉得在犯罪论要素的排列、犯罪的认定原则上都要考虑刑事政策的东西。可是请大家注意一个大前提,李斯特讲得非常的清楚,罪刑法定是一个最根本的刑事政策。构成要件的贯彻落实,构成要件的定性化技能是罪刑法定的一个具体的载体,强调构成要件的定性化技能不仅是在贯彻罪刑法定,同时也在贯彻刑事政策。所以,在他的潜意识当中,他并没有把刑事政策、刑法体系,包括刑法当中的最根本的原则罪刑法定完全忽略。这是第二点。第三,李斯特在近现代、在现代犯罪论体系中有一个重大的贡献大家都知道,就是李斯特在违法论的层面上提出了实质违法性的理论。这个理论认为,符合形式构成要件的行为,形式上的违法还不够,还得有实质违法。实质性的违法理论,相对于之前的形式违法性理论,只要形式地触犯了刑法法规,符合构成要件,原则上就可以定罪,是一个历史性的超越。在形式违法论的基础上提出实质违法性的理论,本身这样一个东西,这样一个构想,或者理论建构,就已经蕴含了丰富的刑事政策的内容。这是第三点。第四点,李斯特的刑法思想、刑法论的思想,大家都知道,他是一个教义性主义者,是个目的性主义者,而刑法论的教义性刑事思想、目的性刑事思想,是最彻底地体现刑事政策的一个方面,或者一个指针。所以,我们不仅把刑法局限在犯罪论的范畴,而且把它扩张到所有的刑法体系、刑法规范的范畴,包括最根本的原则,包括有关定罪的犯罪体系,包括刑法裁量、刑法运用的一些规范体系,我们就会发现,李斯特并没有完全把刑事政策跟刑罚体系对立起来,或者说没有完全把刑事政策与刑罚规范对立起来。如果说有对立,或者说分裂,也主要是在犯罪论的地方,他之所以这样考虑,仍然是想保障自由,保障人权,防止司法官滥用权力,因为立法者已经把什么行为是犯罪或者说刑事政策的一些考虑在立法当中体现出来了。司法者只要把法条和事实对号入座,按照所谓的三阶层理论给它对号入座就行了。所以,在犯罪论这个问题上,他认为刑事政策跟刑法体系(或者说我们一般讲的刑法体系,也就是这个犯罪论体系)两者之间应当有所区别,这是要对李斯特做的一个小小的辩护。那么,李斯特的理论确实是有问题的,因为李斯特把刑法所谓的社会任务定义为刑事政策,把刑法的所谓自由法治国的技能定义为刑法,也就是刑法体系,说刑法体系是追逐人权保障的技能,刑事政策追求的是社会保护的技能,这样一种理解,当然反映了当时的一个社会现实,但是我们发现这种理解本身是有局限性的。从刑法规范与刑法体系本身的角度来说,它并不仅仅追求所谓的自由法治国的精神,我们说罪刑法定它追求自由法治国的精神,它追求人权保障的精神,但是刑法规范、刑法体系本身,它不仅追求自由法治国的精神、人权保障的精神,它同时也要落实法益保护的精神。所以,简单地把刑法的社会任务规制为刑事政策,把刑法自由法治国的人权保障的自由法机能规制为刑法体系,这本身就是一种人为地割裂,应当说它是有问题的。第二个方面,方法论上,他继续所谓的实证自由主义考虑,法律实证自由主义的考虑,把事实跟规范、存在跟价值,做了割裂式的一种判断,应当说这种方法论必须被超越,事实上,在罗克辛之前已经不同程度地被超越。所以,它的体系是有问题的。罗克辛正是看到了李斯特的问题才没有完全超越李斯特。尽管他在犯罪论的体系构造上有很多推进,但是在基本的方法论上他没有超越李斯特,或者对刑事政策与刑法体系的任务和基本的界定也没有完全超越李斯特。罗克辛最大的贡献就在于:第一,在法学方法论上、在刑法方法论上,超越了存在论,而且强调规范论,强调基本主义的东西。第二个方面,请大家一定要注意,罗克辛之所以强调所谓的贯通,他有两个非常重要的考虑,或者说有两个非常重要的前提,没有这两个前提,贯通是不可能的。什么样的前提呢,我想说的第一个前提是,刑事政策,过去李斯特把所谓的刑事政策理解为刑法的社会任务,也就是有效地打击犯罪,保护法义,维护社会秩序,这就是刑事政策,刑事政策追求的就是这东西,刑事政策追求的就是怎么跟犯罪做斗争更加有效。这是刑事政策曾经的定位,曾经的任务,曾经的积累,迄今为止我们国家所理解的刑事政策其实在相当程度上也是这样的,实务当中这么理解,学界也这么理解,甚至,陈老师刚才的报告中多多少少也是这么理解的。但是,我认为这种理解是有问题的。我们看到李斯特是刑事政策的大师,他当时对刑事政策的建议还主要在刑法体系外,刑事政策怎么解决,更加有效地对付犯罪,但是,请大家注意在二战后,兴起于意大利、盛行在法国、席卷于整个欧洲的新社会防卫运动,对整个刑事政策产生了可以说是颠覆性的改造。刑事政策不再仅仅追求所谓的针对犯罪做斗争的有效性,而是要强调合理地组织对犯罪的反应,合理地组织对犯罪的反应成为新社会防卫运动席卷整个欧洲的一个口号。当然,合理地组织对犯罪的反应,它有一个大前提,刑事政策本来就是要更加有效地对付犯罪,这个前提没有否定,这个基础没有否定,但是在这个基础的前提下他更强调,还得合理地组织对犯罪的反应,不能为了达到目的不择手段。对犯罪的反应要具有合法性,具有正当性,具有合理性,这是整个新社会防卫运动基于纳粹以及二战的血的教训,在战后对刑事政策的人道主义的改造,这样一种经过改造后的刑事政策,实际上他强调合理有效地组织对犯罪的反应。而刑事政策最关键的是要合理有效地组织对犯罪的反应,所以,我个人在刑事政策的那个书里就讲,现代刑事政策最重要的任务就是合理有效地组织对犯罪的反应。那么,关于这一点,对刑事政策这样一个技能,这一点耶赛特在德国刑法教科书里讲得非常的清楚,刑事政策,说白了整个就是琢磨合理有效地组织对犯罪的反应。这个是一个大前提,我想请大家注意。第二,"罗克辛的贯通"之所以可能还有一个非常重要的相向而行的前提或立场就是刑法教义学,或者说刑法体系。刑法教义学,你追求什么,你满足一种什么样的技能,或者说你追求什么样的一种技能期待?过去我们讲刑法教义学就是要强调合逻辑,强调体系。强调逻辑,根据一套概念逻辑话语系统,建构一套定位思维模型,使得法官、司法官能够按照这种思维模型来定罪,判断被告人是否有罪,它强调的是一种合逻辑性、合体系性。而所谓的合逻辑性、合体系性,又更多的是一种刑事逻辑的东西。可是,一个过于拘泥于、沉溺于刑事逻辑的犯罪论体系,有可能沦落为英美法系学者所指责的意志游戏。表面上很精致,很精细,很精确,一整套概念逻辑话语系统,除非业内人,业外人完全不知所云,这是在罗克辛之前德国刑法学,或者说德国刑法教义学、德国犯罪论体系曾经陷入的一种状况,或者说进入的一种很繁复但是在很多人看来又没有用的状况,正是基于对这样一种现状的反思,罗克辛就提出来,犯罪论体系要有效益。犯罪论体系本来就要合理、合逻辑,特别是合形式逻辑,具有形式合理性。但是,罗克辛提出来,犯罪论体系要有效益。他就提出来一个有效益的犯罪论体系或者刑法体系需要满足三个要求,在方法论前提的建构与设置上,一个有效益的刑法体系需要满足三个要求。第一,概念性的秩序和明确性;第二,与现实相联系;第三,以刑事政策上的目标设定作为指引。这里面,第一个条件,概念性的秩序以及明确性,这是罗克辛之前从贝林、李斯特,这些存在论的犯罪体系,已经完成了的任务,强调概念性的秩序以及明确性。以三阶层为代表的一整套的话语体系、话语逻辑,层层推进的这种思维模型,给我们提供了概念性的秩序,使得在这种话语系统当中,我们能够非常好地去过滤行为,甚至我们可以去反证、辩证司法官的一个裁判结论是怎么得出来的。概念性的秩序和刑法的明确性是得到了体现。但是,在罗克辛之前,德国的犯罪论体系面临着两大失责,一个是任意丧失了与现实的联系,任意成为学者的自我意志游戏,自己玩自己的,关起门来玩,而对现实不闻不问,不管不顾,丧失了与现实的联系。但是,罗克辛提出来,一个犯罪论体系,一个有效益的犯罪论体系,必须保持跟现实的联系,要能回应现实的诉求,解决现实当中出现的问题,对现实中出现的具体问题提供妥当有效的答案,对具体的问题要实现正义,要回应所谓的问题性思考。实际上过去的犯罪论体系主要是一种体系性思考,但是罗克辛提出来一个有效益性的犯罪论体系,不仅要满足体系性思考的要求,而且要能够妥当有效地解决具体问题,回应现实当中的需求,与现实保持联系,实际上就是要坚固问题性思考的这样一个诉求。这是他强调有效益的犯罪论体系的第二点。第三点,以刑事政策目标上的设定作为指引,如果没有一个正确的刑事政策上的目标指引,概念上的秩序以及所谓的明确性是没有灵魂的。如果没有一个正确的刑事政策上的目标指引,具体问题妥当有效地解决也是不可能的,具体问题的解决可能会由于偶然与专断,因此必须有一个正确的刑事政策的目标的设立。好的犯罪论体系,必须按照这三个原则来建构的时候,特别是强调在固有的犯罪论体系,合理的、合逻辑性、合体系性的基础上,强调犯罪论体系还要有效益。我们说,刑事政策跟刑法体系,或者叫刑法教义学,它不再是,至少,首先它不是背道而驰的,它也不是并列的,它是相向而行的。这种相向而行为罗克辛建构以目的为导向的目的性刑法理论体系,把刑事政策纳入体系之中,让体系来约束刑事政策提供了可能,正是基于这样一个方法论前提,还有一个刑事政策相向而行,罗克辛的这种贯通才有可能。所以我是这么理解的,为什么到了罗克辛这贯通成为可能,我想可能要解决这么两个问题。那么,好了,所以做了这样一个铺垫以后,我就有这么一个想法,我这个文章一直也没有写完,其实这篇文章早就写了,远远早于陈老师开始写,但是陈老师文章已经写了好几个月了,文章已经发了,看中国法学网站的话应该已经出来了,我的文章还没写完呢,所以这就是人跟人之间的差距。那么,我在考虑这个问题的时候,我是想啊,通过我们刚才的分析,我们会发现,刑事政策跟刑法教义学之间的关系,其实可以在不同的维度上来解读,两者之间为什么能够融合,刚才前面讲了两个方法论的大前提,其中除此以外我还想特别指出来一点,就是刑事政策与刑法体系,或者是刑法教义学的贯通,它是有内在的根基的,什么样的内在根基呢? 在于,从刑法体系、刑法教义学本身的发展演进的轨迹或者方向或者趋势来讲,如果过去主要关注的体系性思考,强调的是体系逻辑,刑法教义学本身发展到现在,它已经不能仅仅满足于体系性思考,它必须回应对具体问题的妥当有效解决的这种问题性思考。这个问题无论是在德国,还是在日本,还是在美国,人们都提出来。当然在过去,大家都知道,我们说过去刑事政策与刑法体系是被分裂的,在李斯特时代,可以说刑事政策与刑法体系是并列的。在英美、在普通法系国家,我们不能简单地说英美国家没有刑法体系,没有刑法理论,但是英美国家没有一种体系化的刑法理论。但是比较而言,它的刑事政策非常发达,因为它的犯罪学非常发达,强大的犯罪学给刑事政策提供了足够的理论自由。比较而言,它的刑事理论化的东西比较少,所以我们可以看到英美是一个刑事政策主导的刑法体系,刑法与刑事政策分离的模式。德国可以说是以刑法主导的、刑事政策与刑法体系分离的模式。这种分离模式让德国人在过去尝尽了苦头,他们需要改变,需要在保持体系性思考的同时坚持问题性思考。德国很看不起美国的刑法体系,美国人也很不爽,不过美国人也在加强体系性思维。在这种背景下就出现了一种融合,在融合中就有一个连接点,就在于刑罚的任务、刑罚的目的。所以大家会看到,罗克辛在刑法体系的建构上,他就特别强调刑法中的"不法",一定要从刑法的任务和目的中引导出来。"不法"

的内涵和判断应当根据这个来界定。所以大家发现,他认为构成要件不应当仅仅做形式判断,构成要件该当性的判断必须由客观归责理论,看你有没有实现法所不允许的东西,实际上也就是违反了刑法的保护目的。违反了刑法的保护目的,制造实践法所不允许的风险,才能够在形式要件的构成要件的范围内判断行为人的行为符合构成要件。而这一点构成要件该当性的判断跟刑事政策本能性的追求的保护社会的任务就完全契合。当然,在违法性的判断上,刚才陈老师讲过的,根据社会冲突原理、社会纠纷的处理,基于社会秩序原理,他把社会各级利益与社会整体利益之间的冲突用一个法制统一性的总的原则,在国家干预权之下再进行利益衡量与平衡。这里面贯穿始终的是法益的问题,是基于法益保护判断一个行为是不是真的违法,无论是法定的违法阻却事由还是超法规的违法阻却事由,所以违法性的判断基于法益保护这样一个基本的立场。这里面又是和刑事政策完全契合的。在责任阶段,他创新地不再使用规范责任论所讲的心理责任论、规范责任论,不仅是在需罚性的基础上,而且是在可罚基础上论述。基于是否需要动用刑法、保护法益、预防犯罪,基于此来判断实施犯罪构成该当性要件的人是否真的需要予以科处刑罚,把当法性、应法性融为一体,这里面同样融合了刑事政策的考虑。从刑事政策的法益保护机能出发,把责任做了彻底的改造,提出了所谓的"实质责任论"或"功能责任论",并且借此真正打通了犯罪论和刑法论之间的真正的鸿沟。其实要以我说,过去的刑法理论如果说有鸿沟的话主要还是在犯罪论和刑罚论之间。而李斯特彻底打通了这个鸿沟,把我们之前在刑罚论考虑的需罚性的问题提到犯罪论中考虑,来判断行为人是否真的因为其行为受罚。所以我们可以看到刑罚的任务在于法益保护,"不法"必须从刑罚的任务和目的中引领出来,从基础出发,再进一步在构成要件上的设置上、解释上强调规范和保护。所以刑罚的任务和目的是刑法教义学和刑事政策能够实现内在融通的一个连接点。也正因为如此,如果刑法教义学和刑事政策能够融通,在刑法教义学或者构成要件的解释论上,我们就必须承认构成要件的实质化。当然这个构成要件的实质化必须是在构成要件形式化能够界定的范围内。所以从这个意义上讲刑法的目的和任务,规范保护目的,就能够把刑事政策和刑法体系融会贯通。因此就提出了对构成要件的理解,所以我一直期待陈老师一直进一步变革。就是跟告别过去的四要件转而彻底采纳三阶层一样,在构成要件的解读上你也能彻底地像你主张的形式解释论一样,先对构成要件做一个形式的判断,在这个基础上强调构成要件的实质化,采纳构成要件的实质化立场。如果你能采纳实质化立场,那么我就提出进一步的期望和诉求,即对构成要件的理解就不能再排斥故意和过失。而不是仅仅像陈老师今天上午所讲的对"目的犯罪"中的"目的"、"倾向犯罪"中的"倾向"可以承认它是构成要件要素,但是还是一般性地拒绝故意和过失为构成要件要素。所以陈老师能够在构成要件实质化的前提下,把主观的构成要件要素吸纳进来,把故意和过失从罪责中前置到构成要件当中去,我想这可能是我进一步期待的,这就是我对陈老师报告的一个即兴的评论。

陈兴良教授:

我做个简单的回应。梁教授的专长是研究刑事政策,他对刑事政策发展的脉络是非常清楚的,对于我们正确理解罗克辛对李斯特鸿沟的跨越提供了一个很好的专业背景。那么,刚才梁教授首先提到一个问题,是关于"李斯特鸿沟"这个概念是否存在,"李斯特鸿沟"这个词是蔡桂生在翻译罗克辛的《刑法体系与刑事政策》这本书的时候使用的。我在论文中也说了,蔡桂生这个翻译是个神来之笔,非常生动、形象地描述了李斯特关于刑事政策与刑法教义之间关系的看法。但后来我发现,在台湾出版的一个论文集里,提到了一个"鸿沟框架",那个词是台湾学者许迺曼翻译的。许迺曼描述李斯特有关刑事政策与刑法教义之间关系,使用了"鸿沟框架",他也使用了"鸿沟"这个词,当然我不清楚,蔡桂生在翻译时有没有参考台湾学者"鸿沟"这个词。我认为"鸿沟"这个词是比较形象的,因为李斯特提出这个命题"刑事政策是罪刑法定不可逾越的藩篱或屏障",从这里看到他认为刑事政策与刑法教义之间有一种不可逾越的关系,也就是说不是简单的分立,而是不可逾越。那么用来描述这种不可逾越,我认为"鸿沟"这个词是非常形象的。李斯特的"鸿沟"讲的是刑事政策与刑法教义之间的关系,而罗克辛讲的是刑罚体系和刑事政策的关系,那么他的刑罚体系和刑法教义学是在同一体系上使用的。而且我们必须要注意到德国、日本讲的刑法教义学就是指犯罪论,它事实上不是包括刑法论的,因此,所谓"李斯特鸿沟"就是刑法教义学与刑事政策的关系,也就是在整个刑法体系中犯罪论与刑罚论的关系。犯罪论与刑罚论两者是分立的,两者价值取向是不一样的,两者不能融合起来,但是罗克辛把这两者很好地打通了。我写这个文章时首先是有"李斯特鸿沟"这个概念,然后有"罗克辛贯通"这个概念,才引起我写这个文章的兴趣,将"李斯特鸿沟"描述出来,把"罗克辛贯通"加以说明,所以写了这篇文章。我觉得这个问题确实是值得我们思考的一个很好的问题。刚才梁教授也提到了,我在构成要件问题上,对贝林是非常推崇的,我甚至提出过"回到贝林"这样一个命题,所以往往引起一些误解,但事实上"贝林"已经回不去了。但我们必须要看到贝林的构成要件,看到它的独特性,它的构成要件的人权保障机能是非常突出的。对于这一点刚才梁教授也提到了是不是把故意、过失纳入到构成要件当中。但是,如果构成要件里纳入的东西太多,就会使构成要件罪刑法定的机能逐渐丧失了。就像日本刑法学院一位教授所讲,构成要件发展的结果就是构成要件崩溃的历史,因为如果构成要件里什么都往里面放,那么构成要件独特的机能,人权保障机能就丧失了,那么在这个情况下,你这个三阶层,也就是构成要件、违法性的分立也就没有必要了,最后导致了两阶层理论。但是罗克辛还是主张把构成要件和违法性加以区别,还是强调了构成要件的独特的作用,它有人口保障的这个机能。

所以在构成要件的这个问题上,我们确实是处于一种矛盾的纠结之说,如果把过多的内容放进去,那么就会使构成要件的罪刑法定的功能,一种独特的功能丧失,就会离贝林的构成要件的关键设置越来越远。但是另一方面,如果是完全维持贝林的这种形式的、客观的、价值中立的构成要件,又会使构成要件这样一件东西不能很好地反映犯罪的现实情况,使它仅仅成为一个形式的东西,它的消滞性比较明显,它的积极的功能不能发挥。因此对于构成要件到底哪些方面比较好,既能够使它的独特的功能得到发挥,又使得三个阶层的逻辑关系比较顺畅?这个问题我觉得是一个很值得研究的问题。这里我还想强调一点,也就是我们中国目前处在一个法制的发展时期,我们处在一个刑法教义学初创的一个时期。但是我们回顾过去德国 100 年,无论是从李斯特、贝林到罗克辛,他们有一个历史演变过程。那么在这样一种情况下,我们实际上是面临一种矛盾。要从我们的时代来说呢,我们还是处于李斯特的时代,处在贝林的时代,所以李斯特、贝林的一些思想,一些法制国的思想,对我们今天是有启发意义的。但是李斯特、贝林又是 100 多年前的,那么现在罗克辛所创立的这样一套目的理性的犯罪系统,它又有一种现实的合理性,又能够给我们启发。因此我们就会有一种纠结:我们到底要贝林、李斯特,还是直接运用罗克辛?怎么来面对他们?我觉得我们在这个里面是有一种矛盾的心态的,那么关于这点呢,我在我的文章最后有这样一段话。我给大家念一下,反映了我这样一个观念和这样一个纠结:所以我说我国刑法面临了这样一个双重使命,即要坚定地站稳罪刑法定主义的立场,因此需要扎紧刑事法制的篱笆,抵御法外价值判断的侵入,在这个意义上"李斯特鸿沟"对我们仍然具有启迪。同时我们毕竟已经来到21世纪,刑法教义学也已经完成了从存在论到价值论的历史性的跨越。刑事政策进入刑法教义学,在其体系框架内跨越发挥实质性的功能,从而使刑法不仅成为消极的人权保障工具,而且使其成为积极的实现正义的武器。因此"罗克辛贯通"对于我国刑法学界,也是具有现实意义的。我们无需回到李斯特时代,也没有必要重新跨越"李斯特鸿沟",我们可以直接享受"罗克辛贯通"的成果。然而我们还是必须在思想上经历一遍从"李斯特鸿沟"到"罗克辛贯通"的学术历程。也许这是一种学术上的忆苦思甜。我个人认为"忆苦思甜"这个词用在这里最能反映我这样一种感触。谢谢!

梁根林教授:

刚才陈老师略读他的报告的最后一段话,回应了我对他的构成要件、刑事政策导向的目的理性的发展体系的一个期待。下面我也念一段我的草稿里面的一段话,作为对他的一种呼应,不是PK。我这篇文章是这样说的:或曰历史是阶段性发展的而不能被超越,以阶层犯罪为核心的我国刑法体系,也必须顺应我国法制与经济,被历史性地建构。我国当前处在从人治到法治的初级阶段。国家刑罚权所行使的形式合理性是我国形式法治首要呼求的,因而当务之急是建构有利于实现国家刑罚权行使的形式合理性的、形式合法性的刑法理论体系。体系性思考及其所遵循的概念、逻辑和体系,显然应当成为不二的选择。而问题性思考,及其背后的刑事政策和目的性考量则因其潜在的不确定性,甚至任意性而成为刑法体系建构的大敌。但是我说当今罪刑法定原则早就超越了初期对行使刑罚权的形式合理性的诉求,而产生了超越刑事合理性而且还有实质合理性的双诉求,这一点,陈老师早就有过非常系统的论述。我说体系性思考显然倾向于追求刑罚适用的一般公证与形式合理性,而目的性思考追求的是个案处理的具体公证和实质合理。作为规定法官定罪的刑罚体系,为了实现刑罚适用的一般公正与个案处理的具体公正,必须兼顾体系性思考与问题性思考。但这种兼顾并非耶塞克等人主张的"例外情况下体系性思危"让位于问题性思危,退居次要地位,也不是英美刑法所盛行的"通常情况下问题性思考"凌驾于"体系性思考"之上,而是像罗克辛所主张的那样,把刑事政策的任务与目的融入刑法体系之中,成为刑法体系的一部分,受刑法体系规制,从而实现刑法体系过程的合逻辑性与个案结果处理的妥当性的统一。因此,建构刑事导向正确的刑法体系,实现体系性思考、问题性思考统一,在方法论上具有不受具体语境制约的普适性。及时走出从人治向法治过渡的前法治时代,我国当下同样应该建构刑事政策导向的刑法体系。

刘艳红教授点评:

感谢两位老师精彩纷呈的讲座,这个问题是非常宏大的。我相信大家听了讲座以后已经勾勒出了刑事政策的发展,以及刑事政策如何和刑法教义学之间相贯通的这样一个历史进程,以及这个问题对当下中国刑事法建设的意义。我觉得刚才梁老师说得好,是呼应不是PK,除了很少数的几个小地方和陈老师观点不一致,大多数地方是呼应了,也就是为陈老师的观点保驾护航。这让我们更加充分地看到,两位老师他们大的方向、立场是一致的,只是在细节上有少数的区别。同时我也觉得梁老师的期待是具有"期待可能性"的,他期待陈老师以后能够在构成要件这个观念上,从形式到实质的,把故意和过失也包含在内,那么如果这样的话,我觉得陈老师如果把刑事政策和刑法教义学的贯通,贯通到底就只能是这个结果,否则就是伪贯通,只能贯而没有通。构成要件是最重要的第一个类型,没有贯进去又何来通呢?那如果这个期待能够实现的话,我就要窃喜了,为什么呢?因为我作为实质刑法观主张者,认为形式犯罪论和实质犯罪论、形式解释和实质解释之间最根本的分歧就在于对第一阶层的构成要件怎么认定。当你主张它不再是形式的而蕴含了实质内容的时候,那实质解释就会呼之欲出。到时候那陈老师是否也会成为实质刑法解释论的主张者呢?我也有一个期待。

(责任编辑:王禄生　审校:王禄生)

非刑精神病强制医疗的欧洲视野
——兼评我国《精神卫生法》中的强制医疗制度

魏晓娜[*]

摘　要：受联合国《残疾人公约》以及欧洲理事会标准的影响，欧盟国家非刑强制医疗制度在过去的十年间发生了一定的变化。我国刑事诉讼法的修正和《精神卫生法》的出台，解决了强制医疗的合法性问题，但对比国际标准，我国的非刑强制医疗制度还存在相当严重的缺憾。

关键词：精神卫生法　强制医疗　强制入院　医疗模式　人权路线

A European Perspective on Non-criminal Involuntary Placement and Involuntary Treatment

Wei Xiaona

Abstract: Influenced by the United Nation on the Rights of Persons with Disabilities and Council of Europe standards, some changes had taken place in legislation on non-criminal involuntary placement of European Union member states in the past 10 years. The problem of legitimacy has been solved with the amendment of criminal procedure law and the adoption of Mental Health Care Act. But compared with international standards, there are some serious defects in our non-criminal compulsory admission legislation.

Key words: Mental Health Care Act; involuntary placement; involuntary treatment; Medical model; Human right approach

一、引言

2013年12月28日全国人大常委会通过了废止劳动教养制度的决定。此前不久，中共中央十八届三中全会通过《中共中央关于全面深化改革若干重大问题的决定》，明确提出"废

---

[*]　魏晓娜，中国人民大学刑事法律科学研究中心副教授，法学博士。研究方向：刑事诉讼法学。

止劳动教养制度,完善对违法犯罪行为的惩治和矫正法律,健全社区矫正制度"。乐观地解读,这或许是对处于刑法和行政法两大法律体系之间的灰色地带上的各种限制人身自由措施进行系统清理的开始。① 精神病强制医疗在过去几年间也属于这一特殊领域。不过,鉴于近年来精神病强制医疗方面的乱象②,2012年刑事诉讼法修正案已增设"依法不负刑事责任的精神病人的强制医疗程序",将强制医疗决定权交给人民法院,部分地解决了这方面的问题。但是,刑事诉讼法规定的强制医疗程序只适用于"实施暴力行为,危害公共安全或者严重危害公民人身安全,经法定程序鉴定依法不负刑事责任的精神病人"③,对不涉及刑法、仅违反治安管理处罚法的精神病人的强制医疗,以及由亲属送医的"非自愿"住院治疗问题,刑事诉讼法没有也不可能触及。对此,2012年10月颁布的《精神卫生法》规定了非自愿住院制度。本文所谓"非刑精神病强制医疗",即专指这一领域。对于非刑精神病强制医疗的问题,在联合国和欧盟层面上都已经形成了相对成熟的标准和规则。了解联合国以及欧盟国家在这一领域的法律发展,对于我们从一个新的视角审视我国《精神卫生法》规定的非自愿住院制度,认识其不足并把握未来的发展方向,无疑具有重要的意义。

二、欧盟国家非刑强制医疗制度概况

早在本世纪初,欧盟委员会就委托学者就欧洲国家非刑精神病强制医疗的法律状况开展调查,2002年形成了以对当时的欧盟15国④的研究为基础的报告即《精神病人的强制入院和强制治疗——欧盟成员国的立法和实践》(以下简称"2002年报告")并提交欧盟委员会。[1] 2006年12月,联合国通过了《残疾人权利公约》,并于2008年5月生效。精神病患者也属于该公约意义上的残疾人。虽然《残疾人权利公约》并没有创设新的权利,只是重申了以往国际条约中旧有的权利,但公约申明的非歧视、自治和融入原则标志着在残疾人的国际法保护方面实现了一个重要的理念转变,即残疾人不应当只被当做慈善或者医疗的受体,而应当被视为享有"和其他人同等的内在人格尊严"的权利主体。欧盟现在已经有20个成员国批准了《残疾人权利公约》,欧盟本身也于2010年12月批准了公约。作为新世纪的第一

---

① 继1996年废除的收容审查制度、2003年"孙志刚事件"后废止的收容遣送制度,以及2013年内停用的劳动教养制度外,类似的措施例如,针对违法犯罪的未成年人的收容教养,针对吸毒成瘾者的强制隔离戒毒,针对卖淫嫖娼人员的收容教育。其中,收容教养目前实践中由公安机关决定。2007年底颁布的《禁毒法》规定了"强制隔离戒毒",期限1~3年,决定机关仍为公安机关,由公安机关和司法行政部门共同执行。国务院2011年发布施行的《卖淫嫖娼人员收容教育办法》第7条规定,"对尚不够实行劳动教养的,可以由公安机关收容教育",收容教育的期限为6个月至2年,由公安机关决定。

② 例如,2003年河南农民徐林东因帮助邻居上访被乡政府工作人员送进驻马店市精神病院,在被诊断为偏执型精神障碍后开始了长达6年的精神病院生活,参见:王怡浩,杨桐. 村民替邻居状告乡政府被关精神病院六年半[EB/OL]. (2010-04-23)[2013-09-24]. http://news.sina.com.cn/s/2010-04-23/042420133742.shtml;2010年,湖北十堰市民彭宝泉因用自备的数码相机拍摄当地民众向政府请愿的照片被警方带走至精神病院并被强行用药,参见:王和岩. "被精神病"者彭宝泉诉精神病院案开庭[EB/OL]. (2011-02-24)[2013-09-24]. http://money.163.com/11/0224/18/6TM88VTP00253B0H.html;2010年,侨居日本的朱金红被母亲等人送进精神病院,声称朱不签署转让房产的委托书,就不接其出院,导致朱金红被强行在精神病院接受治疗达半年之久,参见:佚名. 母亲被指为获取女儿房产将其送进精神病院[EB/OL]. (2010-09-13)[2013-09-24]. http://news.sina.com.cn/s/2010-09-13/034621089022.shtml.

③ 参见我国刑事诉讼法第284条。

④ 这15个国家是:奥地利、比利时、丹麦、芬兰、法国、德国、希腊、爱尔兰、意大利、卢森堡、荷兰、葡萄牙、西班牙、瑞典、英国。

个人权公约,《残疾人权利公约》向"权利本位"路线的明确转型对于欧盟及其成员国具有重要的意义,也给欧洲各国原有的强制医疗制度提出了新的挑战①。这意味着需要从非歧视和平等待遇的角度对各成员国现有的涉及精神病人的政策路线和立法进行重新审查。为此,欧盟基本权利署②开始着手对欧盟各成员国强制医疗制度进行调查和比较研究,并于2012年发布了以对欧盟27个成员国的研究为基础的报告《精神病人的强制入院和强制治疗》(以下简称"2012年报告")。[2]本文所提供的欧洲国家强制医疗制度框架即以这两份报告为基础。

(一) 强制入院和强制治疗的标准

表一:欧盟15成员国立法对强制医疗标准的规定[1]22

标　准	国　家
精神疾病 + 危险	奥、比、法、德、卢、荷
精神疾病 + 危险 或 精神疾病 + 治疗的需要	丹、芬、希、爱、葡、英
精神疾病 + 治疗的需要	意、西、瑞

对强制入院的条件做出明确界定对于防范未来的滥用强制入院是至关重要的。表一反映的是2002年时欧盟15国关于强制入院标准的法律设定状况。作为研究对象的15个国家都将"患有精神疾病"作为强制入院的前提,但是在其他条件的设定上,各国之间的差异还是相当大的,在奥地利、比利时、德国、卢森堡和荷兰,"对自己或者他人构成严重危险"("危险"标准)是强制入院的基本前提。法国立法规定了两种不同的非自愿入院措施。一种是"根据第三人申请入院"(Hospitalisation à la Demande d'un Tiers),其适用原则是该人可能给自己造成伤害,该第三人可以是家庭成员或者其他代表入院人利益的人。第二种是"强制入院"(Hospitalisation d'Office),适用条件是该人可能对他人造成危险,而且适用于其病情危及法律秩序或者公共安全的情况下。在意大利、西班牙和瑞典,这一标准完全缺失,"治疗的需要"足以确保病人不配合时强制入院的合法性。在丹麦、芬兰、希腊、爱尔兰、葡萄牙和英国,在对精神病人强制收容时既可以适用"危险"标准,也可以适用"治疗的需要"标准。此外,几乎所有成员国都规定,只有在较少限制性替代措施不充分或者不存在时才允许对精神病人强制收容,只有法国和西班牙的立法没有明确做出这种表述。因此,可以说,在整个欧盟范围内,强制收容基本上是一种仅适用于严重危机或者紧急状态下的最后的干预措施。[1]148

2004年,欧洲理事会部长委员会通过了一份重要的关于精神病人权利的文件,即《欧洲理事会部长会议建议》(以下简称"建议")。[3]其中第17条对强制入院规定了5个标准:"只有在满足以下条件的情况下,才可以对一个人强制收容:该人存在精神健康问题;该人的病

---

① 例如,《欧洲人权公约》第5条"自由和安全权"规定:"所有人享有人身自由和安全权。除非在下列情况下并根据法律规定的程序,不得剥夺任何人的自由:……(5)对精神不健全的人的合法拘禁……"该条明确允许根据"精神不健全"(unsound mind)剥夺一个人的自由。

② 欧盟基本权利署(The European Union Agency for Fundamental Rights)设立于2007年,其主要职能是为欧盟机构和成员国提供涉及基本权利的独立和以证据为基础的建议。

情有严重伤害自己或者他人的重大风险;收容包含治疗目的;不存在提供适当治疗限制性更少的替代措施;必须考虑相关人本人的意见。"除了"治疗目的"是强制入院的标准外,其余4个标准也同时适用于强制治疗,即"存在精神健康问题"、"存在对自己或者他人造成严重伤害的重大风险"、"不存在较少限制性的替代措施"和"考虑患者本人的意见"。根据建议第17条第(2)项,为了判定一个人是否有精神疾病,可以限制一个人的自由。但这属例外情况,且限于紧急情况下。而且由于条件比正常情况下宽松,所以限制自由的时间应当尽可能的短。根据该建议第24条,如果上述标准有任何一个不再具备,强制收容必须终止。"2012年报告"参照这些标准对27个欧盟成员国的情况进行了调查,调查结果反映于表二。

表二:欧盟27成员国立法对强制医疗标准的规定[2]60

欧盟成员国	精神健康问题	对自己或他人的严重危险	治疗目的	法律规定优先选择较少限制性措施
奥地利	√	√		√
比利时	√	√		√
保加利亚	√	√		
塞浦路斯	√			
捷克	√	√		
德国	√	√		√
丹麦	√	√	√	√
爱沙尼亚	√	√		√
希腊	√	√	√	
西班牙	√		√	
芬兰	√	√	√	√
法国	√	√		
匈牙利	√	√		√
爱尔兰	√		√	
意大利	√		√	√
立陶宛	√	√		
卢森堡	√	√		√
拉脱维亚	√		√	
马耳他	√	√		√
荷兰	√			
波兰	√	√	√	
葡萄牙	√			
罗马尼亚	√	√		
瑞典	√		√	
斯洛文尼亚	√	√	√	√
斯洛伐克	√		√	
英国	√	√	√	√

(1) 关于"健康状况"、"伤害风险"和"治疗目的"标准。在 12 个成员国中,"存在精神健康问题"和"存在对自己或者他人造成严重伤害的重大风险"是强制入院合法化的两个主要条件,但对"治疗的需要"并没有明确做出规定。这 12 个国家包括:奥地利、比利时、保加利亚、塞浦路斯、捷克、德国、爱沙尼亚、匈牙利、立陶宛、卢森堡、马耳他和荷兰。有 13 个成员国对"存在精神健康问题"、"伤害风险"和"治疗的需要"标准同时做出规定,它们是:丹麦、希腊、芬兰、法国、爱尔兰、立陶宛、拉脱维亚、波兰、葡萄牙、罗马尼亚、斯洛伐克、斯洛文尼亚、瑞典和英国。在少数成员国,即意大利和西班牙,"治疗的需要"结合"精神健康问题"标准,就可以对一个人实施强制入院。

(2) 关于"较少限制性替代措施"标准。"建议"还引入了最少限制性原则。"建议"第 8 条规定:"精神病患者有权在最少限制性的环境下得到治疗,并使用最少限制性或侵入性治疗方法,应考虑到他本人健康的需要和其他人安全的需要。"强制入院和强制治疗应当在没有其他更少限制性的替代措施存在的情况下实施。欧盟 27 国中的绝大多数都将此作为批准强制入院和强制治疗必须要符合的标准。但是,在保加利亚、塞浦路斯、捷克、希腊、爱尔兰、立陶宛、拉脱维亚、斯洛伐克和西班牙,立法并没有明确要求必须穷尽所有较少限制性的措施,而是把这一问题留给负责对该人的精神状况做出评估的主体。

(3) 关于"考虑患者本人的意见"标准。强制性措施从概念上就意味着违背本人的意志。然而,"建议"却在强制入院和强制治疗的几个阶段都提出了"考虑本人意见"的要求。该标准被解释为实现"尊重个人自决权和保护精神病人的需要"之间的平衡。而且,强制入院的决定并不能涵盖强制治疗,它们是两种不同的决定,病人本人的意见在这两种情况下都应当得到倾听。"2002 年报告"对这一问题没有表述,而是将注意力放在了强制治疗场合下病人的知情同意上。"2002 年报告"指出,在 15 个欧盟成员国中,有 10 个国家对这种同意没有做出要求。到了 2012 年,这种情况发生了显著的变化。根据"2012 年报告",许多欧盟成员国的法律都提到了本人意见的问题,例如比利时、芬兰、德国、爱尔兰、意大利、丹麦、瑞典、波兰和法国。在奥地利和波兰,要求做出最终强制入院决定的法官在聆讯前会见相关人本人。只有少数欧盟成员国的法律没有提及这一标准,捷克、希腊、拉脱维亚、马耳他、斯洛伐克和英国属于这种情况。

(二) 评估和决定程序

1. 评估主体

表三:欧盟 15 国对精神状态评估主体的资质要求[1]24

	国　家
有经验的精神科医师	奥、希、爱、荷、波、西、英
任何医师	比、丹、芬、法、德、意、卢、瑞

表三反映的是 2002 年欧盟 15 国在强制入院医学标准的初步评估方面对评估主体资质的要求情况。有 7 个成员国要求最初的精神评估由精神科医师做出,而在其余的 8 个国家,影响重大的可能拘禁一个人的决定可以根据没有在精神卫生保健方面受过专门训练的医师的意见做出。但属于后一类型的 3 个国家的情况需要进一步说明。芬兰的法律

规定初步评估可以由任何医师做出，而入院评估只能由精神科医师做出。法国的两种非自愿入院程序中，只有在"强制入院"程序中可以由普通医师做出评估。而在德国，由于实行联邦制，联邦各州都制定有自己的精神卫生立法，有些州可以由普通医师做出评估，但有些州要求必须是有经验的精神科医师。表三反映了各成员国对初次评估主体的资质要求有相当大的差异。但是，一旦相关人被批准入院，所有的成员国都要求必须由精神科医师完成进一步的评估。同时，该表反映的只是常规强制入院程序的初次评估要求，在紧急程序中，大多数成员国的规定通常会有很大的不同，对最初的评估专家的资质要求通常也会更为宽松。

到了2012年，情况发生了很大变化。根据"2012年报告"，27个成员国中只有比利时、斯洛伐克和卢森堡没有从法律上对医师的资质问题做进一步的要求，而在其余的绝大多数国家，立法都要求在常规程序中只有受过专门训练的精神科医师才可以进行检查和提供医学评估报告。[2]35

为了防范滥用强制入院程序，另一个重要的标准是提供评估意见的专家的人数，以及他们是否独立于相关人即将被收容的机构。这后一点在欧洲反酷刑委员会的报告中曾反复被强调。根据"2012年报告"，在27个成员国中，对一个人的精神状态的评估，法律只要求一位专家提供意见的有9个国家，即比利时、保加利亚、捷克、德国、丹麦、爱沙尼亚、卢森堡、荷兰和波兰。但其中有些国家决定主体（通常是法官）在具体案件中也可能会要求或者指定额外的独立专家提供意见。其余的成员国都是要求两位或者两位以上专家提供独立意见，其中，芬兰、法国、爱尔兰、拉脱维亚、立陶宛和罗马尼亚要求有两位以上专家。在法国，评估由两位精神科医师和一位医生共同做出，医生负责在观察期的前24小时作身体检查。

2. 决定主体

表四：欧盟15国强制入院的决定主体[1]25

决定主体	国　　家
医疗性主体	丹、芬、爱、卢、瑞
非医疗性主体（法官、检察官、市长）	奥、比、法、德、希、意、荷、葡、西、英

表四反映的是2002年对欧盟15个成员国强制入院决定主体的调查结果。根据该表，在10个成员国的法律中，强制入院决定或者由法律系统的代表做出（法官、检察官、市长），或者由其他独立于医疗系统的机构做出（例如在英国是由社会工作者）。在其余的5个成员国，则由精神病专家或者其他的医疗人员做出。欧洲理事会在这一问题上的态度是一贯的，即要求法官或者其他有资格主体的干预。2004年《欧洲理事会部长会议建议》（以下简称"2004年建议"）备忘录对此解释道："基本的原则是做出（强制入院）决定的主体独立于强制入院的建议者。"[3]151根据"2012年报告"，在27个欧盟成员国中，有21个国家强制入院的最终决定是由非医疗性主体（通常是法庭）做出的。决定程序通常分为两个步骤，先由一位或者多位医疗人员准备一份医学证明，然后由司法或者准司法机构根据该证明做出入院决定。在少数国家，包括马耳他、罗马尼亚、芬兰、丹麦、爱尔兰和瑞典，强制入院决定仍保持医疗性质。[2]37

3. 对本人的强制聆讯

表五：在决定程序中强制聆讯本人的情况[1]25

	数 目	国 家
强制聆讯	12	奥、比、丹、德、爱、意、卢、荷、葡、西、瑞、英
不强制	3	芬、法、希

根据表五所反映的情况来看，在2002年，欧盟15个成员国中有12个国家的法律要求在法官聆讯时相关人本人到场。只有3个国家没有这样的要求，但其中的一个国家芬兰要求在决定程序中必须考虑相关人的自述，不过只允许从病历档案中摘录病人的自述。到了2012年，绝大多数的欧盟成员国要求本人在对他们决定强制入院的聆讯程序中到场。这一要求在有的国家还上升到宪法高度，如德国①。在极少数欧盟成员国，如捷克和拉脱维亚，在正式聆讯时相关人本人可以不到场。[2]37

4. 紧急程序

表六：欧盟15国立法授权临时拘禁（紧急情况）情况[1]27

	临时拘禁的最高期限	临时拘禁的决定主体
奥地利	48小时	精神科医师
比利时	10天	检察官
丹麦	紧急情况下也适用常规程序	精神科医师
芬兰	紧急情况下也适用常规程序	精神科医师
法国	48小时	市长（巴黎：警察）
德国	24小时（15个州）；3天（1个州）	市公共事务办公室或精神科医师
希腊	48小时	检察官
爱尔兰	紧急情况下也适用常规程序	精神科医师
意大利	48小时	公共卫生部门
卢森堡	24小时	警察，或医师，或精神科医师，或监护人，或社会工作者
荷兰	24小时	市长
葡萄牙	48小时	精神科医师
西班牙	24小时	精神科医师
瑞典	24小时	精神科医师
英国	72小时	警察或医师加社会工作者

表六反映的是2002年欧盟15国紧急情况下强制收容的规定。"2012年报告"没有包含这一方面的内容。几乎所有的成员国都对紧急情况下的初步（或临时）拘禁和常规（非紧急情况）的强制入院程序进行了区分。只有在丹麦、芬兰和爱尔兰这3个国家两种程序差别不大。在紧急情况下，通常可以在没有得到负责对收容做出最终决定的主体认可的情况下对相关人进行短时间拘禁。临时收容的紧急程序通常适用于夜间、周末或者认为有必要采

---

① 参见德国基本法第103条第(1)项。

取直接行动的任何时候。在临时收容期限届满时,一般会要求有关医师或者精神病专家提供专家证言,之后是否正式入院,则与常规程序并无二致,应该交由最终的决定主体做出决定。从表六反映的情况来看,除比利时临时拘禁的期限可以长达10天以外,绝大多数成员国临时拘禁的期限从24小时到72小时不等。在一些成员国,临时收容的决定主体与常规的拘禁程序中的决定主体有所不同。

(三) 制度化的复查和上诉

程序保障是防范滥用的保证。"2002年报告"和"2012年报告"都选取了两个要素来阐明程序保障的重要性,即免费的法律帮助和对强制入院或者强制治疗决定提出上诉的权利。

1. 免费的法律帮助

适当的法律帮助与获得有效司法救济的权利密切相关。尤其是对理性判断能力可能减弱的被强制收容的病人来说,有机会得到法律代表的支持是至关重要的。为此,"2004年建议"第25条第(3)项详细规定了各成员国在制度化的复查和上诉程序中提供法律帮助的义务:"在无法代理自己时,该人应当享有得到一名律师援助的权利,而且可以根据国内法得到免费的法律帮助。"根据"2002年报告"反映的情况,当时15个欧洲成员国中只有6个国家(奥地利、比利时、丹麦、爱尔兰、荷兰和葡萄牙)的法律要求必须有独立的顾问(律师、法律顾问、社会工作者等)参与到收容程序中。另有8个成员国是免费向被强制收容的病人提供法律帮助,它们是奥地利、比利时、丹麦、爱尔兰、葡萄牙、西班牙、瑞典、英国。[1]35到了2012年,情况发生了很大的变化。"2004年建议"的要求已经反映于绝大多数成员国的立法。例如,比利时、保加利亚、匈牙利、荷兰和斯洛文尼亚的立法都要求在这种情况下自动为相关人指定律师。在那些没有规定自动提供律师的国家,有的规定,是否提供免费的法律帮助,取决于相关人的支付能力,例如塞浦路斯和波兰;还有一些国家,是否提供免费法律帮助取决于相关人在复查和上诉程序中是愿意自己选择法律代表,还是接受政府指定的律师,例如捷克、丹麦、爱尔兰、拉脱维亚和立陶宛。[2]39

2. 对强制入院或强制治疗合法性的审查和上诉

"2004年建议"第25条要求欧盟各成员国确保被强制收容或者强制治疗的人能够:对决定提出上诉;对措施的合法性,或者延长措施的申请由法庭在合理的间隔期进行审查,无论本人、其律师或者私人代表是否请求进行这种审查;在这样的审查或者上诉中亲自或者通过律师或者代表接受聆讯。根据"2002年报告",当时欧盟15个成员国全部都已经提供了这样的保障。到了2012年,欧盟成员国增加到27个,情形没有发生大的变化。绝大多数欧盟成员国精神卫生方面的国内法都规定了对强制入院决定的上诉程序。例如,在西班牙,对因强制收容于公立精神病院而剥夺自由的合法性提出质疑的人身保护令程序可以向该精神卫生中心所在地的管辖法官提起,该法官必须在24小时内做出裁决,但是,人身保护令获得认可并不必然意味着措施无效,可能会导致病人被转移到其他合适的医疗中心。在几乎所有的欧盟成员国的立法中,都包含有法庭在合理的间隔期对措施的合法性,或者对延长措施的申请进行审查的具体规定。在审查程序之外,多数国家的立法还允许在情势发生变化时直接终止措施。对强制收容或者强制治疗的最初审查发生于一段较短的时期之后,一旦最初的审查肯定了收容措施,对该决定进行常规审查的时间表也就确定下来了。有些成员国对收容措施的常规审查是每3个月进行一次,例如保加利亚和葡萄牙;有的是每6个月审查一次,例如芬兰、法国、拉脱维亚、立陶宛;有的是1年之后,例如爱沙尼亚、斯洛文尼亚;有的是2年之后,例如比利时、卢森堡。[2]40

三、我国《精神卫生法》中的非刑强制医疗制度

早在建国初期,我国就尝试对危害社会的精神病人采取类似强制性医疗措施的处理办法。1956年国务院在《对湖北省人民委员会关于精神病人收容管理工作的请示的批复》中,指出,为了便于精神病人治疗,对病情严重且对社会治安危害甚大的病人应暂由公安机关进行看管,卫生部门负责治疗,其他有关部门予以协助。[4]79 该批复对当时精神病人强制医疗工作实践提供了指导,更直接促成现行刑法第18条关于对不负刑事责任的精神病人"应当责令他的家属或者监护人严加看管和医疗;在必要的时候,由政府强制医疗"的规定。但是,刑法规定的强制医疗仅关注不负刑事责任的精神病人,行为违反治安管理但尚未构成犯罪的精神病人并不在刑法的视野之内。对这类精神病人是否适用强制医疗也有不同意见。原《治安管理处罚条例》和现行的《治安管理处罚法》都规定了责令其监护人严加看管和治疗,并未出现强制医疗的内容。① 2004年卫生部与公安部等部门联合发布了《关于进一步加强精神卫生工作的指导意见》,要求对严重肇事肇祸的精神疾病患者进行强制医疗,从而将严重违反治安管理的精神病人纳入强制医疗范围。由于我国"精神卫生法"的立法工作长期没有结果,而实践中精神病人严重危害社会治安事件频发,因此,各地纷纷出台地方性法规、精神卫生条例等应对此类事件。这些涉及强制医疗的地方性法规、规章、条例不仅体例上缺乏协调性,而且带有明显的地域局限性,更重要的是,将涉及人身自由的强制医疗措施交给地方性法规、规章、条例做出规定,违背了《立法法》的基本精神。实际上,我国精神卫生的立法工作早在20世纪80年代就提上日程。当时由卫生部牵头,指定四川、湖南两省卫生厅协助起草《精神卫生法(草案)》,由5名精神病学专家组成的起草小组在1985年就拉开了立法的帷幕。然而,这一开场就是20多年,直到2011年6月才千呼万唤始出来《精神卫生法(草案)》,在向社会广泛征求意见后,我国于2012年10月26日正式颁布《精神卫生法》,并于2013年5月1日正式实施。

正式颁布的《精神卫生法》首先宣布对精神障碍患者进行诊断和治疗的基本原则,即"精神障碍患者的人格尊严、人身和财产安全不受侵犯";"任何组织或者个人……不得非法限制精神障碍患者的人身自由";"精神障碍的诊断、治疗,应当遵循维护患者合法权益、尊重患者人格尊严的原则";"精神障碍的住院治疗实行自愿原则"。②

第二,关于精神障碍患者的送诊。《精神卫生法》将精神障碍患者的送诊区分为两种情况:一是纯粹以治疗为目的的送诊,包括"个人"自行到医疗机构进行精神障碍诊断;"疑似精神障碍患者的近亲属"可以将其送往医疗机构进行精神障碍诊断;对查找不到近亲属的流浪乞讨疑似精神障碍患者,由"当地民政等有关部门"按照职责分工,帮助送往医疗机构进行精

---

① 原《治安管理处罚条例》第10条和现行《治安管理处罚法》第13条均规定:"精神病人在不能辨认或者不能控制自己行为的时候违反治安管理的,不予处罚,但是应当责令其监护人严加看管和治疗。"

② 以上规定分别参见我国精神卫生法第4、5、26、30条。

神障碍诊断。① 二是精神障碍患者在对自己或者他人安全构成威胁情况下的送诊,即疑似精神障碍患者发生伤害自身、危害他人安全的行为,或者有伤害自身、危害他人安全的危险的,"其近亲属、所在单位、当地公安机关"应当立即采取措施予以制止,并将其送往医疗机构进行精神障碍诊断。② 这种情况类似于西方国家的紧急程序。

第三,关于精神障碍的初次诊断。《精神卫生法》对于精神障碍诊断主体的资质做出明确限定,即"精神科执业医师",但对于诊断主体的数量没有作特殊要求。③

第四,关于"非自愿"住院治疗的标准。经诊断结论、病情评估,就诊者被确定为精神障碍患者,并具有《精神卫生法》第 30 条规定了的两种应当住院治疗的情形之一的,应当实施住院治疗:一是"已经发生伤害自身的行为,或者有伤害自身的危险的";二是"已经发生危害他人安全的行为,或者有危害他人安全的危险的"。可见,在"非自愿"住院治疗的标准上,《精神卫生法》采用了"严重精神障碍患者+危险"标准。但是,对于这两种"非自愿"住院治疗的情形,立法所赋予的强制程度并不等同。第一种情形下是否住院治疗,取决于监护人是否同意,因此这种情况下的"非自愿住院"仅是对患者本人而言的"非自愿",强制程度较弱。而在第二种情形下,即"已经发生危害他人安全的行为,或者有危害他人安全的危险的",由于其强制程度较高,精神卫生法赋予患者及其监护人寻求再次诊断和鉴定的机会。

第五,再次诊断和鉴定。患者或者其监护人对需要住院治疗的诊断结论有异议,不同意对患者实施住院治疗的,可以要求再次诊断和鉴定。①《精神卫生法》第 32 条首先对提出再次诊断要求的期间、实施再次诊断的医师条件和人数、再次诊断的程序要求做出规定。患者或者其监护人"要求再次诊断的,应当自收到诊断结论之日起三日内向原医疗机构或者其他具有合法资质的医疗机构提出。承担再次诊断的医疗机构应当在接到再次诊断要求后指派 2 名初次诊断医师以外的精神科执业医师进行再次诊断,并及时出具再次诊断结论。承担再次诊断的执业医师应当到收治患者的医疗机构面见、询问患者,该医疗机构应当予以配合"。②对再次诊断结论仍有异议的,患者或者其监护人可以自主委托依法取得执业资质的鉴定机构进行精神障碍医学鉴定。《精神卫生法》第 32 条第 3 款、第 33 条、第 34 条对鉴定人的资质和人数、面见患者的程序要求、鉴定人的回避等事项做出规定。接受委托的鉴定机构应当指定本机构具有该鉴定事项执业资格的 2 名以上鉴定人共同进行鉴定。鉴定人应当到收治精神障碍患者的医疗机构面见、询问患者,该医疗机构应当予以配合。鉴定人本人或者其近亲属与鉴定事项有利害关系,可能影响其独立、客观、公正进行鉴定的,应当回避。③再次诊断结论或者鉴定报告的效力。再次诊断结论或者鉴定报告表明,不能确定就诊者为严重精神障碍患者,或者患者不需要住院治疗的,医疗机构不得对其实施住院治疗。相反,如果再次诊断结论或者鉴定报告表明,精神障碍患者具有《精神卫生法》第 30 条第 2 款第 2 项情形,即"已经发生危害他人安全的行为,或者有危害他人安全的危险的",其监护人应当同意对患者实施住院治疗。监护人阻碍实施住院治疗或者患者擅自脱离住院治疗的,可以由公安机关协助医疗机构采取措施对患者实施住院治疗。④

---

① 参见《精神卫生法》第 28 条第 1 款。
② 参见《精神卫生法》第 28 条第 2 款。
③ 参见《精神卫生法》第 29 条第 1 款。
④ 参见《精神卫生法》第 35 条。

第六，关于诊断和鉴定期间的临时留院措施和临时性约束保护措施。《精神卫生法》第29条和第35条第3款分别对初次诊断、再次诊断和鉴定期间的临时留院措施做出规定："医疗机构接到依照本法第28条第2款规定送诊的疑似精神障碍患者，应当将其留院，立即指派精神科执业医师进行诊断，并及时出具诊断结论。""在相关机构出具再次诊断结论、鉴定报告前，收治精神障碍患者的医疗机构应当按照诊疗规范的要求对患者实施住院治疗。"《精神卫生法》第40条同时授权医疗机构在特定情况下可以对精神障碍患者实施临时性约束保护措施："精神障碍患者在医疗机构内发生或者将要发生伤害自身、危害他人安全、扰乱医疗秩序的行为，医疗机构及其医务人员在没有其他可替代措施的情况下，可以实施约束、隔离等保护性医疗措施。实施保护性医疗措施应当遵循诊断标准和治疗规范，并在实施后告知患者的监护人。"但是，"禁止利用约束、隔离等保护性医疗措施惩罚精神障碍患者"。也就是说，临时性约束保护措施不得用于惩罚目的。

第七，对精神障碍患者病情的检查评估和出院。对住院治疗的精神障碍患者的出院，《精神卫生法》根据不同的情形实行区别对待。对于"自愿住院治疗的精神障碍患者可以随时要求出院"；对于具有《精神卫生法》第30条第2款第1项情形（即"已经发生伤害自身的行为，或者有伤害自身的危险的"）的实施住院治疗的精神障碍患者，监护人可以随时要求患者出院；而对于具有《精神卫生法》第30条第2款第2项情形（即"已经发生危害他人安全的行为，或者有危害他人安全的危险的"），医疗机构应当根据精神障碍患者病情，及时组织精神科执业医师进行检查评估。评估结果表明患者不需要继续住院治疗的，医疗机构应当立即通知患者及其监护人。①

以上即是我国《精神卫生法》勾勒出的非刑强制医疗制度的基本框架。《精神卫生法》的出台，加上同年3月14日修正的《刑事诉讼法》以特别程序规定的涉刑"强制医疗"制度，标志着我国强制医疗制度开始走上了法制化的轨道。这本身就是一个莫大的进步。在具体制度设计上，《精神卫生法》体现了近年来西方强制医疗制度的发展趋势，将入院措施和治疗措施区别对待。② 同时，如上所述，为了防范滥用强制入院措施，《精神卫生法》引入再次诊断和鉴定制度，并实行初次诊断主体的回避制度，在再次诊断和鉴定过程中引入强制询问本人原则。除此之外，《精神卫生法》明确肯定了精神障碍患者在治疗方面的自决权③、知情权④和住

---

① 参见《精神卫生法》第44条。
② 20世纪70年代以前，大多数国家并不区分强制入院和强制治疗。70年代晚期，从美国开始，由于对强制入院的病人基本人权的强调，观念开始发生变化。因此，有关强制医疗方面的立法不再将确保精神病人得到治疗作为首要的目标，而是致力于保护患者自己或者他人免受伤害。在大多数情况下，仅只收容并对相关人加以严密的监督就可以实现这个目标。据此，即便是对一个人强制性地收容入院，病人仍保留是否治疗的决定权。因此，如果要对强制入院的病人进行治疗，仍要求得到他们的同意。与美国的这一发展相似，在欧洲，例如奥地利、丹麦、德国、卢森堡、荷兰、瑞典和英国，开始在立法中将强制入院和强制治疗区分为不同的措施。我国《精神卫生法》吸收了这样的精神，即便是强制入院的病人，对于特定治疗措施的采用，仍需取得患者本人或者其监护人的同意。——参见我国《精神卫生法》第43条。
③ 参见我国《精神卫生法》第43条。
④ 我国《精神卫生法》第39条规定："医疗机构及其医务人员应当遵循精神障碍诊断标准和治疗规范，制定治疗方案，并向精神障碍患者或者其监护人告知治疗方案和治疗方法、目的以及可能产生的后果"；第47条规定："医疗机构及其医务人员应当在病历资料中如实记录精神障碍患者的病情、治疗措施、用药情况、实施约束、隔离措施等内容，并如实告知患者或者其监护人。患者及其监护人可以查阅、复制病历资料；但是，患者查阅、复制病历资料可能对其治疗产生不利影响的除外。"

院期间的通讯和探访权等。① 这些都是《精神卫生法》中设计的强制医疗制度的亮点。然而,毋庸讳言,目前的非刑强制医疗制度仍有一些严重的缺憾,主要表现在以下方面:

(一) 关于非刑强制医疗制度的理念

强制医疗一直是精神卫生法学的核心问题,上百年来也成为西方法律和伦理争论的主题。精神卫生领域强制性措施的适用,涉及三个方面的利益考量:第一,相关人的基本人权;第二,公共安全;第三,对相关人进行充分治疗的需要。西方早期的强制医疗制度比较强调其医疗属性,从而形成了所谓的"医疗模式",在强制入院的标准上也强调"充分治疗的需要"。但是,从上世纪五六十年代开始,在美国民权运动的影响下,西方强制医疗制度的重心开始从家长式的强调"治疗的需要"向保障精神病患者的基本人权方面转移,从而形成了所谓的"人权路线"。"人权路线"认为,对精神病人采取强制入院措施,即便是出于治疗的目的,也构成了对相关人人身自由的剥夺或者严重限制,仅此一点,就决定了精神病强制医疗不纯粹是一个医学问题,它也是一个法律问题。因此,强制医疗制度必须紧密地围绕这一属性而设计。[5] 我国《精神卫生法》中的非刑强制医疗制度,从制度设计的整体理念上,仍未摆脱"医疗模式"的思维方式,强制医疗程序从启动、诊断到做出决定,基本上是医疗机构一家独揽。对于强制医疗过程中必然发生的剥夺或者严重限制人身自由的一面,我国《精神卫生法》并未给予充分的承认,更没有围绕这一属性发展出相对完备的程序保障。这不得不说是一个重大的缺憾。

(二) 未充分关注和吸收非刑强制医疗方面的国际标准

强制入院或者强制收容由于对个人人身自由影响甚巨,因而早已成为国际人权条约关注的焦点。最早和最重要的保护人身自由的文件,除了没有约束力的《世界人权宣言》外,当属《公民权利和政治权利国际公约》第9条第1项:"人人有权享有人身自由和安全。任何人不得加以任意逮捕或拘禁。除非依照法律所确定的根据和程序,任何人不得被剥夺自由。"联合国人权委员会承认公约第9条适用于对有精神问题的人剥夺自由,只要法律施加了剥夺人身自由的制裁,那么即适用第9条第4项规定的条件:"任何因逮捕或拘禁被剥夺自由的人,有资格向法庭提起诉讼,以便法庭能不拖延地决定拘禁他是否合法以及如果拘禁不合法时命令予以释放。"而且,根据公约第2条第3项,各成员国必须给被剥夺自由的人提供有效的救济。1991年,联合国大会通过了《保护精神病患者和改善精神卫生保健的原则》(以下简称《原则》)的决议,详细规定了对有精神问题的人剥夺自由时的标准。2004年,欧洲理事会部长委员会通过了《欧洲理事会部长会议建议》(即"2004年建议"),专门用来阐述精神病人的权利。2006年,联合国通过了《残疾人权利公约》,掀开了残疾人权利保障的新篇章,传递了全新的理念:残疾人不是慈善的受体,而是权利的主体。精神病人也是"公约"意义上的残疾人。公约第14条"人身自由和安全"规定:"1. 成员国应确保残疾人与其他人平等地:(a)享有人身自由和安全权;(b)不被非法或任意地剥夺自由,任何对自由的剥夺都是依法进行,而且存在残疾本身不能成为剥夺自由的理由。"根据残疾的存在而剥夺自由本身

---

① 我国《精神卫生法》第46条规定:"医疗机构及其医务人员应当尊重住院精神障碍患者的通讯和会见探访者等权利。除在急性发病期或者为了避免妨碍治疗可以暂时性限制外,不得限制患者的通讯和会见探访者等权利。"

就是歧视性的,是违反公约的。起草公约的临时委员会主席对此解释道:"这实质上是一个非歧视性条款。问题的关键点是,残疾人的待遇应当与其他人一样。对其他人构成危险的残疾人应该和其他任何人受到同等的对待。"[2]15 从我国《精神卫生法》中强制入院制度的整体设计来看,对上述国际标准并没有给予充分的关注。以下分述之:

1. 关于强制入院的标准。我国《精神卫生法》对强制入院采用的是"严重精神障碍患者+危险"标准,相比于目前国际社会比较推崇的"2004 年建议"提出的 5 项标准,缺失了"治疗的目的"、"不存在较少限制性的替代措施"和"考虑病人本人的意见"3 个标准。强制入院作为一种医疗措施,本身应包含"治疗的目的",而不应被设计为一种单纯的隔离或者约束精神障碍患者的措施,这也是我国《精神卫生法》第 5 条所阐明的"尊重、理解、关爱精神障碍患者"原则的应有之义。强制入院是一种严重侵犯公民人身自由的措施,理应作为最后的手段万不得已时适用,在存在其他限制程度较轻的措施的情况下,应当优先适用该较少限制性的措施。入院措施对个人自由影响巨大,出于对个人自决权的尊重,病人本人的意见虽然不是决定性的,但仍应得到充分的考虑。我国《精神卫生法》虽然规定再次诊断和鉴定时应当面见患者,但主要是出于做出准确诊断和鉴定的需要,并非出于尊重病人自决权的考虑。

2. 关于强制入院决定的主体。1991 年联合国《保护精神病患者和改善精神卫生保健的原则》(以下简称《原则》)区分了强制入院的最初决定主体和正式决定主体。根据《原则》第 16 条,做出初步入院决定的主体可以是"法律为此目的所授权的合格精神卫生工作者",但是这个最初的入院或者留院决定应当由国内法规定一个观察和初步治疗的短暂期间,供审查主体对强制入院或者留院进行审查。《原则》第 17 条接下来对正式的审查主体做出规定:"审查主体应为国内法规定的司法或者其他独立、公正的组织,并依据国内法规定的程序进行。""2004 年建议"第 20 条也规定"将一个人强制收容的决定应当由法庭或者其他有资格的主体做出"。我国《精神卫生法》中的强制入院制度,不区分初步决定和正式决定,决定权一揽子交给了医疗机构,当然也不存在一个等待正式审查机构审查时的观察和初步治疗的期间。更重要的是,强制入院从诊断到决定,均可在同一家医疗机构完成,与欧洲理事会提出的"基本的原则是做出(强制入院)决定的主体独立于强制入院的建议者",[3]151 其旨趣相去甚远。

3. 关于强制入院的复查和上诉。在初步决定、正式审查之后,《原则》第 17 条第 3 款继续规定审查主体"应根据国内法规定的合理的间隔期定期审查强制入院病人的情况"。而且被强制收容的病人也可以向审查机构提出出院的申请。① 《原则》第 17 条第 7 款规定,病人及其个人代表或者任何利害关系人都有权向上级法院就强制入院或者留院的决定提起上诉。"2004 年建议"第 25 条要求欧洲理事会各成员国确保被强制收容或强制治疗的人能够:对决定提起上诉;由法庭对措施的合法性及其继续适用进行审查的权利,无论其本人、律师或者代表是否请求这种审查;在这种审查或者上诉中,本人或者其律师或代表都有获得聆听的权利。虽然上述《原则》和"2004 年建议"所设计的具体程序不尽相同,但都遵循了司法审查和救济的原则。我国《精神卫生法》也规定了当事人申请再次诊断和鉴定等权利,但毕竟与真正意义上的司法救济相去甚远。

4. 其他程序性保障。"2004 年建议"第 20 条规定"将一个人强制收容的决定应当由法

---

① 参见联合国《保护精神病患者和改善精神卫生保健的原则》第 17 条第 4 款。

庭或者其他有资格的主体做出。法庭或者其他有资格的主体应当：①考虑本人的意见；②根据相关人应该得到面见和征询意见的原则并依据法律规定的程序做出"。《原则》第18条详细列举了精神病人在强制入院程序中享有的其他程序性保障，而这些，在我国《精神卫生法》中皆付之阙如。①病人有权选择和任命一名律师，在任何申诉和上诉程序中代表自己，如果病人无力支付律师服务的费用，可以免费提供一名律师。②必要时，病人有权获得译员的帮助，如果这种服务确有必要，而病人又无力支付服务费用，可以免费提供译员。③病人及其律师可以在任何聆讯中请求并出示独立的精神卫生报告，其他的任何报告，以及具有相关性和可采性的任何口头或者书面证据。④提交的病人档案、报告和文件的副本应当提供给病人及其律师，除非经认定属于披露给病人会给病人健康造成严重伤害或者对他人的安全带来危险的特殊情形。国内法可以规定，不能提供给病人的文件，应当在病人不知情的情况下提供给病人的代表或者律师。如果有文件的任何部分不让病人看到，应当就此以及这么做的理由通知病人或者其律师，并可以接受司法审查。⑤病人及其私人代表和律师有权参加、参与任何聆讯并亲自接受聆讯。⑥如果病人，或者其私人代表或律师要求某人在聆讯中到场，该人应当到场，除非认为该人的到场可能对病人的健康造成严重的伤害或者对他人的安全带来危险。⑦任何关于聆讯或者部分聆讯公开或者私下进行，或者公开报道的决定应当充分考虑到病人本人的意愿、病人或者其他人隐私的需要，以及防止给病人的健康造成严重伤害或者避免给他人的安全带来危险的需要。⑧聆讯中做出的决定及其理由应当书面撰写，其副本应当提供给病人及其私人代表和律师。在决定是否全部或者部分公布决定时，应当充分考虑病人个人的意愿，保护病人和其他人隐私的需要，公开司法的公共利益，以及防止给病人健康带来严重伤害和避免给他人的安全带来危险的需要。

参考文献：

[1] See Hans Joachim Salize, Harald Dreßing & Monika Peitz. Compulsory Admission and Involuntary Treatment of Mentally Ill Patients-Legislation and Practice in EU-Member States (2002) [EB/OL]. http://ec.europa.eu/health/ph_projects/2000/promotion/fp_promotion_2000_frep_08_en.pdf, 2013-11-18.

[2] EuropeanUnion Agency for Fundamental Rights. Involuntary Placement and Involuntary Treatment of Persons with Mental Health Problems (2012) [EB/OL]. http://fra.europa.eu/sites/default/files/involuntary-placement-and-involuntary-treatment-of-persons-with-mental-health-problems_en.pdf, 2013-11-18.

[3] Council of Europe, Committee of Ministers. Recommendation Rec(2004)10 of the Committee of Ministers to member states concerning the protection of the human rights and dignity of persons with mental disorder [EB/OL]. https://wcd.coe.int/ViewDoc.jsp?id=775685, 2014-1-3.

[4] 潘侠. 精神病强制医疗法治化研究——从中美两国对话展开(D). 北京：中国人民大学法学院，2013，P79.

[5] P. Chodoff. Involuntary Hospitalization of the Mentally Ill as A Moral Issue [A]. American Journal of Psychiatry [J/OL], 1984, PP384-9.

（责任编辑：王禄生　审校：王禄生）

知情同意原则的外延

赵廉慧[*]

摘 要：知情同意是医疗侵权法上的一个核心概念。本文在介绍了知情同意原则的体系功能之后，对披露义务的例外情形、替代同意的具体规则进行探讨，从边缘处研究知情同意原则的功能。最后，指出除了法定的替代同意之外，还应有约定的替代同意的规则，并由此强调在医疗关系当中引入约定机制的必要性和可能性。

关键词：知情同意 替代同意 约定机制

The Boundary of Informed Consent

Zhao Lianhui

Abstract：Informed consent is the key concept of medical tort law. After introducing the systematic function of this concept, this article discusses the exceptions to the duty of disclosure and concrete rule of substitute consent, from this we can know more about the function of informed consent. At the last part, I suggest that besides the rule of mandatory substitute consent, it is necessary to introduce contractual mechanism into medical relationship.

Key words：Informed consent；Substitute consent；Contractual mechanism

知情同意（informed consent）在医疗侵权法上是一个核心的、被广为接受的概念。我国《医疗事故处理条例》第 11 条、《执业医师法》第 26 条[①]之中都规定了医生和医疗机构的告知义务，其目的是在信息不对称的医患关系当中强化医方的披露义务，使医患双方能达到新的平衡状态。在 2009 年颁布的《侵权法》第 55 条更是明确了医生的知情告知义务[②]。在侵权法颁行之前，学界对知情同意原则已有过大量的研究，本文从解释论的角度，对知情同意原则的体系功能、知情同意原则适用的例外、替代同意规则的具体内容、医疗法领域中契约

---

[*] 赵廉慧，中国政法大学民商经济法学院副教授，法学博士。研究方向：民商法学。
[①]《医疗事故处理条例》第 11 条：在医疗活动中，医疗机构及其医务人员应当将患者的病情、医疗措施、医疗风险等如实告知患者，及时解答其咨询；但是，应当避免对患者产生不利后果。《执业医师法》第 26 条：医师应当如实向患者或者其家属介绍病情，但应注意避免对患者产生不利后果。
[②]《侵权法》第 55 条：医务人员在诊疗活动中应当向患者说明病情和医疗措施。需要实施手术、特殊检查、特殊治疗的，医务人员应当及时向患者说明医疗风险、替代医疗方案等情况，并取得其书面同意；不宜向患者说明的，应当向患者的近亲属说明，并取得其书面同意。医务人员未尽到前款义务，造成患者损害的，医疗机构应当承担赔偿责任。

机制和侵权机制的结合等问题进行探讨,尝试深化对该原则的认识。

一、知情同意原则的体系功能和历史发展

对医疗法属于侵权法、合同法还是其他第三领域,理论上有不少讨论。实际上,用民法的概念和分析工具对此进行分析,会发现医患关系是一种复合性质的法律关系。(1)从合同的关系分析,医疗合同可以被理解为一种医疗服务合同。合同的双方在专业、能力、信息方面是不对称的,此合同为不完备合同(按罗马法的分类,此合同为诚信合同)。这种合同的显著特点是,无论双方如何努力尝试约定各自的权利和义务,都是不可能的,总有必要把裁量权授予具有信息和专业优势的一方。换句话说,这是一种一方必须信赖另外一方的信赖关系(fiduciary relationship)①。为了平衡医方的裁量权,避免其滥用,患者一方自然可以通过约定的方式在医疗合同中尽量详尽地明确医方的义务(约定的义务);法律也在可能的范围内为医方的行为确定具体的标准(强制性的医疗规范等确立的法定义务);但是,对于不可避免的裁量事项,法律只能抽象地规定医生有注意义务和忠实义务,医生的具体行为标准需要根据具体情形决定(根据诚实信用原则产生的义务)。为了协调这种信息不对称的状态,法律规定了医方的信息披露义务和知情同意原则,尽量使患者的自我决定权得到实现,避免医方裁量权的滥用。(2)从侵权法视角来看,医患关系多数情况下涉及一方对另外一方的身体的侵入,传统民法正是利用患者的同意来论证医生侵入患者身体的正当性。不过,在现代社会,很多医疗纠纷所涉及的不仅仅是对身体权(物质性人格权)的侵害,更重要的是对患者自我决定权(self-determination)和选择权(精神性人格权)的侵害。我国《侵权法》第7章单列规范"医疗损害责任",主要是把医患关系按照侵权关系处理。不过,即便如此,我们需要清醒地意识到,解决医患关系的纠纷,不能仅靠规定医方的法定义务及违反这种法定义务的侵权责任的方式来解决,还需要合同的事前约定机制,需要医患之间的沟通机制,知情同意原则就是这种促进交流和沟通的机制。

在历史上,向患者披露的目的主要是让患者同意医生想做的事情。在古代希腊,人们不愿意患者参加到医疗决策过程中,其原因在于医生的主要任务被认为是激起患者的信心。中世纪关于医疗的作品同样是把医患之间的交流看作是前者向后者提供慰藉和希望的机会,但是强调医生必须充满心机甚至诈术。为了治疗,需要医生的权威加上患者的顺从和信任。而到了启蒙时代,虽然已经出现了患者有能力倾听医生的观点,但是此时仍然强调为了便于管理患者,医生的诈术仍然是必要的。到19世纪,医学界的人士对是否披露极其严重的诊断结果的态度是有分歧的,主流的学者仍然反对披露。即使到20世纪初,在医患关系的合作方面也少有发展。根据美国学者Kats的总结,知情同意在美国司法上发展成一个独立的原则可以大致划分为三个时期:第一个时期,直到20世纪中叶,法院在殴击侵权(battery)的基础上,要求医生披露的内容很少有超出披露其治疗方法的范围之外的。在第二个时期,法院认为医生应当披露某一个治疗方案的替代方案及其相应风险,以及医生打算采用的方案本身的风险。第三个时期,从1972年至今,看到的是立法的退缩和司法的保守[1]321。

---

① 医师、律师、教师等传统的"师者"均处于受信赖的地位。

不过整体而言,医疗关系逐渐是从父权性的关系向平等的关系发展。知情同意来源于对个人自治的强烈的尊崇。未经本人同意,别人不得干涉其人身,其基本的道德原则基础是,强迫别人做违背其意愿的事情是错误的。卡多佐法官在 Schloendorff v. Society of New York Hospital 一案中指出,"每一个有着正常心智的成年人都有权决定如何支配其身体"①。知情同意原则通过为医患关系设定边界来指引医疗决定的做出,也是改变新一代医生针对患者态度的主要力量。

"同意"是建立在"知情"的基础上的,也就是医务人员的信息披露义务的基础之上的。可以说,患者的同意是以医疗提供者的告知义务为前提的。医生必须告知患者医疗程序的信息——其风险和益处、其成本和副作用,都必须在患者同意之前告知,其目的是给患者所需信息以便患者做出反映其意愿的决策。这一机制提供给了患者自治独立和自我决定的权利。美国的法院已经承认,知情同意不仅仅是要取得患者在某一表格上的签名,其本质是一个促进医生和患者之间对话的机制。比如马里兰的法院在 Sard v. Hardy (Md. 1977)一案中曾经指出:知情同意原则遵循着普遍被认可的规则,即,医生在治疗一个神智全面的成年人,且无紧急的情况的时候,若不能事前取得患者的同意就不能正当地进行手术或者提供其他的治疗方法。欲使该患者的同意是有效的,该同意必须是一个"被告知之后的同意(知情同意)",该同意必须是患者得到关于该治疗或者程序的正当的和合理的说明之后做出的。就是说,若有关医疗机构没有提供必要的披露,该机构就不能取得患者的"知情同意",即便他已经得到患者在知情同意书上的签字,该医疗机构仍然有可能被课以医疗过失行为的责任[2]104。

关于知情同意的讨论,所涉及的利益是复杂多样的。有些患者更愿意被当作成年的、心智成熟的、和医生平等的决策者,而有些则可能有些摇摆,有强烈的愿望让医生的专业判断来决定。医生也是同样——有的更愿意自己决定,有些更愿意让患者参与到共同决策的过程中去。而医疗机构作为执行法律的官僚机构,可能更愿意把知情同意看作是一个很麻烦的程序问题和保管医疗记录的问题。而在医疗纠纷发生的时候,对患者的律师而言,知情同意原则可以被用来作为诉讼工具(litigation tool)使用,即,在不能证明医生一方存在医疗过失的时候,律师可能会把医生没有尽到披露义务作为一种重要的诉讼策略。在这种复杂的利益关系当中,欲深刻理解知情告知原则起作用的机理,除了深入其内核之外,还须从适用该原则的边界处着眼进行探究。

二、信息披露的例外

一般认为,医生的告知义务存在以下几种例外:

(一) 紧急情形(emergency)

如果一个人被送到医院,神志不清,而且其伤势是致命的,此时医务人员应该为其提供医疗服务,即使患者无法给出同意。其背后的理论根据是:让医务人员为患有非常严重疾病

---

① Schloendorff v. Society of New York Hospital, 211 N. Y. 125, 105N. E. 92(1914)

的患者及处于危及生命的病情的患者及时提供医疗服务而不用担心被诉①。在紧急情形中存在一个法律拟制,叫默示同意(implied consent)。医疗紧急情形为各国法域公认的例外。比如,欧洲《人权与生物医学公约》(1997)第 8 条规定,"当因紧急情形不能获得相应的同意时,为了当事人的健康利益,可立即进行任何医疗上必需的干预(any medically necessary intervention)。"

根据学者总结,在比较法上,不需要经过患者或者其家属同意就手术治疗的情况限于以下几种情况[3]:(1)患者需急救但不省人事,且无法及时获得有权同意者(亲属、监护人或其他有法定授权的人)的同意签字;(2)有民事行为能力的患者(年龄可低于完全的民事行为年龄,一般还会考虑患者对医方建议的治疗手术的理解力),需急救但因其酗酒或吸毒或其他原因没有医学行为能力,且无法及时获得有权同意者的同意签字;(3)年幼患者且需急救,却无法获得其父母的同意(包括因其拒绝)或其他有权同意者的签字;以及(4)患者有生命危险,患者和/或有权同意者均拒绝同意签字,但患者的存活涉及重大公共利益,或其死亡极有可能危及至少一位无辜第三人的生命和安全。在上述四种情形中,前(1)(2)(3)种情形都是无法得到患者及其家属等的同意,而按照默示同意的方法拟制出患者及其家属的同意,只有第(4)种情形才是在违背患者及其家属意愿的情况下医院所进行的真正意义上的强制治疗。

应当注意的是,适用该规则需要有真正的紧急情形出现,而且,医生在该情形下应当采取在紧急情况下通常会采取的医疗措施②,直到患者的状况稳定下来(stabilized);稳定下来之后,对于即将采取的医疗措施仍需得到患者或者其他有权同意者的同意。实际上,紧急情形不仅是医生不经同意对患者采取医疗措施的过失抗辩理由,这还是医院的一种义务。在美国,其国会在 1986 年制定了紧急医疗处置和积极行动法(the Emergency Medical Treatment and Active Labor Act,"EMTALA")③,该法的目的是为了避免医院因(处于危急状况的)患者没有医疗保险(或者没有支付能力)而把患者扫地出门,或者在患者状态没有稳定之前让其转院④。在美国,州的立法层面对此也有很多相应的要求,还有一些地方是在医生执业要求和医疗法规中做出了要求。同时在司法的层面,判例法也发展出类似的规则[2]4。

我国《医疗事故处理条例》(2002 年)第 33 条第 2 款规定,"在紧急情况下为抢救垂危患者生命而采取紧急医学措施造成不良后果的",不属于医疗事故。这只是把紧急情况作为免除未经同意采取行动而产生之过失责任的条件(免责条件)加以规定。另外,《执业医师法》(1998 年)第 24 条规定:"对急危患者,医师应当采取紧急措施进行诊治;不得拒绝急救处置。"这才是把紧急情况作为医院必须收治的义务性规定。《医疗机构管理条例》(1994 年)第 33 条也规定:"医疗机构施行手术、特殊检查或者特殊治疗时,必须征得患者同意,并应当取得其家属或者关系人同意并签字;无法取得患者意见时,应当取得家属或者关系人同意并

---

① See:Hernandez v. United States (D. Kan, 1979); Jackovach v. Yocom (Iowa 1931)。法院有时会认为即使不存在危急情形也可以构成默示同意。See:O'Brien v. Cunard S. S. Co., Ltd (Mass. 1891),伸出胳膊,被视为同意接种疫苗。
② See:Jackovach v. Yocom (Iowa 1931).
③ See:U. S. C. A § 1395 dd(EMTALA).
④ 但是,在我国的背景下,作为紧急情况下的诊疗义务的问题,在今天仍然还存在很大的争议——在医疗保险机制没有健全的今天,一律不加以区分地让公立医疗机构和民营医疗机构全部承担紧急治疗的义务,在法律上并非合理(即使是公立的医疗机构,也不能必然承担紧急治疗的义务),所以一个比较好的建议是:建立紧急救助基金,由医院从政府、社会募集相应的资金,来解决这个问题。

签字;无法取得患者意见又无家属或者关系人在场,或者遇到其他特殊情况时,经治医师应当提出医疗处置方案,在取得医疗机构负责人或者被授权负责人员的批准后实施。""其他特殊情况"可以被解释为"紧急情况"。上述这些条文都可以作为"紧急情形抗辩"的法律依据。

同时,《侵权法》第 56 条也规定:"因抢救生命垂危的患者等紧急情况,不能取得患者或者其近亲属意见的,经医疗机构负责人或者授权的负责人批准,可以立即实施相应的医疗措施"。这是作为知情同意例外的关于紧急情形的规定。但是,由于在该条文中还将"不能取得近亲属的意见"作为医院取得采取医疗措施权力的条件,而什么叫作"不能取得"是需要解释的——典型的例子是北京市朝阳医院的李丽云案中,近亲属在场但是不同意签字算不算这里的"不能取得"? 严格从理论上讲,近亲属作为患者的法定代理人,在患者没有能力表示其意思的时候,其同意应和患者本人的同意具有同样法律效力。所以,这里的"不能取得患者近亲属的意见"是指患者的家属不在场且无法联系的情形。替代知情同意的权利也包括替代知情拒绝的权利,李丽云案中的家属拒绝治疗的情形不属于这里的"不能取得患者或者其近亲属意见"的情形。不能从这一条的解释得出医院可以无视患者家属的明确拒绝的意思而采取强制治疗措施,即使是在紧急的情况下也是如此。因此,第 56 条的适用应被严格限制在患者处于紧急情况,而且来不及或者无法取得近亲属的任何意见(包括拒绝的意见)的情形,医院可以经负责人的批准,采取紧急救治的措施。

另外,《侵权法》第 56 条不足的地方是把能做出替代同意的人的范围限制在"近亲属"。从尊重患者的意思自治的立场出发,似乎应把这个替代同意权人的范围扩展到"患者事前委托的近亲属和其他亲友"(理由请见本文讨论"替代同意"部分)。

(二) 医疗特权(therapeutic privilege)

在美国法上,该特权意味着,当医生认为向患者披露某些关键信息会对患者产生伤害之时,医师可选择不向患者披露这一信息。比如,如果告知患者某些特别的、严重的疾病之诊断结果、诊疗预测,可能会给患者的心理、生命健康带来重大的危害,从保护患者的立场出发,医师此时应采取适当方式告诉患者,甚至避免告诉患者。比较典型的是医生是否应当告知患者确诊了癌症等所谓"绝症"的问题。有不少医生会认为,若告知患者得了癌症,会打击患者的精神状态,由此产生的消极影响会影响治疗效果,不利于进一步的治疗;而事实上也有一些患者会基于各种原因并不想知道自己是否被诊断出了癌症。但是,医生是否应当有这样的一个特权还是存在争议的。我们下面参考两个日本的案例对此进行简要分析[4]。

【案例1】 最高裁判所 1995 年 4 月 25 日 Jurist 第 1073 号,316 原告,50 岁,女性,由于上腹部疼痛,到被告的医院看病。她接受了 CT 和其他的检查,看了检查结果的医生怀疑她患了胆囊癌,但是他担心她会被这个结果惊吓,同时也不知道患者的家属是否能支持她治疗,于是他告诉她说是一个胆结石,需要通过手术马上取出来。原告同意接受手术,但是后来她告诉医院要推迟手术。三个月之后她在工作的时候晕倒,被送到医院并接受了手术。但是太晚了。6 个月后原告死亡。原告的丈夫起诉医生要求损害赔偿,理由是医生违反医疗契约。原告主张,医生没有告知患者疾病的真正名称,因此患者无法做出应采取什么行动的正确判断。正是因为被告没有告知患者疾病的真正性质,患者对其所处的状况做出了错误的判断,丧失了得到适当治疗的机会。最高裁判所根据以下理由驳回了诉讼要求:在诊断出患者患了癌症的时候,医生通常不会告诉患者疾病的真相。在这种情况下,不能说被告没有尽到其契约义务。

【案例2】 最高裁判所2002年9月24日 判例时报,1803-28 患者是肺癌晚期,没有治愈的希望了。被告(医生)根据患者的综合情况决定不告诉他得了肺癌的诊断结果,同时也没告知患者的家属。但是五个月之后,患者转院进行手术,由后来的医院告知了病况。在患者死亡之后其家属(患者的妻子和孩子)起诉被告医院,要求精神损害赔偿。原告认为,若医院早些时候告知肺癌晚期的诊断结果,他们将会更有意义地和患者度过最后的时光。但是由于医生没有告知,他们被剥夺了上述的可能性,因此精神受到损害。最高裁判所的裁决认为,在这种情况下,医生对于患者或者其家属有告知的义务。由于医生没有尽到告知义务,所以应该就患者家属因此而遭受的精神损害进行赔偿。高等裁判所判令被告支付1 200 000日元的精神损害赔偿,最高裁判所支持了这一裁决。

在【案例1】中,以"惯例"为名的传统观念还在支配着人们的行为,并在客观上为医生的专断行为提供了正当性,而【案例2】代表了现代法的方向——现代法更重视对患者的知情权和自我决定权的保护。人们对即使是关于癌症的告知的观念也悄然发生变化,由是否告知的原则性问题逐步转变为如何告知的技术性问题。因此,开展病情告知策略的研究,将癌症患者病情告知做到增进与患者之间的了解、交流与配合,把可能的伤害降到最低,具有重要意义。在现代社会,尊重患者的意愿和尊严是医学上、法律上、伦理上至为重要的通则,并不能因为某些告知可能会对患者带来损害就剥夺患者的最终的决定权。有学者甚至认为,对一个在生命最后时刻的患者进行欺骗,并让其至死不明自己的死因,本身是不人道的。而且现代社会中,患者大多具有重要的社会角色,往往有重要的事项需要安排,如子女的托付、研究项目的交接、遗产的处理等等。这时如果不对患者进行告知,实质上意味着是对患者权利的剥夺[5]。所以,我们应当采取的基本立场是,医生有义务告知患者必要的信息,而需要法律加以规范的似乎只应是医生告知的方式。医生只是需要充分考虑到患者的性格、心理状态、知识水平、社会地位、家属意向、患者的承受能力等情况,采取适当的方式对患者进行告知[6]①。

在我国,虽然并没有直接采取"医疗特权"这一术语,但是,和"医疗特权"相类似的观念仍有一定的立法基础和现实基础。比如,(1)在《医疗事故处理条例》第11条规定:"在医疗活动中,医疗机构及其医务人员应当将患者的病情、医疗措施、医疗风险等如实告知患者,及时解答其咨询;但是,应当避免对患者产生不利后果。"(2)《执业医师法》第26条也规定:"医师应如实向患者或者其家属介绍病情,但应注意避免对患者产生不利后果。"学者们和医疗实践者会倾向于把这两个条文理解为医生对是否告知有裁量权和决定权,医生们可以以"避免对患者产生不利后果"为理由豁免告知义务。不过在我看来,更应当这样理解:首先应承认医生有告知信息的义务,而这些条文是对医生披露信息的方式进行限制的规定。(3)《侵权法》在其第55条规定:"不宜向患者说明的,应当向患者的近亲属说明,并取得其书面同意。……"至少从字面上,医生有在自己认为"不宜向患者说明"的时候不予说明的裁量权,其实质和"医疗特权"原则类似;不过,告知的对象明确为患者本人,只有在"不宜向患者说明的",才以"替代告知"患者家属的形式出现,这实际上是把同意(决策)权给了患者的家

---

① 在该文中,作者讨论了告知的主体、对象、方式、内容、时机等,并指出,法律规则的制定应有利于医患之间的交流,有利于患者的最大利益。

属(对此我们将在"替代同意"部分进行讨论),这至少明确了医院并没有不告知的特权,而是把最终的决定权给了"患者的一方"。

(三) 权利放弃(waiver)

在某些特定的情况下,法院会认为患者放弃了其知情同意的权利,比如,(1)在患者认为其对所采用的医疗程序几乎不理解,并不能做出相应的"知情判断(informed judgment)"的时候;(2)患者处于精神高度紧张的状态,无法做出知情判断;(3)存在语言障碍,医患之间的交流无法通过翻译解决的时候。不过,即便如此,患者在放弃知情同意权的时候,他/她必须知道医生有披露和说明的义务、知道自己有这样的权利去接受或者拒绝治疗。所以美国联邦最高法院将"放弃"定义为"对已知权利自愿和故意的放弃"[2]113-114。总体上,权利放弃应为明确的放弃。或者,在患者完全或者大部丧失判断的能力或者交流的能力,而且也没有替代同意人存在的时候,即使不是紧急的情形,可以适用这样的一个规则。

对患者权利放弃这一例外,美国立法和司法上皆有认可。比如,Holt v. Nelson 案认为:"当患者要求不被告知危险时,医生不需要向其披露治疗危险。"另外,荷兰民法典有放弃知悉权的规定:"倘若病人明示不愿接受信息,则就不应当提供信息,除非不提供信息对病人或其他人的不利后果超过了病人放弃信息的利益。[7]"

(四) 其他

1. 危险程度非常轻微的情况

有观点认为,医师有着高度的专业技术,其劳动力价值极其昂贵,不可能事无巨细将所有的相关情况都告知患者,否则,会造成医疗资源的巨大浪费。比如,在欧洲大陆法系的一些国家,在审判实务上还要求医生在告知的时候不能夸张地向病人阐明一切遥远的风险。因为这样做的后果是,许多病人会拒绝实际上对其有利的手术。在 Sidaway v. Bethlem Royal Hospital 一案中,审判者就主要是基于这个理由否认了被告医生的过失责任。医生在给病人做手术以解脱脖颈处受压迫的神经。此时导致瘫痪的可能性在1%以下(但是不幸降临患者),对此事是无须告知的[8]391。但是,如何判断"危险程度非常轻微",是一件非常困难的事情。所以,作者认为,在"告知义务"已经程序化、规范化的今天,以履行告知义务非常繁琐为理由来免除医生的告知义务是不恰当的。

2. 患者对医疗内容有充分的了解

如果患者是慢性病人,在长期的治疗过程中一直重复同样的治疗内容,对这些医疗内容,医生可以免除说明义务,不必一一说明。在日本札幌高等法院昭和56(1981)年5月27日判决以及横滨地方法院昭和57(1982)年5月20日之判决之中,就有关于阑尾炎手术,认为关于脊髓麻醉之危险性及手术内容等属于一般社会常识,公众周知之事实,医生无说明之义务。

三、知情同意范围(在紧急情况下)的扩展

患者即使同意了某一个治疗方案或者程序,但是,同意的范围又成了问题。在美国法的传统上,医生不会采取超出患者同意范围的程序,即使该扩展的治疗和患者已经同意的程序

相关①。但是这一传统的规则有了例外。当医生在手术的过程中发现必须毫不迟延地采取进一步的行动来才能挽救患者的生命或避免患者受到严重损害的时候,此时同意的范围是可以扩大的②。法院也允许医生依照其合理的判断来决定是否扩展其医疗程序的范围。这就是所谓的"扩展原则"。如果医生在进行一个医疗程序的时候出现了不可预料的情况就需要特别的治疗。如果没有处理这些特别的问题会构成对患者的福利(利益)的侵害,而且该患者当时也不能给出知情同意,医生可能有权去扩展最初同意的范围来解决新的问题。值得注意的是,有不少法院把扩展原则限制在紧急的情况③。如,在 Mohr v. Williams(Minn. 1905)中,医生对患者的左耳的治疗是可诉的、有责任的,原因是患者的同意是针对右耳的,即使他的左耳的情况也是一样的严重,但是这并不构成紧急情况④。而在 Kennedy v. Parrott(N. C. 1956)中,法院则以医生在紧急情况为理由而免除医生的责任。医生在进行阑尾切除手术的时候,发现了一些卵巢囊肿,于是进行切除,并没有事前取得患者的同意。北卡州高等法院认为,当时患者不能进行同意,而且该种情况是在进行手术之前不能发现的,也没有任何证据证明患者不会同意这一程序,该扩展也是在最初的同意切除的范围之内,而且有合理的医学上的理由把原来同意的授权扩展。因此,医生是没有责任的。

最后,还有一些法院扩展患者的同意至很大的范围。其基础观念是"若处在同样的处境中,任何一个理性的人都不会拒绝",医务工作者就可以合理地相信他这样扩展原来的同意是为了患者的最大利益[9]117-8。

四、替代同意(substitute consent)之运作机理

只有当患者不能,或者不具备做出同意某一医疗行为的决定能力,法律才允许患者的亲属或者监护人代替患者做出同意。这被称为替代同意⑤。本质上,替代同意并非知情同意的例外,而属于知情同意的一种特殊情形,它仍然是尊重患者的自我决定权的一种制度架构。

在理解替代同意制度的运作机理方面,需注意三个层次的问题。

1. 在患者和替代同意权人关系的层面上,谁的同意优先的问题。原则上,只要患者本人有同意能力,医生所采取的行为应以得到本人同意为原则。而在我国之前的医疗实践中,特别是手术前,均仅要求患者家属签字同意。有这样一个案例:一个骨盆狭窄的孕妇无法自然分娩,需要手术,孕妇本人也同意手术,而其丈夫却因害怕生的是女婴而迟迟不肯答应,终至孕妇死亡。应当认为这时医师应承担责任[5]。《中华人民共和国执业医师法》第 26 条规定"医师应当如实向患者或者其家属介绍病情",这实际上在法律地位上把患者和家属等同起来,这也是造成实践中滥用家属的同意替代患者的同意的做法。不过,《医疗事故处理条例》第 11 条正确地规定了告知义务的对象是患者本人,而《侵权法》第 55 条重申了告知的对象是患者本人,做出知情同意的主体也是患者本人。只是在不宜向患者做出说明的时候,或

---

① Mohr v. Williams(Minn. 1905), Perry v. Hodgson(Ga. 1929).
② See:Preston v. Hubbel(Cal. App. 1948).
③ See:Danielson v. Roche(Cal. Appl. 1952); Rothe v. Hull(Mo. 1994).
④ 比较:Buzzell v. Libi(N. D. 1983)
⑤ See: In re Estate of Longeway(Ill. 1989);and re Estate of Greenspan(Ill. 1990)

者缺乏做出同意的能力的时候,才可以由近亲属做出替代同意。

2. 在患者和医疗机构的关系之层面上,在患者因各种原因无法做出有效的同意的情况下,由其监护人、近亲属等代替做出同意,可以理解为在特定的情况下利用代理人作为本人同意的拟制,这是必要的。其重要的作用是防止和限制医院和医疗机构滥用裁量权和强制治疗权①。或者说,即使患者本人的意思缺省,医院或者医生也不能由此取得一个代为任意决策和处断的权利。苏力教授指出:"尽管每个社会都会通过各种正式非正式制度,包括法律、职业伦理甚至社会的意识形态(例如"救死扶伤"这类训诫),激励医生以患者利益为重,也会以各种制度化方式尽可能筛选有能力且负责任的人当医生,但医患双方在医疗上仍不时会有利益冲突,这些措施都不足以保证医生任何时候都以患者利益为重";同样,患者的代理人,不管和患者是如何的亲近,也并非总能把患者的利益摆在第一位,但是衡量之下,在医患关系中,把最终决定权交由被认为是属于"患者一方"(包括和患者本人可能会有利益冲突的同意权人)行使是对医方权力的"最好也最有效的制约"。这种制度虽然有缺陷,但是并不能取消,而只能考虑如何完善。

3. 在患者本人和其同意权人之间利害冲突的层面上。虽然同意权人和本人之间基于身份关系或者委托关系(患者本人可以选择由谁代替自己做出最具权威的决定,这一点容易被我们忽视。请参见本文第六部分)等具有很强的信赖属性,一般认为同意权人会为了患者本人的最大利益行使选择权和决定权;但是,和商业领域的委托代理关系类似,患者和同意权人之间也可能会发生利益冲突的问题。因此,如何解决患者本人和同意权人之间的利益冲突问题(这也是解决患者自身的意愿如何得到贯彻的问题),这是替代同意中所需要解决的重要问题(请见第五、六部分的相关讨论)。

五、替代知情同意之展开——法定同意权的行使

同意权人实际上可以包括法定同意权人和约定同意权人两种类型,学界讨论得比较多的是法定的同意权的行使。这里以未成年人的情形为中心进行讨论。

知情同意原则的目的是重视患者在医疗过程中的自我决定权。因此,若子女已经成年,并有机会表达自己的意愿,父母就不能替代做出同意。当患者是未成年人的时候,该如何适用知情同意原则,并没有明确的法律规定。这里涉及未成年人的同意能力问题。

学者的总结,关于同意能力有三种主张:(1)应以民法上的行为能力为准;(2)以刑法上的责任能力为准;(3)以有无识别能力为准。理论上,民法上对行为能力的要求,主要是缔约能力,而且主要是解决缔结经济交易的能力,在做出关于生与死的决定的时候,一个未成年人对其意愿的清晰的表达应该得到至少是部分的尊重。现在的通说认为,判断有无同意能力应以有无识别能力为准,未成年人并非都没有识别能力。

在日本法上,若未成年人能够理解该医疗手段的意义,那么其同意就是有效的。一个未成年人到20岁的时候成年,但是在15岁的时候就可以留下有效的遗嘱(日本民法961条)。要求做出有效的同意的年龄必须根据个案进行分析,分析未成年人是否具有理解医疗行为的能力(这也许取决于他接受的是什么样的医疗方法)。

---

① 医生和医院滥用强制治疗的动机,参见[3]。

而根据英国的法律,已满 16 周岁、精神健全且具有"Gillick"能力的未成年人有自己决定医疗的能力。"Gillick"能力是指:有能力完全理解治疗的后果、可能的副作用及不进行治疗的预期后果。这一名词根源于上议院在 Gillick v. West Norfolkand Wisbech AHA 案的重要判决。该案涉及医师能否为一个不满 16 周岁的少女提供避孕治疗而不经其父母知晓、同意。该判例确定法定的检测标准是"他是否已取得了足够理解能力和智力,以使自己能够完全理解医生的建议"。当然,未成年人的能力所要求的成熟程度也是随具体治疗方案而定:简单的治疗仅需简单的理解,成熟度即可低些,复杂的治疗则需完全成熟的头脑[5]。

若未成年人没有表达出任何的倾向,父母的同意就是有效的。不过,当未成年人表达出了自己的意见,且这种意见与其父母的意见不一致的时候就产生了问题。在日本川崎的一个案件中(不是法院审理的案件),一个 10 岁的男孩被汽车撞了,需要马上进行手术。但是孩子的父母属于一个叫"耶和华见证人"的宗教团体,他们拒绝同意向儿子输血。若不能输血,进行手术是不可能的。男孩表达了他要活下去的愿望,但是不久就因为没有进行手术而死亡[4]。这个案件的结果是悲剧性的,在未成年人以及法定代理人的关系上,我们需要反思,在多大程度上能更尊重未成年人的意思。对于这种牵涉到本人生命和健康的关键问题,未成年人做出的表态是不是完全无效?是不是应该像在交易行为当中那样要完全取决于其法定代理人的意思?不过作为法定规则,在未成年患者和医院的关系上,未成年人的法定代理人做出的选择尽管看起来十分不合理,也不能使医院取得强制医疗的权利。

那么,如何处理患者本人和其法定代理人之间可能存在的利益冲突呢?理论上,对法定代理人的妥当性的审查只能是事后的。如在前面日本川崎的事件中,警察在事后调查了其父母的拒绝行为是否构成犯罪,只是后来没有得出构成犯罪的结论。在很多法定代理人做出看似不合理的医疗决策之时,利害关系人(其他的代理人等)只能在事后根据监护法理或者法定代理法理来请求法院对这种行为做出事后审查,来追究其民事责任或者其他责任。公权力机关(公安和检察机关)也只能在事后依职权进行审查,医院自身并没有擅断的权利。

一个可能的同期干预(相对于事后干预)是,利害关系人请求法院去判断替代同意权人的行为是否有正当性。当患者没有同意能力时,通常由其近亲属或监护人代为同意,这在各国几乎成为共同规则。子女为无同意能力人,为救助其生命必须施以医学上必要的治疗行为,应代为同意。但其父母因继承或财产上的利益或其他不合理的理由拒绝同意时,德国实务上认为此时医师不能无视其父母不同意的表示,但可请示法院给以变更,强令其同意治疗。在英国曾有一个 13 岁女孩子患扁桃腺肿大,急需手术治疗,但其父母拒绝同意,结果造成女孩耳聋。法院认为:如拒绝对于手术的同意将使患者无法接受适当的医疗时,被告应有同意的义务。此时,法定代理人同意权的行使,并非自我决定权的实行。在传统的民法理论上,替代同意权的行使和监护权的行使问题相关。美国也有法院判决认为,父母若不是为了子女的最大利益或者是违反父母之一方的意愿的时候不能强迫子女进行某一医疗行为。在 Curran v. Bosze(Ill. 1990)中,一对三岁半的孪生兄弟的父亲想取得法院的命令,要求这兄弟去采集骨髓以便可以向其患白血病的异母兄弟捐献骨髓。这违反了双胞胎的母亲的意愿。法院支持了母亲,并认为:(1)替代同意的原则是不能适用的;(2)骨髓移植并不符合双胞胎兄弟的最大利益[5]。

当然,其父母具备相应的精神状态和行为能力也是必要的,此处不赘。

六、约定同意权——兼论在医患关系中引入契约的事前机制和协商机制

1. 引入约定同意权的必要性。我国侵权法上和实践中都是以"近亲属"作为替代同意权人。近亲属取得替代同意权人的地位,是基于法律的规定、根据人身关系而取得的法律地位。不过,根据我国的民法的规定,近亲属的范围是特定的,这限制了能做出同意的人的范围①。而且,在多个有同意权的近亲属之间的意见不一致的时候,应当尊重谁的意见,在使用亲属法上的顺位无法解决问题的时候,就面临着规则的阙如问题。因此,为了更尊重患者本人的意愿,需要引入约定的规则。可喜的是,在国家卫生部在2010年3月1日开始施行的《病历书写基本规范》的第10条中规定:"患者不具备完全民事行为能力时,应当由其法定代理人签字;患者因病无法签字时,应当由其授权的人员签字",虽然对被"授权的人员"是否一定应为其法定代理人范围内的人还有争议,但是至少可以看出,人们在确定替代同意权人时已经注意到了定因素。

在美国法上,成文法允许采用"活着遗嘱(living will)"或者"医疗代理授权(medical proxy)"。这些成文法允许患者事前在遗嘱中或者在医疗代理授权中表述出其意愿。患者可以在这些文件中明确表示什么时候以及他们是否同意坚持或者撤回维持生命的医疗手段,或者授权某人为他们做决定。在没有这些事前的"指示"的时候,替代决策人必须尽量精确地确定相关的人的欲求和需要②。

在美国的 In re Duran (Pa. Super. 2001)案中,患者是耶和华见证人教的信徒,事先指定了一个健康医疗代理人,授予其长期的代理权,指出,由于她的宗教信仰的原因,她拒绝所有的输血,即使是为了救她的命。后来 Duran 陷入昏迷状态,她的丈夫申请法院介入。患者的丈夫被法院指定为监护人并成功地使输血得以进行,不过即便这样患者在不久之后仍然死去。健康医疗代理人以公共政策为理由提出申请,以确立个人拒绝医疗的权利,特别是在患者指定过健康医疗代理人的情况下。上诉法院平衡了 Duran 的宗教信仰以及其拒绝治疗的权利违反州法保护第三人利益的利益,判决认为,患者的清晰的和明白的希望一般是可以接受的。可以看出,取得授权的约定的同意权人的意见压倒了作为法定监护人的丈夫的意见。这体现了法院对意思自主的尊重。这和遗嘱中的受赠人的地位能压倒法定继承人的地位采用了同样的逻辑。

2. 在现代法上,很多时候我们是从侵权的视角来观察医患关系的——主要讨论的是双方的法定权利和义务以及对这些义务的违反的救济和责任。医患关系的合同侧面经常被我们所忽视。说医患关系的合同侧面经常被忽视,不仅指的是医患关系通常构成医疗服务合同,当事人可以在合同当中约定权利和义务,还需要指出的是,医患关系的核心是对患者的各种权利的保护,这种保护无法完全通过规定法律权利或者义务的方式来解决,而是需要双方建立一种沟通和交流机制,完善的交流机制和程序的建立是对患者利益的最大保护,这对

---

① 在国家卫生部在2010年3月1日开始施行的《病历书写基本规范》中,使用的是患者的"法定代理人"这样的一个术语。这个术语是一个比"近亲属"涵盖更为广阔的术语。

② See: Brophy v. New England Sinai Hospital (Mass. 1986)

于医院一方也同样重要。虽然学者主张"违反知情同意原则是一种单独的侵权形态"[7]，医疗纠纷也主要是放在侵权法中解决，但是，合同法的功能还是不应被忽视的。合同是一种事前的机制，医疗关系本质上是以合同关系为背景的。

从合同法的视角看，医疗合同并不就是具有平等交涉能力的当事人之间的合同。医生所处的优越地位不会改变。这种地位要靠给医生方面施加责任（比如施加披露义务）来加以平衡，这在某种意义上像是一个消费契约。法律是一种正式的制度，但是，基于医患关系的特殊性，需要注意的是法律规则的确定需要向促进对话与合作的方向发展，试图用法律上的权利义务关系来确定清晰的行为标准是不现实的，比如，过分严格的医生的义务可能会限制医学的发展，限制医生采取创造性的医疗手段治病救人；过分的披露义务可能会导致医院采取繁杂的医疗程序和知情同意文件来避免自己的责任，这反而会损害患者的福利①。因此，在医疗关系当中应当引入契约的机制，鼓励当事人进行对话。

参考文献：

[1] Barry R Furrow, Sandra H Johnson, Timothy S Jost, et al. Health Law[M]. 2nd ed. West Publishing Co, 2001.
[2] Marcia Mobilia Boumil, Clifford E Elias, Diane Bissonnette Moes. Medical Liability in A Nutshell [M]. 2nd ed. Thomson West, 2003.
[3] 苏力. 医疗的知情同意与个人自由和责任——从肖志军拒签事件切入[J]. 中国法学, 2008(2).
[4] 能见善久. 日本法中的医疗责任. 赵廉慧, 译. 判解研究[J], 2007(1).
[5] 李大平. 患者知情同意权[EB/OL]. (2004-06-01)[2014-05-01]. http://www.civillaw.com.cn/article/default.asp?id=16343.
[6] 曾铁英. 癌症患者病情告知策略研究进展[J]. 中国公共卫生, 2008(5).
[7] 赵西巨. 知情同意原则：权利、义务与救济[EB/OL]. (2008-01-18)[2014-05-01]. www.civillaw.com.cn/article/default.asp?id=37480, 2014-5-1.
[8] [德]克雷斯蒂安·冯·巴尔. 欧洲比较侵权法[M]. 张新宝, 译. 北京：法律出版社, 2001.
[9] W Keeton, D Dobbs, R Keeton, et al. Prosser and Keeton on the Law of Torts[M]. 5th ed. West Group, 1984.

（责任编辑：王禄生　审校：王禄生）

---

① "在1995年，日本的一个研究会在其报告中讨论了确立披露义务知情同意原则的可能性。该报告认可了接受知情同意原则的一般趋势，但是强烈地反对把它作为施加给医生们的一个法定义务。大家担心，一个法定的披露义务和取得患者知情同意的法定义务会阻碍医患之间的信赖关系。"参见[4]。

浅析我国 BOT 特许经营之法律障碍
——以英国 PFI 项目形式的多样化发展例证为起点[①]

陆 璐 张 敏[*]

摘 要：BOT 特许经营的国际发展已呈现了多样化的态势，英、日等发达国家以 PFI 替代 BOT 的公私合营形式在公共建设领域的发展，对我国的 BOT 项目主流模式产生一定冲击，也给我国 BOT 发展模式的选择以重大启示。我国当前 BOT 专项立法的缺失成为项目发展的主要障碍，对 BOT 所有权及特许协议法律性质的确定对我国 BOT 专项立法意义重大。

关键词：BOT PFI 特许协议 所有权

The Legal Obstacle of BOT in China
—Starts with the discussion of Application of PFI in UK

Lu Lu Zhang Min

Abstract：BOT (Build-Operate-Transfer) develops variously in the world recently. The wild application of PFI inUnited Kingdom and Japan instead of BOT make a huge impaction and inspiration to current China. The lack of legislation of BOT becomes the main obstacle to the development of BOT in China, it is essential to ascertain the ownership of BOT and the legal nature of its concession agreement

Key words：BOT；PFI；Concession Agreement；Ownership

一、前言

BOT(BOOT、BT 等均系其衍生方式，以下均以 BOT 为对象)系特许经营建造基础建设模式，最早源于土耳其，20 世纪 80 年代，土耳其总理 Targut Ozal 在基础设施建设计划中，首次提出 BOT 的建设模式，其实际上是利用私人资本进行公共建设投资经营的一种方

---

[*] 陆璐，东南大学法学院副教授，法学博士。研究方向：国际投资法。张敏，南京元平建设发展有限公司总经济师。研究方向：项目投融资。

[①] 本文系江苏省人民政府法制研究课题项目《江苏省轨道交通工程建设与运营法律问题及对策研究》(项目号2013JSFY006)、南京元平建设发展有限公司合作课题《地铁融资建设中项目公司运作法律问题咨询研究》(项目号 DZ-ZX-2013-020)、江苏省社科基金青年项目《美国新型贸易壁垒及江苏应对策略研究》(项目号10FXC009)的阶段性成果。

式。尽管从字面上，BOT 应解释为建造—经营—移交（Build-Operate-Tansfer）的私人资本与政府的合作类型，但基于对 BOT 主体、特许权、移交等方面的理解争议，至今国际上 BOT 的定义上并无一个统一的标准。世界银行《1994 年发展报告》将 BOT 模式解释为：私营机构（私人合伙人或国际财团）在获得政府对项目（主要是基础设施和公共工程项目）建设的许可后，融资、建设基础设施，政府分期向私营机构进行项目回购。而我国 1995 年 8 月下发的《关于试办外商投资特许项目审批管理有关问题的通知》则将 BOT 定义为：政府部门通过特许协议，在规定的时间内，将项目授予外商为特许项目成立的项目公司，由项目公司负责该项目的投融资、建设、运营和维护，特许期满，项目公司将项目无偿交给政府部门。我国对 BOT 投资方式的规制，特别强调国家或地方政府对于私人企业特许经营权的赋予以及特许期满后政府对项目的无偿占有。这实际上是对 BOT 的狭义理解。而事实上，在 2001 年联合国国际贸易委员会制定的《私人融资公共建设专案法律指南》（*UNCITRAL Legislative Guide on Privately Financed Projects*）中，BOT 已经被 Privatized Infrastructure Projects 的专业用语所取代，换言之，在国际上，"建设—经营—移交"的单一形式已经被"私人融资公共建设"所替代。而近年来，在英国兴起的一种新的融资模式 Private Finance Initiative（PFI），正是体现了更广泛意义的公—私合作关系在公共建设领域的发展。BOT 与 PFI 两种模式应用优势的差别分析，对我国特许经营基础设施建设的发展和法律规制研究有重大意义。

二、BOT 与 PFI 模式产生的背景与发展形式差异

BOT 项目产生于 20 世纪 70 年代末到 80 年代初的一股民营化浪潮之下，由于当时各国政府在世界经济形势的巨大变化下，面临着重大的财政赤字和债务负担，国家对基础设施建设的纯政府供应模式普遍感到力不从心，各国政府开始尝试寻求私营部门的投资，挖掘私企的能力和创造力，并运用私人资金进行基础设施建设。BOT 项目形式油然而生，实际上 BOT 的兴起是政府面对巨大的财政压力对私企介入公共建设的一种让步。① 与 BOT 不同，PFI 模式产生于 20 世纪 90 年代初的英国，英国保守党政府为了加强公共部门与私营企业的合作关系，减少政府财政对私人投资在公共福利建设中的限制，尝试优化 BOT 的融资模式。PFI 模式强调私营企业在公共融资模式中的主导作用，在不强调基础设施最终所有权归属，其根本目的是激发私企在基础设施建设和经营中的有效服务。换句话说 BOT 和 PFI 同属于国家从事公共事业的 PPP（Private Participation Infrastruction）的两种形式，但 PFI 略视了项目所有权问题，以私企发挥最大效用为出发点。基于 PFI 与 BOT 的不同着眼点，PFI 在公共建设中应用的领域更广，形式也较为多样。

总体而言 PFI 的存在形式比 BOT 较为多样。传统的 BOT 要去私营企业在得到政府的特别许可之后，在一定的期间内，自行筹措资金，拟定计划，进行公共事业的建设和经营，

---

① 目前，全球国家和地区中共有 200 多个 BOT 项目正在实施。例如，土耳其的火力发电厂（现代世界第一个 BOT 项目）、菲律宾的诺瓦斯塔电厂（国际上公认的第一个成功的 BOT 项目）、中国的沙角 B 电厂（现代世界第一个成功移交的 BOT 项目）和来宾 B 电厂（中国第一个国家级批准的 BOT 项目）、英法之间的欧洲隧道（世界上最大的 BOT 项目）、马来西亚的南北大道、泰国的曼谷公路和轻轨、澳洲的悉尼隧道和英国的曼彻斯特轻轨，等等。

并通过向使用者收费回收建设和营运成本,获取一定利润,在特许期满后,将资产移交政府;而 PFI 的运行形式,比传统的 BOT 形式多样的多,政府可以向私企购买服务的合作方式,由公共部门(政府机构)提出公共服务的内容和标准,再由私营企业自筹资金,进行建设和运营,之后公共部门以对价的形式购买项目服务的内容,这类项目比较适合不具备自偿形式的公益性建设[①]。在项目合同结束后,此类资产的所有权曾根据项目合作协议的规定而移交,也就是说,私营承包商和政府机构都可能享有项目的所有权。除了购买服务合作形式之外,英国、日本等发达国家政府还热衷于直接采用合资的合作形式来进行公共事业的建设,合资型合作相对传统的 BOT 形式更为灵活,政府可以在最初的合作中就以货币补贴或税收政策优惠的形式对私企公益建设项目予以资助,这种形式对于隧道、铁路等投资金额巨大、回收期漫长的项目尤为合适。

由 PFI 在发达国家多样性的发展形态看来,世界各国政府在当前国际化合作性的经济形式下普遍倾向于通过扩大传统 BOT 发展模式的方式,改革和加强民间资本与公共事业的融合,以促进国家公共基础设施的建设,这对我国目前单一的 BOT 筹建公共设施形式有着重要的启示。

三、BOT 在中国的发展现状及存在的法律问题分析

我国从 20 世纪 80 年代起开始尝试发展 BOT 这种新型的项目融资方式,从 1984 年的第一个基础设施 BOT 项目深圳沙角 B 电厂专案的成功运行,到 1995 年 1 月对外贸易经济合作部(现称国家商务部)发布《关于以 BOT 方式吸收外商投资有关问题的通知》(以下简称外经贸部《通知》)以及 1995 年 8 月国家计委(现称国家发展和改革委员会)、电力部和交通部又联合下发《关于试办外商投资特许权项目审批管理有关问题的通知》(以下简称国家计委《通知》),为国内运作 BOT 项目提供明确的法规依据,再到 2004 年建设部《市政公用事业特许经营惯例办法》的实施,BOT 在我国经历了一个快速发展的时期。BOT 项目在中国发展取得的阶段性成效,开辟了我国公共设施建设项目筹集资金的新途径,弥补了国家建设资金不足的现状,促进了社会经济的发展。但由于我国目前尚无 BOT 的专项立法,此类项目仅能依赖于外经贸部和国家计委的两项通知和一些零散的法律法规予以规制。随着我国基础产业的发展以及 BOT 的不断推广,项目运行中法律漏洞频现,虽然项目公司与政府可以通过谈判并依照现行的法律、法规及司法解释的法理、原则和精神排除法律障碍并签订合同,但大量的 BOT 项目还是呈现出无法可依的状态,一系列的法律问题都存在不确定性。

1. BOT 性质认识的法律歧义和所有权争议

当前的法律法规对 BOT 性质的理解存在歧义。BOT 投资方式字面解释虽为建设—营运—转交,但其运作中还存在多种形式变化,比如建设—拥有—经营—转交(BOOT)、建设—租赁—转交(BRT)、设计—经营—维护(DBOM)、修复—经营—拥有(ROO),等等,实际上 BOT 在国际上并不存在统一的固定模式,PFI 项目形式的多样化发展就充分说明了这一点。但我国仅有的两部关于 BOT 的规章在对 BOT 性质的解释却存在一定分歧。

---

① 如学校、医院、监狱等公益项目。

外经贸部《通知》的相关规定将 BOT 方式界定为"建设—营运—转交"的狭义模式,而国家计委《通知》则将 BOT 理解为"建设—拥有—经营—转交"即 BOOT 方式。两部规章对 BOT 性质的理解迥异,给我国的实践造成很大障碍,从一定意义上也狭窄了 BOT 的适用范围。

两部《通知》对 BOT 性质的认识分歧,也直接导致了我国 BOT 项目的所有权归属不明。与狭义的 BOT 不同,在 BOOT 方式下所有权人拥有项目财产的处分权能,可以任意处置财产或在项目财产上设立担保物权。因此,在学术界有观点认为,在特许期内,项目公司应拥有 BOT 项目所有权。作为独立法人的 BOT 项目公司不仅对项目享有使用权,同时还对其项目财产拥有所有权;项目公司所获得的项目特许权并非仅是设施使用权基础上的权利,而是在项目设施所有权基础上的经营权。① 国家计委《通知》第 2 条也规定:"在特许期内,项目公司拥有特许权项目设施的所有权。"但也有学者认为,由于 BOT 项目基本上都是对公用基础设施的投资建设,是政府授予投资者或投资者所设立的项目公司的经营权,对本来属于政府公共部门出资和经营的项目进行建设、运营并在特许期满后要无偿移交给政府,因此,BOT 项目的所有权应属于政府,而项目公司只在特许期内拥有对其的经营权。而且,赋予项目公司在特许期内拥有项目的所有权也会导致经营期满后项目设施的移交困难。② 基于这样的原因,我国大多 BOT 项目未明确规定项目财产的所有权人,或规定项目的所有权一直归属于政府,这样的所有权模糊状态,与国家计委《通知》明确冲突,也使项目实施出现诸多不便。

2. 对 BOT 下特许协议法律性质认识不清

特许权协议是 BOT 合同体系中的"最高的法律文件"③,是 BOT 方式赖以运行的基础,BOT 项目中的贷款、工程承包、经营管理、担保等诸多合同均以此协议为依据,从合同法主从合同关系的角度,特许协议是 BOT 法律关系的主合同,其他合同均为从合同。特许协议不仅是统领整个项目得以融资、建设和运营的基础和核心,也是其他合同履行的先决条件。BOT 特许协议被誉为"BOT 项目合同安排中的基石"。BOT 特许协议法律性质的明确界定对项目的开展实施有着重要作用。在特许权协议的法律性质上主要有两大争议:国内法契约说和国际法契约说之争、公法与私法之争。

由于特许权协议所涉及项目投资金额巨大、回收期限长,而作为特许权授予方的资源国或东道国政府又享有很大的特权,项目的投资领域又多为东道国限制外资进入的公用基础设施项目的建设经营,一旦出现国有化和其他政治风险,投资者将面临惨重的损失。因此,作为投资者所属国的发达国家大多主张将特许权协议定位为国际契约,一旦违约,就是违反国际义务,构成国际不法行为,东道国为此需承担国际责任。这种观点的主要理论依据是私法上的契约神圣、尊重既得权、禁止不当得利、禁止悔言、约定必须遵守和不得滥用权力等原则。④但是作为特许权授予方代表的广大发展中国家,一般倾向于将特许权协议定位为国内法契约。首先,特许权协议本身并非两个国际法主体间的契约。任何一种法律关

---

① 高岚君. BOT 方式中的法律适用问题新探[J]. 河北法学,2002,20(3):18-21.
② 蔡奕. BOT 投资方式的若干法律问题探析[J]. 现代法学,2000,12,22(6).
③ 孟国碧. BOT 特许协议的法律性质新论[J]. 武汉大学学报,2006,59(6):857-861.
④ 辛杨. BOT 特许权协议中的法律责任[J]. 山西高等学校社会科学学报,2006,18(10):90-92.

系主体,都具有其本身的法定要素,而非由任何一方赋予或默认。因此,那种基于一方国际法主体默认另一方具有国际法主体资格而主张特许权协议具国际法协议的主张是无法成立的。在国际法理论和实践上也未有承认个人和法人为国际法主体的先例。而凡不是国际法主体间签订的协议,都不属于国际协议和条约,不受国际法调整,只能受国内法调整。其次,任何特许权协议及特许权协议的成立,都是根据东道国法律成立,并在东道国境内履行,因此,它当然属国内法契约。本文认为,作为发展中国家,我国将特许协议定义为国内法契约更有益于BOT项目在国内的规范和调整。

对于特许协议的公私法性质的争议也主要表现为两种观点:一种观点认为,特许权协议应视作行政合同,是一种公法协议,应受公法调整。政府作为特许权协议的主体一方,其行政管理者的身份始终未变,而其与特许权协议另一方当事人法律地位存在不平等性;特许权协议标的特殊性,也决定了其不同于一般民事合同。合同的实行应以公共利益优先为原则。另一种观点认为特许权协议是一种特殊的民事合同,应受私法调整。在特许协议中,政府是以一种特殊的身份参与特殊投资领域的民事活动,其实质是行使所有者的经济职能,并非行使政治权利。虽然特许权本身的授予是一种行政行为,但特许权协议的谈判、签订,仍应遵守协商一致、意思自治、平等互利原则,而这些原则都是民事合同行为的精髓所在。而在我国,无论将特许协议定义为民事合同还是行政合同,都存在一定的法律规制障碍。我国立法上并无统一的行政合同法,相关法律法规中也无"行政合同"这一表述,如将其认定为行政合同,行政合同目前在我国只存在于理论层面上;而且行政合同设立、变更、终止的主要法律依据是行政法,其争端应该通过行政诉讼和行政复议加以解决。如将其定性为民事合同,特许协议与一般的民事合同又有一定的差异,如政府在特许时不是以民事主体的平等身份授权的;在项目建设、运营的过程中,政府有权对项目公司进行监督和控制,也使其必然享有特权,不符合民事合同法律关系的基本要求。对BOT特许权协议定性不同,将直接导致适用法律和管辖地的不同,进而影响到当事人利益,影响到吸引私人资本投资基础设施的积极性。因此我国当前法律对BOT特许协议法律限制无统一界定,必然不利于BOT的发展。

由上述分析看来,我国现行BOT法律法规不成体系,两个《通知》制定主体皆为国务院部委,其性质属于部门规章,其效力低于法律,权威性也不够,其内容比较笼统,而且对于BOT方式中的一些重要问题如特许权协议的性质、内容及其救济方法等都没有涉及,我国BOT的法律规制实际上还处于真空状态,无法满足BOT方式的法律要求,在我国,制定一部关于BOT投资方式的专项立法,以规范BOT投资方式的操作程序和运作方式,实现现行法律体系与BOT方式的衔接已刻不容缓。

四、我国BOT立法思考

1. BOT立法模式之选择

基于BOT项目的特殊性地位,世界各国或地区BOT的立法实践大致包括几种类型:一是由立法机关或行政机关制定BOT专项立法,如柬埔寨、巴西、菲律宾;二是国家或地区不制定BOT统一法,而就具体的BOT项目制定单项立法,主要体现为地方政府条例和专项政府规章,如我国香港地区;三是不就BOT方式专门立法,而以现行的法律加以规范,如澳大利亚、美国、英国。我国大陆地区目前采取的是第三种形式,但此种模式显然不能满足我国当前 BOT 项目发展的需要,也引起了相关法律规范的适用障碍。而对于第二种的专案立法,显然更适应于英美等案例法国家。我国当前 BOT 的发展形势,急需制定一部专门的 BOT 法规或法律,以解决 BOT 项目投资方式在我国遇到的共性问题。因此,有立法机关或行政机关制定 BOT 专项立法的第一种模式,才是我国当前应采用的立法模式。

2. BOT 立法内容之完善

(1) 广义承认 BOT 的项目类型,放宽所有权限制

当前公私合营的公共设施建设在国际上的发展已从单一的建设—营运—移交的狭义 BOT 方式扩大为广义的多样化模式,狭义的 BOT 形式过多地强调政府长期对项目所有权的占有不利于 BOT 营运、维护和管理。英、日等发达国家对 PFI 形式公私合营的接受和广泛推广更充分体现了 BOT 项目在当前国际形势下的发展方向。在 BOT 专项立法中应当在特许期内将 BOT 项目的所有权给予项目公司是具备充分的合理性的。首先,BOT 项目是项目公司运用投资者投入的资金和贷款购买或建造而成,无疑,股东的投资和贷款在法律上都属于项目公司的法人资产,运用这些资产进行融资、建设所形成的项目设施从法理上当然应属于项目公司所有;其次,只有赋予项目公司对项目资产的所有权,项目公司才能做到在其特许专营期间自负盈亏,其对外以其拥有的财产承担有限责任;此外,对于政府而言,对项目无所有权,也就无须为项目公司在运营过程中产生的项目损坏、灭失、第三者责任等所有权承担相关的风险。

(2) 明确特许协议的国内独立契约类型

对于 BOT 特许协议之国内契约与国际契约之争,笔者认为,我国的 BOT 专项立法有必要明确 BOT 国内契约的法律性质,这是我国作为发展中国家 BOT 法律规制的需要,同时也是法理所属。首先项目公司不具备国际法的主体资格①,因而其参与签订的特许协议也不应定义为国际协议;其二,特许协议的订立必须依据东道国政府法律规定而行,特许协议下双方的权利义务都符合东道国立法②;此外,国际法原则对特许协议过于抽象,模糊的解释,也容易使得特许协议条款的精确性和权威性丧失。

对于特许协议的另一争议即行政合同与民事合同之争,本文以为,无论将其定义为行政合同还是民事合同都存在一定的不合理性。尽管特许协议中存在公权力的代表——政府机构,但政府机构在协议中并不具备一般行政机关在行政合同中的管理职能,而只是以授权和监督私企建设公共设施的权利主体形式存在,特许协议的纠纷解决也与行政合同下的行政法救济途径有所差别③;同样的,虽然特许协议具备一定民事合同的性质,但协议双方在法

---

① 国际上大多数国家和经济组织都采取比较严谨的态度,即国家和国际组织作为国际法主体。在国际司法实践中,1929 年国际常设法院在塞尔维亚国债案中即已确宣布:"凡不是以国际法主体资格签订的任何契约,都是国内法上的契约。"1952 年国际法院在英伊石油公司案中也拒绝承认,1933 年伊朗与英伊石油公司缔结的协定既是一项特许权协议又是伊朗与英国之间的国际契约的观点,并明确认定该协议仅仅是一个政府与一个外国公司之间的协议,伊朗政府不能根据该协议要求英国政府承担任何义务。

② 联合国《各国经济权利和义务宪章》第 2 条规定,主权国家不仅对本国境内的一切财富、一切自然资源享有完整的永久主权,而且对境内的一切经济活动也享有完整的永久主权。

③ 特许协议纠纷可以通过协商、调解、国际仲裁等非行政途径加以解决。

律地位上并不符合民事合同下双方主体地位平等的法律原则,政府作为公权力的掌控者,同时具备维护公共利益的权利,而政府对投资者特许权利的授予也具有单向性,即由政府单方决定投资者的特许权利内容和范围。由此可见,BOT 的专项立法应当明确特许协议自成一体的独立契约类型,而非将其归类为行政合同或民事合同。对特许协议法律性质的确认将会是 BOT 立法在国内的重大进步,也为项目发展本身肃清了主要的法律障碍之一。

(责任编辑:宋亚辉　审校:宋亚辉)

论我国城市交通中平等权之实现
——以国家义务为视角

陈道英*

摘　要：公民权利与国家义务构成了公法学的基本范畴,国家义务为公民权利实现的根本途径。每一项宪法权利均对应着国家的尊重、保护、给付这三重义务,平等权也是如此。现代经济发展下,我国城市交通中不平等现象日益突出,这归根结底就是由于国家疏于履行其所负之三重义务。故而,要实现我国城市交通中公民之平等权,仍有赖于国家对公民权利所负义务的忠实履行。

关键词：国家义务　平等权　城市交通

The Realization of Equal Protection in Chinese Cities'Traffic
——From the Perspective ofState's Duties

Chen Daoying

Abstract：Civil rights and State's duties are the basic norms of public law, and State's duties are the basic way to realize civil rights. Every right is allocated with three State's duties：respecting, protecting and supplying. So is the right of equal protection. With the development of economy, the traffic in modern cities is getting more and more unequal. And the basic reason is that the nation hasn't fulfilled its duties. So, the realization of equal protection in cities' traffic relies on the degree of fulfillment of State's duties.

Key words：State's Duties；Equal Protection；Cities' Traffic

一、国家义务之履行:实现宪法权利的根本途径

所谓国家义务,就是国家对公民所应承担的义务,其内容为满足公民权利的需要。[1]在现代公法学中,公民权利—国家义务已经取代公民权利—国家权力成为一对基本范畴。与国家权力相比,国家义务构成了对公民权利的直接保障,同时保障公民权利也构成了国家义务的唯一目的。[2]另一方面,现代宪法学理论认为,宪法规定的公民基本权利所指向的义务

---
* 陈道英,东南大学法学院副教授,法学博士。研究方向:公民基本权利。

主体主要是国家,而非个人。① 因此,公民宪法权利的实现即需依靠国家义务之履行。具体而言,宪法通过设置国家义务规范以及违反上述规范的不利后果为公民权利保障提供了坚实的基础。需要注意的是,与国家权力不同,国家义务不存在侵犯公民权利的危险,而且还能迫使国家权力服务于对公民权利的保障。[2]由此出发,国家义务的履行构成了实现公民宪法权利的根本途径。

虽然我国传统宪法学一般按照柏林对自由的二分法将宪法权利分为积极的权利与消极的权利,认为传统的政治权与自由权为消极的权利,它所对应的国家义务为不作为义务,即对公民的权利与自由不予侵犯的义务;而社会保障权(或称福利权)则为积极的权利,它所对应的国家义务则为积极作为的义务,即为公民权利的实现创造条件、提供机会。然而,这一划分越来越显示出其不足。例如,美国学者霍尔姆斯与桑斯坦在其合著的《权利的成本》中就曾指出,作为一项公共物品,权利的实现均有赖于纳税人的税收和政府的社会工作,从这个意义上说,"所有的权利都是积极权利"。[3]30因此,对于国家义务不宜再采取这种简单的看法,而应另作分析。综合多位学者的研究,笔者同意这样的观点:每一项宪法权利均对应三重国家义务,即:尊重义务、保护义务和给付义务。[4]其中,尊重义务指的是对宪法权利不得进行恣意干涉和侵害的义务;保护义务即在公民的基本权面临其他人的违法伤害与威胁的时候予以保障的义务,它与公民的诉讼请求权的区别就在于诉讼请求权要求满足特定的要件;[5]281而给付义务则是要求国家通过分配一定的资源,或是以一定的作为满足公民的特定需要,以协助公民实现其宪法权利的义务。需要特别注意的是,国家对宪法权利所负有的义务不因权利种类或性质的不同而有所不同,对于所有的宪法权利国家均负有上述三重义务,只是偏重点可能有所不同。

与其他宪法权利一样,平等权同样对应着国家的三重义务。具体说来,国家对于平等权所负有的义务包括:(1)尊重公民与他人在法律上具有的同等地位与资格的义务,避免对公民的歧视对待,如限制某一种族的选举权与被选举权;(2)保护公民在医疗、就业、入学、交通等方面的平等权不受他人侵犯的义务,如制定一定的法律、制度纠正公民在就业上遭受歧视的现象;(3)通过社会资源再分配或建立一定的制度促进公民相关权益实现的义务,如通过实行九年制义务教育、免收义务教育阶段一切学杂费以及名师跨校流动等教育体制改革措施促进公民平等的受教育权的实现,通过建立城乡社会保障体系促进公民平等的福利权的实现等。一般认为,国家对平等权所负有的主要是尊重义务,平等权主要是排除来自国家的不合理的差别对待,即歧视。当国家依据不合理的标准对公民予以差别对待,或者国家对公民予以差别对待的手段与目的之间不符合"合理的关联性审查基准"时,即可认为国家侵犯了公民的平等权。实际上,国家在平等权,尤其是交通平等权上所负之保护义务和给付义务的履行对于公民平等权的实现亦具有极为重要的意义。可以认为,国家对上述三重义务的忠实履行构成了公民实现其平等权的根本途径。

二、国家义务之懈怠:我国城市交通中的不平等

城市的发达是国家经济发达的标志之一,而城市交通的繁荣又极为典型地反映着城市

---

① 宪法权利对第三人效力理论在一定程度上认为私人也可能构成宪法权利所对应的义务主体。但这只能构成例外,而非常态。

的发达。在某种程度上,现代城市交通的繁荣已经成为城市发达与国家经济进步的表征。在这种观念影响下,同时也是为了提高城市运行的效率,城市交通系统在构建与规划时往往强调城市的机动性,"私家车交通优先"、"机动性优先"的思想在很大程度上决定了城市的交通系统的状况。随着经济的发展,我国许多城市也走上了国际化、现代化的发展道路,相应的,在城市交通规划上也开始偏重于强调"车本位"。于是乎,一方面,城市交通格局井然有序、泾渭分明,城市道路系统高度发达:不仅出现了道路环形交叉和立体交叉的规划思想,而且快速道路和交通枢纽,甚至是高架和地铁都得到了极大的发展。机动交通系统盛极一时。另一方面,城市交通规划中甚少考虑步行交通规划,甚至认为步行系统不是交通系统的组成部分,最终使得城市步行设施遭到蚕食。[6] 城市道路由此逐渐丧失了为人服务的功能。其结果是,不仅城市运作的效率未能得到提高——相反,在"机动性优先"思想指导下,城市的人流、物流速度不断减缓,城市交通拥堵成为普遍困扰各发达城市的难题,而且由于"人"在城市交通规划中越来越处于不利的地位,大量的城市交通弱势群体的利益被忽视,歧视现象在城市交通中比比皆是。

我国城市交通中之不平等现象虽然不一而足,但依平等权被侵犯的主体之不同亦可大致分为几类。从平等权被侵犯的主体来看,其主要为城市交通中的弱势群体。而城市交通中的弱势群体又可大致分为生理性的弱势群体和社会性的弱势群体两类。前者如儿童、老年人、残疾人等,后者指的则是那些由于各种社会因素而无法享受城市交通提供的便利的人,比如没有钱购买私家车的人,甚至是没有钱乘坐公共交通工具的人。[7] 依此,城市交通中的不平等现象主要包括:(1)在人行设施设计与安排上的不平等。在我国的城市交通中,一个极为突出的问题就是人行设施对生理性弱势群体缺乏人性化关怀。例如某些城市在公共设施,如地铁站、火车站等为残疾人设置的专用升降机沦为摆设,不交付使用;某些城市盲道设置不规范,有的盲道甚至直通行道树或电线杆;某些城市缺乏专用的学生通道,致使儿童的交通安全缺乏保障;等等。(2)在公共交通设施提供与配备上的不平等。由于重私家车发展、轻公共交通设施发展,我国城市交通中普遍存在的一个问题就是公共交通设施配备不力,运达能力低下,同时覆盖面较为有限。以南京市的公共汽车为例。南京市的公共汽车虽然线路繁多,并且拥有国内最早的环保型电动公共汽车,但许多线路的公共汽车均不同程度存在老化的问题,甚至有的线路由其他线路淘汰的公共汽车承担营运,如南洲线、清安线。同时许多线路安排不合理,导致行人换乘时必须走 10~15 分钟以上才能到达公交车站,而许多新建的小区,尤其是社会保障性住宅小区甚至没有公交线路覆盖到。此外,公交的乘坐费用较不合理①,致使处于收入最底层的社会性弱势群体要么无法享受公共交通,要么只能选择便宜但是车况不佳,甚至存在安全隐患的公交②。(3)在行人设施配备上的不平等。在过分强调城市机动性的背景下,城市的道路越修越宽,而人行道则越挤越窄,街心公园、城市广场等供行人休憩、娱乐的设施也越来越少。甚至是城市交通中所配备的不多的行人设施也往往缺乏对行人利益的考虑,而仅仅考虑如何提高车流的速度。仍以南京市为例。由于

---

① 这里存在的较为突出的问题包括公交 IC 卡工本费过高、强制最低存入金额;许多空调车即使是在不需要开空调、实际上也没有开空调的季节也同样按照空调车价收费;主城 8 区与江宁区、浦口区等公交收费不对接,部分郊区线路收费不合理,如玉葛线为上车 4 元,而主城区普通公交为 1 元。

② 炎炎夏日经常会看见南京的街头大群的等车人放弃 2 元的空调车,专等 1 元的普通车。

南京市主城区原来的街道较为狭窄，车流量的增大促使市政府一再对道路进行扩建，从而挤压了非机动车道与人行道。许多街道，如北京东路，每天不得不上演自行车、电动车与行人争道的惊悚剧。此外，不少交通路口红绿灯设置不合理，行人绿灯的时间过短，甚至不容行人步行至街道对面。总体说来，我国城市交通利益极大地向私家车主、有能力享受较为昂贵的公共交通工具如轨道交通等的强势群体倾斜，而这一群体往往同时也是在经济上处于有利地位、在政治上更具有话语权的中上层群体。

而之所以在我国城市交通中会存在如此普遍的侵犯公民平等权的现象，虽然表面上看起来是交通规划理念所致，然而归根结底，原因还是在于国家怠于履行其对公民在城市交通中应享有的平等权所负之义务。具体表现在：(1)国家不尊重公民在城市交通上享有的法律上与他人同等的地位与资格。其中，最为典型的表现就是在进行城市交通规划时未将所有的城市公民，包括行人和私家车主，以及残疾人、老年人、儿童等，作为平等的主体来看待，而是在利益配置上严重向私家车主倾斜。例如1999年《沈阳市行人与机动车道路交通事故处理办法》中所谓"撞了白撞"的规定即是如此。而上海市曾出台的一项在部分主要道路上禁行自行车的规定[7]，也是对公民平等权的尊重义务的违反。(2)在公民在城市交通中的平等权遭受来自他人的侵害的时候，国家疏于履行保护义务。在机动性优先的城市交通规划理念指导下，弱势群体的交通平等权极易受到来自他人的侵害，但当侵害发生时，国家却往往怠于履行其所负有的保护义务。例如城市中经常发生挤占、损毁盲道的事件，对此国家本应消除危险、使盲道恢复原状，并追究侵害人的法律责任，但事实上国家却往往对其置之不理。(3)国家怠于采取积极的措施帮助公民实现其在城市交通中的平等权。随着城市的发展，弱势群体的可达能力①越来越低，为应对这一情势，帮助公民实现平等的交通权，国家本应采取诸如加大对公共交通系统的建设投入、扩建步行系统以及供行人休憩、游乐的城市广场、街心公园等措施，并为生理弱势群体提供特别的服务举措，如完善盲道、适当延长路口行人绿灯的时间、赋予学生接送巴士一定的优先权等。但国家事实上却疏于履行此给付义务，任由城市交通弱势群体的交通平等权遭受侵犯的现象日益严重。

基于此，要实现公民的交通平等权，就必须纠正国家在交通平等权上普遍怠于履行其义务的局面。

三、国家义务之贯彻：城市交通中平等权之实现

平等权是公民的一项基本权利。在现代宪政国家中，这一权利得到了各国宪法的普遍规定。实际上，早在1787年《人与公民权利宣言》第1条就规定："在权利方面，人们生来是而且始终是自由平等的。"而美国的《独立宣言》中也这样宣称："我们认为下面这些真理是不言而喻的：人人生而平等……"平等权的重要性由此可见一斑。而且，由于平等权不仅是公民的基本权利，更是支配宪法所保障的个别性人权的一般原则，因此与其他基本权利相比，平等权构成了一项更为基础性的权利，各宪政国家也往往为平等权提供了较经济自由与权利更为严格的保护。与此相适应，交通平等权也是一项基础性的宪法权利，其实现对于改善

---

① 可达能力：市民能够到达市内任何地方的能力。参见周辉、何玉宏：《城市交通中的弱势群体关怀》，载《辽宁省交通高等专科学校学报》2004年第12期。

民生具有极为重要的意义。为此,国家即应忠实履行其对公民的交通平等权所负之义务,以实现此一基本权利。然而,如上所述,我国城市交通中普遍存在对弱势群体平等权的侵犯。这一现象虽然是由多种原因导致的,归根结底,还是在于国家怠于履行其对公民交通平等权所负之三重义务。因此,无论从"义务必须履行"的角度出发,还是从改善民生、提高人权保障水平的角度出发,国家都应纠正此一疏漏,忠实、全面地履行自己的义务。

具体说来,在交通平等权上,国家应从以下几点出发来履行尊重、保护和给付义务:

(1) 充分尊重每一个公民所享有的同等的法律地位与资格,在交通规划等方面将所有的城市公民,包括行人和私家车主,以及残疾人、老年人、儿童等,作为平等的主体来看待。在交通规划上,不应因主体的不同而给予不同的考虑和对待。诸如"撞了白撞"、"主要道路上禁行自行车"等规定即应杜绝出台。同时,考虑到行人、残疾人、老年人、儿童等所处的弱势地位,为使其在城市交通上获得实质平等,国家还应采取类似"纠偏行动"的做法,在交通规划的利益分配上不仅考虑私家车主的利益,更应考虑交通弱势群体的利益,向其适度倾斜,变"车本位"为"人本位"。

(2) 当公民的交通平等权遭受来自其他主体的侵犯时,积极忠实地履行保护义务,为公民的交通平等权排除妨碍。例如,当残疾人专用交通设施如盲道遭到破坏的时候及时将其恢复原状,并追究相关侵权人的法律责任;当发生机动车挤占非机动车道甚至人行道时及时排除妨碍,需要追究机动车主的法律责任时依法追究其法律责任;当行人过街天桥发生人为损毁或为商贩所占据而影响行人通行时,消除危险,排除妨碍,保障行人得以安全通行。

(3) 在履行了上述义务的前提下,如果公民的交通平等权仍无法得到实现,即应通过采取一定的措施、制定一定的制度,帮助公民实现其交通平等权。随着经济的发展,城市中的私家车越来越多,城市也日益扩建,即使国家忠实履行其尊重义务和保护义务,也难以改变这一状况:交通弱势群体天然地在城市交通中处于不利地位,可达能力低下,与私家车主等强势群体相比,若无法获得来自国家的帮助,其交通平等权就无法实现。因此,国家应采取积极行动帮助交通弱势群体实现其交通平等权。具体而言,包括:(a) 积极发展公共交通系统,优化公交线路的可达能力与覆盖面,降低使用费用以提高公交系统的可及率,引入巴士快速交通系统(BRT)提高公民的最低可达能力。(b) 优化步行环境,建设步行友好的城市交通系统,保留、修建步行街、街心公园等供行人休憩、游乐的场所。即使需要扩建机动车道,也要保证人行道与非机动车道,而不应采取本末倒置的做法舍弃人行道、非机动车道而仅保留机动车道。(c) 在交通设施的配备、安排上体现人性化关怀,规范盲道的建设与日常维护,在公共场所、主要道路等为残疾人配备交通设施,如在火车站、地铁站为残疾人配备专用升降梯并投入日常使用,如为公交车辆设置专供轮椅上下的设施或通道,交通路口的行人绿灯为生理性弱势群体留足等待时间,在学校附近设置专门的学生儿童过街通道等。由于城市交通的特殊性,国家给付义务的忠实履行对于公民交通平等权的实现可能具有较尊重义务而言更为重要的意义。

参考文献:

[1] 邓成明,蒋银华.论国家义务的人本基础[J].江西社会科学,2007(8).
[2] 龚向和.国家义务是公民权利的根本保障——国家与公民关系新视角[J].法律科学,2010(4).

[3][美]霍尔姆斯,桑斯坦.权利的成本——为什么自由依赖于税[M].毕竞悦,译.北京:北京大学出版社,2004.
[4]龚向和,刘耀辉.基本权利的国家义务体系[J].云南师范大学学报(哲学社会科学版),2010(1).
[5][德]康拉德·黑塞.联邦德国宪法纲要[M].李辉,译.北京:商务印书馆,2007.
[6]许传忠,等.由"车本位"到"人本位"——城市交通可持续发展探析[J].规划师,2003(9).
[7]周辉,何玉宏.城市交通中的弱势群体关怀[J].辽宁省交通高等专科学校学报,2004(12).

(责任编辑:宋亚辉　审校:宋亚辉)

关于城市交通规划编制法治化的若干问题思考①

杨 洁 过秀成*

摘 要：城市交通在城市社会经济发展过程中发挥着不可或缺的作用，城市交通规划也日益受到各级政府与社会各界的高度重视。将城市交通规划编制工作纳入法治轨道有助于提升城市交通规划的严肃性、权威性、科学性与规范性。论文以推动城市交通规划的法制建设为目标，根据相关法规对城市交通规划的要求，分析新形势下我国城市交通规划的转变趋向，就规划编制体系、编制主体、编制程序等方面存在的问题进行深入剖析，提出我国城市交通规划编制法治化完善的实施建议。

关键词：城市交通规划　规划编制　法治化

Pondering on theProblems of Urban Transportation Planning Ruled by Law

Yang Jie　Guo Xiucheng

Abstract：Urban transportation plays an increasingly important role in the process of urban socio-economic development. Governments at all levels and all social sectors have paid more attention to urban transportation planning. It is no doubted that the process of putting urban transportation planning into the orbit of the legal system will promote the seriousness, authority, scientific nature and regularity of the transportation planning. For the purpose of building urban transportation planning legal system, the development trend of the urban transportation planning under the new situations in China is analyzed and the problems existing on the planning framework, participants and procedure are probed according to the relevant laws and regulations. Following that some suggestions are given on how to perfect the legalization of Chinese urban transport planning.

Key words：Urban Transportation Planning；Planning Making；Ruled by Law

---

* 杨洁，东南大学法学院讲师，工学博士。研究方向：交通法。过秀成，东南大学交通学院教授，工学博士。研究方向：交通运输规划与管理。

① 本文为国家社科基金重大项目（11&ZD160）、国家社科基金重点项目（12AFX006）、中央高校基本科研业务费专项资金资助项目（2242014S20081）的阶段性研究成果。

一、引言

1933年颁布的《雅典宪章》将城市活动分为居住、工作、游憩与交通四类,并要求通过城市规划构建有效联系居住、工作和游憩的交通网络。交通从城市的配套性基础设施开始转变为城市发展的关键性因素。与城市协调发展的交通系统能够有效提升城市功能和地位,增强城市的活力与竞争力,营造城市的独特品质与鲜明特色。城市交通规划涵盖交通发展战略规划、综合交通规划、交通专项规划等,是一门统筹城市交通发展、理论与实践相融合的科学与艺术。近年来不少城市在地方政府的统一领导下,逐步完成了相关城市交通规划的编制,但编制过程中规划主管部门、编制单位以及相关利益主体等受到认识水平、经济实力、体制机制和实践经验等因素的制约,很多编制工作都游离于法治轨道之外,规划目标难以得到充分落实。

2008年1月起施行的《中华人民共和国城乡规划法》中提出城市总体规划、镇总体规划的编制内容应当包括综合交通体系以及其他各项专业规划,通过规划手段将城市交通的发展纳入规范、有序的框架之下。以往对城市交通规划的编制要求更多强调规划技术的科学性,但现在规划正逐渐由简单的工程建设计划向政府的公共政策转变,注重与规划管理、政策制定相结合。城市交通规划向公共政策转变,其地位得到提高,权限得到扩大,这决定了规划参与者的社会责任和社会义务大大增强,只有走向法治化轨道才能有效发挥城市交通规划的公共干预职能。因此,在落实科学发展观、建设和谐社会、构建可持续城市交通系统的背景下,探讨推进并完善城市交通规划编制法治化的问题尤为必要。

二、城市交通规划的转变趋向

(一)从物质规划向公共政策转变

城市交通规划是近年来城乡规划行业中发展最快、技术内容迅速拓展的领域。从早期的道路交通规划,发展到综合交通规划,并进一步向上发展到交通政策白皮书、城市总体规划之前的引导性交通发展纲要规划;向下发展到公共交通规划、轨道交通规划、停车发展规划等交通专项规划,以及地区性交通详细规划、交通影响评价、工程可行性研究、施工期交通组织、道路交通工程设计、交叉口交通工程设计等等[1]28。这在一定程度上带有政府主导的物质规划的特点。近几年我国城市交通规划工作的背景发生很大变化,城市交通规划的公共政策属性进一步被认知[2]21,其逐步被视为一种协调与维护公众交通权益,解决城市交通发展相关问题,由政府与其他相关利益主体共同协商形成,以政府强制力为保障的交通资源配置政策。从"物质规划"走向"公共政策",即以"规划"为手段,通过公共选择权利的行使,从公众和整体的利益上提出城市交通发展的"游戏规则",这一过程离不开以法治作为保障手段。

(二)从配合从属向优先引导转变

城市与交通协调发展是城市交通规划永恒的主题。城市交通规划是城市规划的重要组成部分,是落实城市规划、促进城市规划实施的重要途径。城市交通规划与城市体系规划体系的协调性直接关系到交通规划的指导意义与可实施性。从需求导向的定向交通规划发展到系统供需平衡的可持续交通规划,经历了交通规划滞后于城市发展、适应城市发展及与城市互动发展的不同时期,并逐渐发展到交通引导发展的阶段。早期由于规划层级低,在城市空间资源调配过程中交通设施一直处于较为被动的地位。2000年以后,"交通引导发展"的理念逐渐被接受和采纳,规划者日益注重城市空间结构与交通结构、中心体系与交通枢纽体系、用地布局与运输廊道的相互协调,城市交通规划与其上位规划不断融合、相互协调、保持反馈已成为我国城市规划编制研究者与实践者的共识。

(三) 从城乡二元分割向城乡统筹转变

随着城市化进程的加速,城镇密集地区迅速发展,成为城市与城市交通发展矛盾较为突出地区。城镇密集地区的各组成城镇越来越多地承担大量的区域职能,城镇区域在各城镇空间的扩展下出现连绵的城市化地区,导致各城镇的交通构成中外来交通比例大幅增加,城镇间交通联系更多地呈现出城市交通特征。受城乡交通管理体制分割的影响,在城乡结合部的交通设施功能往往缺乏有效划分,区域公路与城市道路、城乡公共客运线路与城市公交线路在相互衔接和延伸过程中存在复线或衔接不当的情况,一定程度上影响了城乡间交通的高效、便捷联系。2007年10月通过的《中华人民共和国城乡规划法》打破了"就城市论城市、就乡村论乡村的规划制定与实施模式",将以市、县、镇、乡和村为网络节点区的城乡居民点体系纳入了同一法律框架,实现了规划管理的城乡统筹。2008年大部制改革后各地城乡交通运输归口交通运输主管部门实施统一管理,体制协调问题部分得以缓解。城市交通规划的视野已不能仅仅局限于城市中心区,必须反映城乡一体化发展对城市交通系统的发展要求。

(四) 从政府主导向多元利益主体博弈转变

城市交通是由政府组织提供、满足城市居民出行需求的一项公共服务。在传统计划经济体制影响下,交通基础设施的各项建设与行业发展取决于政府基本投资计划的部署与安排。政府作为城市交通资源代理人和规划编制主体双重角色,规划实际上是政府主导的单向决策,行业经营者和公众作为利益主体并没有充分显现。自"新公共管理运动"以来,公共服务的市场化供给是政府改革的主流方向之一,城市交通发展的动力机制由国家计划及投资转变为地方政府、行业经营者、社会公众等各方主体之间互动的利益关系推动发展。如果规划不能体现各种利益主体的意愿,不能找到各方利益的平衡点,必然带来社会割裂与利益冲突。城市交通规划只有在编制过程中在不同利益主体之间进行博弈,在"促进交通行业有序竞争"和"方便城市居民出行"之间寻求一个平衡点,方可辨明其正误和可行性,将字面的设想转变为有益、有效的行动。

三、城市交通规划编制的现实困境

国内外专家学者及科研机构对城市交通规划的编制工作进行了积极的思考、探索和实践,但面对我国体制转型及现实工作中纷繁复杂的城市发展要求,规划工作者在编制规划过程中也经常面临诸多难题。

（一）编制体系层次模糊

城市交通规划的制定体系是指按城市交通规划等级层级及先后阶段划分而形成一系列具体的交通规划。虽然《城市规划编制办法》在城市规划编制的各阶段对城市交通规划从宏观到微观，从各层面、深度提出了不同的要求，但缺乏交通规划体系的系统性和完整性，迫切需要进行规划制定体系研究，形成交通规划编制办法和实施细则。2010年我国住房和城乡建设部《城市综合交通体系规划编制办法》的颁布，从国家层面对城市综合交通规划的地位、编制要求进行了规定，使得我国城市交通规划进入了一个新的发展阶段，但对于完整的交通规划编制体系目前尚无明确的规定。各个交通规划阶段的目标与任务不同，研究的内容和深度存在差异性，研究的期限也有差别。近年来，国内专家学者及科研机构对交通规划编制体系进行了积极的借鉴、思考、探索和实践。如北京市建立了包括交通发展战略规划、综合交通规划、区域交通规划、专项交通规划4个层级的交通规划体系[3]15。深圳市建立了包括城市整体交通规划、分系统交通规划、分区交通规划、片区交通（改善）规划、重要交通设施建设详细规划及交通影响分析、专项交通调查研究等6个层级的交通规划编制体系[4]。龙宁等于2007年提出了"两阶段八层面"的交通规划编制体系。"两阶段"分别对应于城市规划的总体规划阶段和详细规划阶段，"八层面"分别为城市交通发展战略研究、城市交通发展战略规划、城市综合交通规划、城市分区交通规划、城市近期交通建设规划、交通需求分析、交通工程设计和交通影响评价[5]37。在江苏，遵循"覆盖全面、分工合理、相互衔接"的原则，未来城市交通规划编制体系建议分为交通白皮书或发展战略、城市综合交通规划、分系统交通规划、分片区交通规划以及交通影响分析5个层级[6]81。

此类探索对完善城市交通规划编制体系不无裨益，但在实际操作中由于未能及时、有效地对不同类别的交通规划分类加以梳理整合，明确相应的编制规范标准及法律地位，使得不同规划各有侧重，规划管理工作中出现了规划管理依据层次多、数量大、内容复杂、规划依据多元等问题，损害了规划成果的严肃性。迫切需要厘清城市交通规划体系与城市规划体系的衔接关系，对城市交通规划按等级、层级及先后阶段划分形成规范的制定体系。

（二）编制主体定位不明

城市交通规划属于法定规划的专业规划，编制的组织主体是依照法定权限组织有关单位或个人编制交通规划的法定主体，在我国主要表现为各级政府及城乡规划行政管理部门，是典型的行政运作模式。城市交通规划涉及城建、规划、公安交警、交通等多个行政主管部门，与财政、计划、物价、土地、税收等职能部门也密切相关。交通规划编制组织主体的确立受行业管理模式的影响，政府不同主管部门的委托对规划的编制要求也会有所不同。这一矛盾在交通影响评价中尤为突出，从国内交通影响评价的实践情况来看，由于交通影响评价还没有从立法角度予以确认，交通影响评价目前始终游离于规划部门与公安机关交通管理部门之间。考虑城市交通规划多层面、多阶段的特征，所有类别的城市交通规划都由地方政府组织编制并不切合实际，但规划编制的多头管理容易导致编制计划的无序，编制内容也会缺乏整体的平衡。

规划编制的实施主体是指受规划编制组织主体委托具体负责编制工作的编制单位。目前城市交通规划一般由具有城市规划编制资质的咨询机构完成,但城市规划机构有大量其他业务需要处理,分给交通规划工作部分的精力与实践有限,缺乏专业人员对交通规划基础数据的长期收集、整理和研究,交通规划的针对性、有效性难以保证。目前中国有661个城市,只有北京、上海、广州、沈阳、武汉、南京、深圳等不到10个城市拥有专门的常设交通规划研究机构和一批常备的交通规划专业人员[7]35。这种状况很难全面推进交通规划工作的标准化、规范化。为保证规划质量,理应对城市交通规划编制的实施主体实行"门槛式"的资质审核制度。但国务院或规划行政主管部门尚未出台相应的行政法规或规章来规范城市交通规划的编制资质。交通规划行业从业人员资格目前还没有纳入国家执业资格制度体系,规划人员职业资格制度与从业准入制度、单位资质和信用体系评价制度并未形成良好的衔接机制,建立交通规划行业职业资格制度依据的法律法规亟须健全和完善。

(三)编制程序有待完善

长期以来我国的城市交通规划更侧重于强调规划技术的科学性,编制单位对规划编制过程中目标确定、数据收集、准则设计、方案比较、方案优选等一系列技术环节的理论与方法掌握较为成熟。但城市交通规划的整体编制程序包括制订编制计划、选定编制单位、形成规划草案、审查规划草案、征询公众意见、上报批复等过程;为保证规划成果的严肃性,规划的成果表达、报批、修改还应遵循一定的上报、公示、听证、评估等程序。在实际操作中,审批界面模糊及公众参与缺失是城市交通规划编制程序中最为突出的两个问题。对于不同类别、不同层级的交通专项规划是纳入城市规划统一审批还是单独审批,是由市级层面审批还是由规划部门或会同专业单位审批,审批的内容、程序及审批的效力等,都需要进一步规范。同时,城市交通规划的复杂性、社会性决定了单靠政府应对交通规划中的种种问题只能是孤掌难鸣。征求公众意见能使站在不同利益角度的政府、运营企业、市民在参与规划编制的过程中平等地交流与讨论,有效地完善规划方案。但在我国受自身环境、利益、年龄、职业等条件的限制,普通市民规划法律意识淡薄,公众参与积极性不高;公众在获取政府有关规划信息、表达意见等方面没有明确和畅通的制度渠道;在参与过程中,"参与—反馈—再参与"的机制没有形成,即使在规划的编制阶段征求了公众意见,在成果报送审批阶段极少有编制机构出具对公众意见采纳情况的说明。公众远没有享受到城市交通规划的管理与监督权力。城市交通规划编制被作为一项技术过程而非立法过程,规划成果难以具备法律规章要求的刚性约束,也给予了地方政府,尤其是不同届政府在规划实施及修改方面的随意性。

四、城市交通规划编制法治化的实施建议

虽然我国城市交通法规研究与制定正逐步走向科学与规范,但相比国外交通发达都市的法规而言,体系不完整、缺乏可操作性、缺少其他相关法律法规配合等问题依旧相当突出。下文针对我国各地城市交通规划编制过程中存在的共性问题提出法制化治理的实施建议。

(一)明确法定规划,与城市规划编制体系统筹协调

从实施主体和对象的需求出发,简化明确不同层次的规划,"因时制宜、因繁就简",区分法定规划和非法定规划,建立以法定规划为核心、非法定规划为补充的规划编制层级体系,

形成"顶层设计—法定规划—专项研究"的联动机制(如图1),减少规划编制的盲目性和随意性,实现城市交通规划研究、编制与实施的协调统一。城市交通规划的法定规划侧重于确定交通主骨架的走向、交通设施的规模与用地,使交通基础设施项目与整个城市的开发建设有机衔接。在法定的基础设施规划编制前期,以城市交通总体发展战略研究及体系规划的制定为核心作为"顶层设计",指导法定规划的编制及专项研究的开展。在法定规划的编制期间,可结合实际同步开展交通专项规划,分析不同类别交通系统的客流需求、设施布局、对其他交通设施的协调要求等,为法定规划中交通基础设施项目的用地控制指标提供依据。在法定规划编制之后,结合工程设计与市场需求,深化专项研究,制订项目实施计划、运营组织方案、行业发展规划等。建议由城市人民政府负责城市交通规划法定内容的编制、审批、实施、修改等管理工作;城市交通管理部门负责非法定规划的行政管理工作。

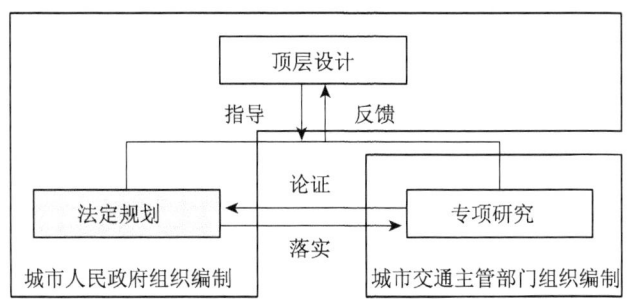

图1 城市交通规划编制体系结构

为与不同层级的城市规划体系形成紧密的协调关系,构建"两阶段三层次"城市交通规划体系。"两阶段"分别对应于城市总体规划、城市(控制性)详细规划,"三层次"分别为城市交通发展战略规划、城市交通系统规划和城市交通设施规划。战略规划、系统规划阶段强调交通系统的整合协调,在交通系统整体环境下交通各系统的发展,成果偏重宏观性和指导性;而设施规划阶段是在战略规划、系统规划的指导下,深入研究各交通系统自身的发展,成果侧重于可操作性。城市总体规划阶段,城市交通规划应完成城市交通发展战略规划、城市综合交通规划,即涵盖交通规划的战略规划阶段与系统规划阶段。战略规划注重战略性和方向性,最终形成城市交通发展战略报告或上升提炼为交通白皮书。系统规划注重系统性和综合性,在交通发展战略的指导下进行,同时作为交通专项规划的上层规划,注重传承性和衔接性。控制性详细规划阶段主要任务是确定城市土地使用性质和开发强度。对应于城市控制性详细规划开展的各交通专项规划,近期交通建设计划,要求反映交通设施的布局要求与落实具体布局方案,实现城市规划与交通规划的融合,促进城市用地布局与交通系统的一体化发展。

(二) 完善编制依据,为规划编制工作提供技术支撑

(1) 深化技术指标。1995年颁布的《城市道路交通规划设计规范》是国家层面唯一一部关于城市交通规划的技术文件,内容涵盖城市公共交通、自行车交通、步行交通、城市道路系统、城市道路交通设施等多个方面。但迄今为止并没有对该规范进行更新,缺乏对区域一体、城乡统筹、交通信息化发展等现实需求的响应。需要全面梳理规划技术控制要素中的相

关指标,淘汰落后的标准与准则,对既有规划技术标准进行修订与完善。

(2)健全行业标准。国务院主管部门需出台交通规划从业人员职业资格制度以及交通规划设计单位资质等级认定管理办法,对承担城市交通规划编制工作单位就人员构成、技术职称、技术装备等提出具体要求。为配合规划的实施,各地应因地制宜,制定交通行业的服务规范,并重点明确交通规划、建设与运营企业在城市交通规划编制阶段的权利与义务。

(3)出台编制办法。尽快出台《城市交通规划编制办法》及其实施细则,确定规划原则、规划范围与期限、分阶段规划内容、规划成果形式等。为与"顶层设计—法定规划—专项研究"的联动机制相协调,建议将规划成果分为"法定文件"与"技术文件"两类。"法定文件"包括"文本"和"图表",按法定程序批准并具有法律效力。"技术文件"可包括规划说明书、专题研究报告、基础资料汇编等,用于分析现状、论证规划意图、解释规划文本等,作为"法定文件"的技术支撑。

(三)规范编制程序,保证编制过程的科学、合法、高效

为了规范规划的编制行为,保障规划的科学性,城市交通规划的编制应逐一经历前期筹备、方案起草、征求意见、衔接协调、技术审查、人大审议、批准公布等环节。在前期筹备阶段,城市人民政府及交通主管部门根据城市建设与交通发展需要编制规划计划,财政部门将规划编制所需经费列入年度预算,编制规划任务书,择优委托规划设计单位,签订项目合同书,提供相关基础资料。在方案起草阶段,规划编制主体坚持立足现状、面向未来、因地制宜、城乡统筹、集约发展等基本原则,按时保质完成规划编制任务书的各项要求。在征求意见阶段邀请同级政府部门、运营企业和市民代表等召开座谈讨论会,对编制规划初步方案进行充分论证,并形成征询意见;对于重大事项应当举行听证会。在衔接协调阶段将规划草案送交上一级发展规划主管部门与相关规划进行衔接,衔接不成的事项由上一级发展规划主管部门进行协调。由编制任务下达单位组织技术审查并提交地方人民代表大会审议;对于法定规划内容纳入城市规划统一审批。规划经批准后将成果印制、公布、归档和组织宣传。

在规划实施期间,规划编制的组织主体应定期组织有关部门、专家、社会公众,采用问卷调查、抽样统计、个别访谈等形式对规划目标的实施情况进行跟踪评估,依据评估报告分析问题成因,追究责任主体,提出改进办法,在必要情况下对规划方案进行修改。对修改的前提条件和审批、备案等程序做出相应规定,明确未按规定程序随意修改规划的政府和相关责任人的法律责任。

(四)倡导民主规划,保障公众的知情权、参与权、决策权与监督权

公众是城市交通发展的最直接受益者,城市交通规划编制公众参与机制的建立过程是不断扩大民主的过程。民主的规划编制有助于体现以人为本,维护社会公平与公正,在管理者与民众之间建立良好的沟通渠道,加强对交通建设运营的反馈作用,真正实现行业管理者、运营者与公众在规划编制过程中的良性互动。规划编制民主参与形式可分为直接民主与间接民主两类:直接民主主要表现为公众参与,间接民主主要体现为人大参与。规划编制不同阶段的民主参与形式如表1所示。

表 1　城市交通规划不同编制阶段民主参与形式

编制阶段	民主参与形式
前期筹备阶段	通过在城市主要报纸上刊登公告、向社区发放通知单和宣传册等手段在全市范围内公开宣布
方案起草阶段	采用向市民发放调查表的形式对公众的出行意愿进行调查和摸底,包括出行方式、次数、目的、时段、时耗、路径、对交通出行服务的满意度等
意见征求阶段	形成纲要文本、图纸,吸引市民参与规划讨论,可采用现场接待、征求意见,亦可向社会公开展示,搜集反馈意见后进行取舍工作
技术审查阶段	邀请专家、学者组成的评委会与市民或市民代表共同参与成果的审定
人大审议阶段	人大代表或常委会委员对规划内容发表意见、提出建议、做出评价,以发挥人大反映民意的作用
批准公布阶段	以简单易懂的形式,如图片、照片、详细的文字说明等,面向公众展示规划成果
规划实施阶段	邀请公众参与规划定期评估,受理公众的投诉意见,公开规划的调整方案

五、结　论

　　法制建设是现阶段规划变革的核心内容之一,在各地大力推进城市交通建设、结合自身实际陆续制定各类城市交通规划的背景下,需要在城市交通规划的编制过程中体现法制所要求的规范、博弈及制度化的协调。本文从分析城市交通规划的转变趋向入手,剖析我国城市交通规划编制面临的诸多困境,指出应建立"顶层设计—法定规划—专项研究"的联动机制;完善技术标准,明确制定主体,规范规划成果;以系统、民主的行政程序保障规划的严肃性、权威性、科学性与规范性。

参考文献:

[1] 杨涛. 城市交通规划业三大趋向[J]. 城市交通,2006,4(1):28.
[2] 卢毅,李华中,彭伟. 交通发展规划向公共政策转变的趋势[J]. 综合运输,2010(4):21.
[3] 赵文芝. 建设新北京交通体系的政策与行动[J]. 城市交通,2006,4(1):15.
[4] 林群. 深圳城市交通规划设计——技术体系及工作指引[M]. 上海:同济大学出版社,2006.
[5] 龙宁,等. 关于城市交通规划编制体系的思考[J]. 城市交通,2007,5(2):37.
[6] 曹国华,黄富民. "交通引导发展"理念下城市交通规划研究——以江苏省为例[J]. 城市规划,2008,32(10):81.
[7] 周江评. 中国城市交通规划的历史、问题和对策初探[J]. 城市交通,2006,4(3):35.
[8] 过秀成. 城市交通规划[M]. 南京:东南大学出版社,2010.

(责任编辑:宋亚辉　审校:陆　璐)

日本医疗事故与损害救济

石川宽俊

高 翔 译*

一、医疗与医疗事故

通过医疗，人类可以从疾病及伤害中重获健康，充分享受自由与生活。日本的医疗，通过国民皆保险与自由执业医的制度，任何人均可接受无差别水准的医疗服务。根据2013年的统计显示，日本无论是新生儿死亡率的1‰或是婴幼儿死亡率的2‰，均为世界最低；而在平均寿命一项，男性以79.94岁位居世界第5位，女性以86.41岁位居世界第1位。日本的平均寿命急速增长的原因，可以认为是促进健康维护的国民医疗之成果①。

在日本，每天平均726万人的门诊患者、134.1万人的住院患者出入日本全国8 565所医院和10万家诊所，医师21.2万人、护士89万人以及其他20多种的医疗职业总计196.8万人承担着与医疗相关的工作。虽然医疗费达到年间38.4兆元（日元），位居世界第2位，但与GDP之比为9.5%，并不算高。医院的病床数约为120万，与其他国家相比虽然存在住院时间较长的特征，但因易于接受诊疗而使门诊诊疗的比例相对较高②。

医疗，是通过给人体带来侵袭的检查设备及医疗器材、医药品的使用，探求疾病及伤害的原因，并将其清除，从而引出自然治愈力之尝试。因此，患者的健康恢复之结果无法达到预期的情况时有发生，也存在产生意料之外的伤害及并发症的情形。伴随医疗而产生的不良事件（Adverse Event）称之为医疗事故，其可以被定义为：①具有患者未曾预料的伤害（injury）及并发症（complication）；②产生暂时性的或永久性的残障（disability）；③能够认可的与医疗而非疾病的进程之间具有的因果关系（causation）之情形。违反应当阻止、改善疾病进程之义务，而致疾病及病情发展的情形下，虽然也存在被追究医疗过错责任的例子，但此种情形并不称为医疗中的"不良事件"。

---

* 石川宽俊，日本关西学院大学法科大学院教授，法学博士。研究方向：医事法。高翔，东南大学法学院副教授，法学博士。研究方向：医事法。

① 参照厚生劳动省2012年版简易生命表。

② 根据厚生劳动省大臣秘书处统计数据《平成22年我国的保健统计》。

二、究竟有多少事故发生

在伴随不可避免的对于人体的侵袭的医疗现场,完全消灭患者由于意料之外的伤害及并发症而引起的残障(disability)是不可能的。如同道路交通的发展而带来的机动车事故及化学工厂的工伤事故无法避免一样,先进的工业社会所蕴含的危险物质中派生出的医疗事故也在持续不断地发生。

对于究竟有多少医疗事故正在发生之数据调查,即使是医疗机构及其监管部门直到最近也并未着手进行统计。根据日本 2004 年改正医疗法施行规则,2012 年,被赋予报告义务的全国 273 家具有特定功能的医院等(病床数约 14 万)的"医疗事故情报收集等业务"中,向公益财团法人日本医疗功能评价机构报告的医疗事故有 2 535 件①。其中患者死亡的为 180 件(7.10%)、较高残障遗留可能性的为 298 件(11.67%)、较低或无残障遗留可能性的为 2 057 件(81.14%)。这一报告将研究对象的范围限定于相对规模较大的核心医院。由于日本全国医院的病床数达 120 万,如果将这一报告按照 12% 的规模计算,可以推定 2012 年日本的医院的事故数为 21 125 件,其中患者死亡的为 1 500 件、残障的为 2 466 件。这一估算如果按照病床进行换算,在日本一年间每 1 000 张病床就有 17.6 人的事故发生,出现受害者 1.25 人死亡、2.06 人残障的结果。

根据厚生劳动科学研究②对日本全国 18 所医院在 2002 年的出院患者的医疗记录各 250 册进行随机抽选调查的回顾性(retrospective)调查显示,经调查的 4 389(人)册的医疗记录中,发生不良事件的有 297 件(6.8%),其中被认为加速死亡且避免可能性较高的事件有 7 件(0.16%)。医疗事故(不良事件)的概率达到住院患者总数的 6.8% 这一数字,与依据随机抽出的医疗记录而进行的概率调查的国际比较基本类似——作为资料虽略显陈旧——1984 年对美国纽约州的 3 万住院患者进行的大规模调查③,在分析 3.7% 的不良事件之后得出报告,其中能够防止的不良事件为 58%,属于过失的不良事件为 27.6%;同样,在对美国的犹他州及科罗拉多州的调查中显示,不良事件中的大约 30% 是由于过失造成的④。

从不包括疾病的自然过程的不良事件的角度考虑,将由于医师的过失而导致的对疾病的放任及治疗懈怠考虑在内,如果从"有过失的医疗事故"即医疗过错这一概念出发,有超过 3%～10% 的医疗事故正在发生。

三、医疗事故抵达了司法救济之境地?

即使存在医疗事故,也并非直接转化为纠纷成为社会性问题。通过附件统计的资料我们来观察最近法院关于医疗损害赔偿的民事案件的动向。过去 10 年中一审法院①新受理

---

① 公益财团法人日本医疗功能评价机构"医疗事故情报收集等业务"2012 年报告。
② 厚生劳动科学研究 2005 年度回顾研究报告书(主任研究员堺秀人)。
③ Brennan, et al. Incidence of Adverse Events and Negligence in Hospitalized Patients: Results of the Harvard Medical Practice Study Ⅰ. N Eng J Med, 1991, 324(6): 370-376.
④ Utah & Colorado Study (1988).

的医疗诉讼(Newly Received)、②当年结案的数量(Disposed)、③其中判决与和解(诉讼上的和解,即"调解")的比例、④判决中患者方的请求(包括部分请求)得到认可的支持率、⑤从第一次辩论日至审理终结为止的平均审理月数(若从起诉到判决大约 6 个月为必要),对于以上情况可以进行概览。为了强调医疗诉讼中的特点,对于上述①新受理、④支持率、⑤审理月数的数据,在与一般民事案件比较时使用了"[ ]"。

此外在民事损害赔偿这一形式上,从一般国民参与经济社会活动的角度,作为与中国大陆及中国台湾的比较研究的材料,将人口、GDP 国内生产总值、国民人均 GDP、国民医疗费占 GDP 的比例等四项数据在开始的一览表中进行了整理。

市民及企业,以权利的实现为目的作为经济交易的一部分进行诉讼活动的一般民事诉讼,在年间 13 万件至 22 万件之间不断变化。从 2007 年至 2011 年起诉件数增加的原因,主要是主张对消费信贷公司超额支付之利息进行不当得利返还请求的诉讼出现了激增或急剧减少的情况,如果仅限定于传统型诉讼的件数,则基本未发生变化。医疗损害的赔偿请求诉讼,自 20 世纪 90 年代后期持续增加,到 2004 年的 1 100 件达到顶峰之后出现了降低的趋势,过去数年在每年不到 800 件这一程度上发生变化。

以医师总数 21 万人的数据来看,每年在 1 000 人的医师中大约发生 3.8 件诉讼。在未达到诉讼程度的简易法院的民事调解及在 ADR 中的和解斡旋案件,以及除此之外的医疗方与患者方的代理律师进行的庭外和解等交涉案件,由于其数量高于诉讼数量,因此可以认为每年医师每 1 000 人大约发生 10 件由律师介入的法律纠纷。

即便如此,从上面的统计能够推测:①据日本医疗功能评价机构的调查,在年度基础上每 1 000 个床位中有 17.5 人的事故、1.04 人死亡、2.46 人残障的受害者存在。②如果类推厚生劳动科学研究报告书,全部住院患者之中的 6.8% 发生不良事件,被认为避免可能性较高的死亡攀升至 0.16%,因此每天平均 134.1 万人的住院患者中,隐藏了 9.11 万人的不良事件与 2 145 人的被避免的死亡。在我国,每年新提起的诉讼,停留在不足 800 件的这一现状,正如同数量庞大的医疗事故中仅冰山一角触及到司法的救济一样。

即使存在医疗事故,但或许对于患者及其家属而言,在对事故的发生未获通知、毫不知情的状态下就出院了。正如前述的情况一样,①对于患者的意料之外的伤害及并发症、②发生暂时性的或者永久性的残障、③非疾病的过程而是与医疗之间的因果关系被认可,符合这几项条件就可以说是不良事件的医疗事故,作为医疗机构必须出具院内的医疗事故报告,或是以医师法第 21 条规定的"异常死亡"(与诊疗行为相关的未预见到的死亡)为由向警方报案,但实际上此类报告基本上从未出现过①。因此,即使患者及其遗属对医疗行为抱有怀疑,在向医疗机构要求说明、接受诊疗记录的公开并获得第三方的建议之后方知此为医疗事故。

四、审判并非全部?从何处获知真相得到救济?

从日本的现状可以了解,即使患者及其家属对医疗事故存有疑虑,但①在获知发生事故上,接受医疗机构方面的说明或不得不接受公开诊疗记录(病历及护理记录等);②想要获知

---

① 参考警察厅刑事局搜查第一科资料。

加害（人），则必须理解事故原因的调查及死因从而认识到事故是可以避免的，此种情况下医学专家的建议是不可或缺的；③不能缺少寻求查明真相与恢复损害的责任追究之场所。

现实中，①虽然公开病历及医疗处方的立法最终已经确立，但医方有时会阻碍病历的公开，自发或主动地对事故进行说明的情况也很少见。②即使（患者）运气不错，医方接受了公开病历的要求，但医方并未设置使患者了解事故内容、以厘清事故为目的而进行协商之场所。③（患者）即使向医疗机构要求相关说明追究其责任，自始至终得到的也只是例行说明，结果只是被拒之门外。即使是警察、医师会、媒体以及市政府的咨询窗口，往往也以自身并非专家为由拒绝提供帮助。

据了解在韩国，对于消费者委员会的行政救济窗口以及于2012年开始的调解仲裁委员会的早期救济程序的利用，已经超过了一般的民事诉讼。中国的医疗事故处理条例（2002年4月国务院令第351号）中的行政处理监督与事故的赔偿，虽然不得不承认其还存在不少问题，但作为对于复发预防与损害救济的行政手段应当获得客观的评价。

在日本，诉讼进入司法程序的途径，实际上除了通过律师的代理人活动之外，仍未找到对医疗事故的社会性解决之途径。实际情况是：①如果未通过以民事诉讼为前提的证据保全程序获得病历，则对于病历的篡改及丢失的防止必将困难重重；②依靠少数向患者提供建议的医师，向他们寻求病历与医疗意见成为律师的主要工作；③与医方的交涉及请求是通过对方的代理人运用准司法程序进行的。在此过程之中，医疗以及消费者行政保护都无法成为后盾，医师会等专家集团除却少数的任意团体，甚至怀有敌意，让人觉得警方与检方是否要放弃在刑事司法中的作用。

综上所述，只有极少部分通过律师的司法救济途径能够成为有效的处方。

五、极度贫乏的司法救济

无法避免的是，已经到达的司法救济，与其说是救济不如说更接近残酷的考验。观察文后的附件资料即可一目了然。首先，审理时间较长，平均需要25个月，为一般民事诉讼审理时间的3～4倍。从诉讼开始至第一次辩论结束的时间与审理终结至判决为止的时间共需要5个月这一实际情况出发，则从起诉至一审判决需要30个月的时间。并且，请求得到支持的胜诉率只有20%～25%，与一般事件的85%相比显著偏低。在日本，认为请求会得到支持而起诉的民事诉讼的情形下，如果大体上认为能够胜诉的概率有85%，可以认为相同的律师能够胜诉而提起诉讼的心证同样是85%，但其中只有三分之一的比例能够获得支持请求的判决这一事实，暗示了医疗事故的过失及因果关系的证明存在巨大的困难。在美国，一般的民事案件中原告方的胜诉率达到55%，与医疗诉讼的胜诉率在30%左右的情况，其意义大为不同。而在日本，作为原告的患者方不仅在证据负担上极为严格，法院对于认定医师的赔偿责任也是态度消极。

的确，相比未做出的判决在诉讼途中进行和解的概率是一般民事案件的30%～40%，医疗诉讼中50%左右的和解率是较高的。有观点认为，实际上60%以上的情况患者方都可以取得或多或少的赔偿。虽然和解率近10年来50%左右的数字未发生变化，但请求支持率发生长期下降趋势这一状况，体现了驳回患者请求的判决与日俱增的现象。特别是，在受理此类诉讼较多的东京及大阪的法院，近年来患者方请求的支持率变为只有10%左右这样极度偏低的状况。虽然医疗事故被认为在不断增长,但新提起诉讼的数量持续低迷的原因,也许是请求支持率的低下诱发了患者放弃起诉的心态吧。即使提起诉讼,在医师的责任被认定的概率只有 10% 的情况下,料想任何人也不会花费长时间及承受经济的负担坚持起诉。

此外,在支持率持续走低的情况下,未在统计中显示的支持金额呈现低额化也是近年来医疗诉讼的特征。其理由被认为是,在认定了支持判决中较多的违反说明义务之过失的案件中,尽管存在身体上的伤害之严重性但一般只有数百万日元的赔偿,不认定与结果发生之间的因果关系,以致对于"具有结果避免可能性之侵害"的低额抚慰金呈蔓延的趋势。总而言之,与对于死亡及重度残障的身体伤害的损害进行赔偿的情况相比,医疗过错审判中特有的判决例有日益减少的感觉(究其原因,在于最近的裁判例中对于过失与结果发生之间的因果关系之认定存在过分谨慎的倾向)。

司法在对医疗的介入过程中,除了民事的损害赔偿请求诉讼之外,也存在职务上过失致人死伤以及违反医师法等刑事案件。但是与医疗事故相关的警察进行搜查提出立案送检的案件,过去几年迅速增加之后停留在每年 91 件,请求公审的每年也只有数件①。即使说刑事司法对于医疗过错案件的威慑惩罚功能根本没有发挥作用也不为过。

六、医疗事故应是束手无策的命运吗?

不只限于医疗事故,道路交通及劳动灾害等许多产业事故的发生,可以从行为人与条件(环境)两方面来进行说明。交通事故如果从伴随着车辆运行的危险的现实化来考虑,可以从司机的技术因素与道路环境(信号及分隔区、照明等)因素来探求其原因。同样在医疗事故中,意味着通过医疗仪器设备及药剂对人体造成侵袭,因此可以从医务人员的知识及技术因素与仪器设备、药品的管理体系两方面来观察事故的背景。未查明事故原因而谈及事故的复发预防是不合常理的,没有对真相的揭示则伤害之救济便无从谈起。

在前述日本医疗功能评价机构的事故报告中对发生要因的分析,大致可以分为:疏于确认、疏于观察、错误判断等由于当事人的行动产生的为 46%;因知识、技术的不成熟及工作情况的为 18.2%;从行为人方面已经对大部分的事故进行了说明,但在系统及协作、环境及设备器材上产生问题的条件(环境)因素的为 36%。在美国有关发生要因的研究中显示②,对导致不良事件的差错种类进行区分,得出以下结果:治疗技术上的差错为 44%,诊断上的差错为 17%,与药剂使用有关的差错为 10%,残障预防措施中的失败为 12%,系统协作的失败及器械故障及其他为 17%。此处前三者差错合计为 71% 的原因,都是能够避免的。

由于未曾预料的结果导致身体伤害的不良事件,在日本的住院患者中有 6.8% 的人发生,其中 60%～70% 都是能够避免的事故,不良事件的大约 30% 是缘于过失,许多的统计数据述说着这一事实。换而言之,可以说许多的医疗事故(不良事件)是能够预防的(preventable),三分之一的医疗事故是医务人员的过失造成的。

医疗事故(不良事件)的发生,未必意味着纠纷的形成。医疗事故是由于医疗令患者产

---

① 参考警察厅刑事局搜查第一科资料。
② Leape, et al. Preventing Medical Injury[J]. Qual Rev Bull, 1993,19(5):144-149.

生意外的永久性伤害,因此,首当其冲应当努力恢复原状及查明真相,根据情况表达歉意及赔偿损害,此外复发预防也成为必要。如果以上行动未能有效实施,患者并未看到恢复原状的努力以及查明真相的姿态时,则会对该事故是否为医疗事故抱有疑虑。即使事故已经发生,但有着使损害恢复原状的尝试和对查明真相的努力,患者及当事人面对目标相互协作,医方与患者之间就不会走向对立。医疗事故演变成纠纷,与因事故使患者与医疗之间失去了协作中心的意义并无二致,也就是说在此情形下无法看到恢复原状与查明真相的行动。医疗人员在医疗事故之后,忽略对患者的身体伤害的缓和(恢复原状),极力隐瞒真实情况(事故隐瞒)的行为,即便是作为外行的患者也能够发现。摧毁双方之间信任关系的,并非患者而在于医方的责任。

  日本的医疗诉讼,在耗费了巨大的时间与费用成本后反而保持极低的胜诉率,但诉讼数量仍不断增长的根本原因,缘于在获知不可能恢复原状时对于查明真相的强烈希望。日本经济新闻社对寻求司法救济的医疗受害者的动机理由进行的问卷调查显示,"让其承认失误"、"能够理解的说明"、"医院方面的对应"等对于真相查明的不热心进行追究的意见占压倒性的多数,"不再发生同样的事情"、"没有责任追究的方法"、"希望完善医疗体系"等对于预防复发的期望几乎是共通的。与此相对,在社会上有所耳闻的"希望得到经济补偿"的要求,少得出人意料。虽不得已通过采取法律途径解决,但从在诉讼中耗费时间及经济的负担却无法期待的司法救济来看,作为经济性补偿之外的目的的真相查明与复发预防成为受害者的愿望是可以理解的。

附件统计资料：医疗损害赔偿纠纷民事案件（日本）

	人口（千人）	GDP（10 亿 US$）	GDP/人（US$）	医疗费用与 GDP 之比％
中国大陆	1 350 000	9 181.38	6 747.23	4.6％（2009）
日本	126 535	4 901.53	38 491.35	9.5％（2010）
中国台湾	23 430	489.21	20 930.21	6.1％（2007）

*	N. Received 新受理	Disposed 结案	判决（％） 26.8％←北京市结案率**→46.3％	支持率	调解（％）	审理月数 [民事]	中国法院受理案件
2004	1 100 [139 017]	1 004	405(40.3)	39.5％ [84.1]	463(46.1)	27.3 [8.3]	
2005	999 [132 727]	1 062	400(37.7)	37.6％ [83.4]	529(49.8)	26.9 [8.4]	
2006	913 [148 775]	1 139	402(35.3)	35.1％ [82.4]	607(53.3)	25.1 [7.8]	
2007	944 [182 291]	1 027	365(35.5)	37.8％ [83.5]	536(52.2)	23.6 (8.8)	
2008	876 [199 522]	986	371(37.6)	26.7％ [84.2]	493(50.0)	24.0 [6.5]	
2009	732 [235 508]	952	366(38.4)	25.3％ [85.3]	473(49.7)	25.2 [6.5]	11 000**
2010	791 [222 594]	921	234(25.4)	20.2％ [87.6]	488(53.0)	24.4 [6.8]	13 800**
2011	768 [196 367]	770	294(38.2)	25.4％ [84.8]	406(52.7)	25.9 [7.5]	16 100**
2012	763 [161 312]	821	319(38.9)	22.6％ [84.4]	433(52.7)	25.1 [7.8]	17 000***
＋2013	788 [ ]	779	300(38.5)	24.7％ [ ]	393(50.4)	23.9 [ ]	

* 日本最高裁判所统计分析报告（2014）。"＋2013"为初步估计。
** 张柳青、单国军主编《医疗损害责任纠纷裁判精要与案例解读》，法律出版社 2012 年版。
*** B Liebman. Malpractice Mobs：Medical Dispute Resolution in China. Columbia Law Review，2013，133：18.

（责任编辑：王禄生　审校：宋亚辉）

译注日本《医师法》[①]

张忆红[*]

第一章 总　　则

第1条 医师,通过掌管医疗及保健指导,为促进和提高公共卫生做出贡献,从而确保国民健康生活。

第二章 执 业 许 可

第2条 欲成为医师者,必须通过国家医师考试,并取得厚生劳动大臣的执业许可。

第3条 未成年人、被监护人或被保护人,不得给予执业许可。

第4条 属于下列各种情形之一的,不给予执业许可。

(1) 由厚生劳动省令规定,因身心障碍不能正常履行医师业务的[②];

(2) 麻药、大麻或鸦片中毒的;

(3) 受过罚款以上刑事处罚的;

(4) 除该当前项之外,有过涉及医事犯罪行为或不正当行为的。

---

[*] 张忆红,东南大学法学院教授,法学博士(早稻田大学)。研究方向:医事法。

[①] 1874年(明治7年),日本以《医制》的形式从西方社会引进了近代医疗制度,但由于许多方面与从中国传来并已根深蒂固的传统医疗制度相冲突,以至于制度虽已制定,却仅发布于东京、京都、大阪三府,并未得到真正实施。尽管如此,《医制》的出现,为日本的医疗奠定了步入近代医疗制度时代的基础,《医制》也成为日本第一部近代医疗制度法。1906年,在《医制》的基础上,日本制定了《医师法》并得以实施。该《医师法》首次规定了欲成为医师者必先毕业于医科大学或医学专门学校,从而将长期在日本医疗界占统治地位的开业资格制度改变为身份资格制度,同时做出了禁止无诊察医疗以及有关诊疗记录的规定。但其后由于战争等因素,1942年《医师法》被废止,取而代之的是《国民医疗法》,随着战争的结束,1948年《国民医疗法》遭到废止,同时建立了新的《医疗法》和《医师法》。所谓的日本现行《医师法》是指1948年制定的《医师法》。该《医师法》迄今为止,大约经历了24次修改,其中最主要的修改是1968年废止实地修炼(Intern)制度并创设了临床研修制度,但此时的临床研修仅作为毕业生的自发性努力义务,而非必修,后经2000年修改,临床研修必修化,规定每一位欲成为医师者都必须通过临床研修。此外还有医药分家等方面的修改。本文根据最近一次修改颁布的《医师法》(2013年6月14日法律第44号)加以译注。

[②] 所谓的"身心障碍不能正常履行医师业务的"是指,经医师诊断,视觉、听觉、声音机能,或语言机能,或精神机能有障碍而不能正常履行医师业务的(《医师法》施行规则第1条,以下简称"施行规则")。

第5条 在厚生劳动省①备具医籍,为此应登记注册时的年月日、有关第7条第1项或第2项规定的处分事项,以及其他有关医师执业许可事项。

第6条 1. 执业许可②,由通过了国家医师考试者申请注册医籍后取得。

2. 厚生劳动大臣在给予执业许可时,交付医师执业证书。

3. 医师,应按照厚生劳动省令规定的将每两年的12月31日时的姓名、住址(从事医业者,另加从业场所的地址)以及厚生劳动省令规定的其他事项,在该年的第2年的1月15日前,通过所在地的都道府知事上报厚生劳动大臣。

第6条之2 对于申请了医师执业许可的申请人,当厚生劳动大臣认为其属于第4条所列,根据同条规定决定不给予执业许可时,应事先将此决定通知该申请人。当其提出异议时,厚生劳动大臣应指定职员③听取其意见。

第7条 1. 当医师属于第3条规定的情形的,厚生劳动大臣可取消其执业许可。④

2. 当医师属于第4条各项中的情形之一,或有过有损于作为医师应有品格行为的,厚生劳动大臣可对其行使以下处分。

(1) 告诫;

(2) 3年以内的医业停止;

(3) 取消执业许可。

3. 即使是根据前2项受过取消处分的(属于第4条的第3种或第4种,或因有过有损于作为医师的形象的行为而受到取消处分,该处分未经5年者除外),当其被取消的理由已不存在,或根据其被取消后的表现认为再次给予执业许可恰当时,可以再次给予执业许可。此时适用第6条第1项及第2项规定。

4. 厚生劳动大臣,在根据前3项的规定行使处分时,应事先听取医道审议会⑤的意见。

5. 厚生劳动大臣,打算根据第1项或第2项的规定行使取消处分权时,应就与该处分有关人员的情况向都道府县知事听取意见,所听取的意见可视为厚生劳动大臣的征询意见。

6. 行政程序法(1993年法律第88号)第3章第2节(第25条、第26条及第28条除外)适用都道府县知事按照前项规定进行的意见听取。适用时,可将同节中的"听闻"和"意见听取",同法第15条第1项中的"行政厅"和"都道府县知事",同条第3项(包括适用同法第22

---

① 厚生省是日本政府的一个行政部门,始设于1938年,2001年与劳动省合并改组为厚生劳动省。厚生劳动省由11个局(医政局、健康局、医药食品局、劳动基准局、职业安定局、职业能力开发局、雇佣均等儿童家庭局、社会·援护局、老健局、保险局、年金局)、一房(大臣官房)、一官(政策统括官)组成,主要负责国民健康、医疗服务提供、医疗保险、药品及食品安全、社会保险和社会保障、劳动就业以及弱势群体社会救助等职能。

② 申请医师执业许可时,除填写必要的申请书外还需提交以下资料:医师国家考试资格证书;户籍本或户籍抄本;非被监护人或被保护人的证明;无视觉、听觉、声音机能或语言机能或精神机能的障碍和非麻药、大麻或鸦片中毒者的诊断书(施行规则第1条之3)。

③ 在日本所称的"职员"一般指公务员或学校和医院的行政事务人员,我国所称的"公司职员",在日本一般被称为"会社社员"。本法律条文中所称的"职员"多指厚生劳动省的公务员。

④ 通过该条规定,可以看到日本社会对医师之尊重。即使是对某一位医师不得不做出取消执业许可处分时,所采取的态度十分慎重,取消程序也非常严谨。

⑤ 医道审议会是日本厚生劳动省里的一个行政组织,根据1999年7月16日颁布的厚生劳动省设置法设置而成。其构成委员不超过30名,由厚生劳动大臣任命,一般任期为2年。其权限主要是针对医师、牙科医师、理学治疗师、职业治疗师等行使取消或中止其执业许可的行政处分。

条第3项时)中的"行政厅"和"都道府县知事"、"该行政厅"和"该都道府县知事"、"该行政厅的"和"该都道府县的",同法第16条第4项和第18条第1项及第3项中的"行政厅"和"都道府县知事",同法第19条第1项中的"行政厅指定的职员及其他政令规定的职员"和"都道府县知事指定的职员",同法第20条第1项、第2项及第4项中的"行政厅"和"都道府县",同条第6项、同法第24条第3项及第27条第1项"行政厅"和"都道府县知事",依次对应改称。

7. 当都道府县知事要求查阅证明作为该处分的事实原因的相关资料以及进行意见听取时所需的文件资料时,厚生劳动大臣应尽快将相关文件资料寄发都道府县知事。

8. 都道府县知事,根据第5项规定进行意见听取时,当被要求按照适用第6项改称的行政程序法第24条第3项的规定提交同条第1项规定的调查书及同条第3项规定的报告书时,应在将其保存后,向厚生劳动大臣提交该调查书及报告书的复印件。此时,当对该处分有意见时,除上述复印件外还应提交记载了该意见的意见书。

9. 当厚生劳动大臣认为需要对策意见听取之后可能发生的事宜时,可将按照前项前段规定提交的调查书和报告书的复印件,以及按照同项后段规定提交的意见书退回原处,并要求都道府县知事责令负责人重新进行意见听取。此时,适用行政程序法第22条第2项及第3项的规定。

10. 厚生劳动大臣在做出该处分决定之前,应对按照第8项的规定提交的意见书、调查书以及报告书复印件的内容进行充分的参酌之后再做决定。

11. 厚生劳动大臣打算按照第2项的规定发布停止执业的命令时,可委托都道府县知事对和该处分有关的人员进行辨明听取,该辨明听取机会可视为由厚生劳动大臣给予的辨明听取机会。

12. 在根据前项规定进行辨明听取时,都道府县知事须在距离辨明听取日的相当时期前,就下列内容以书面形式通知和该处分有关的人员。

(1) 打算按照第2项的规定做出该处分的要点及内容;
(2) 作为该处分的原因事实;
(3) 辨明听取的日期时间及场所。

13. 除第11项规定之外,厚生劳动大臣还可委托医道审议会的委员,代替厚生劳动大臣对和该处分有关的人员进行辨明听取。此时,可将前项中的"前项"和"次项";"都道府县知事"和"厚生劳动大臣"依次对应改称后,适用同项规定。

14. 收到第12项(包括根据前项后段的规定改称后的适用情况)的通知者,可让代理人出面,并提交证据资料或物证。

15. 都道府县知事或医道审议会的委员,根据第11项或第13项前段的规定进行辨明听取时,应写成听取书,并将其保存,同时写成报告书提交厚生劳动大臣。此时,当对该处分决定有意见时,应把该意见记载于报告书。

16. 当都道府县知事根据第5项或第11项的规定进行意见听取或辨明听取时,厚生劳动大臣应事先向都道府县知事发送有以下内容的通知。

(1) 和该处分有关人员的姓名及住址;
(2) 该处分的内容以及作为法律依据的条款;
(3) 作为该处分的原因事实。

17. 对于根据第 5 项规定进行意见听取时,为就第 6 项中的改称适用行政程序法第 15 条第 1 项的通知,或对于根据第 11 项的规定进行辨明听取的第 12 项通知,必须分别和前项规定的通知内容一致。

18. 都道府县知事按照第 5 项或第 11 项的规定进行意见听取或辨明听取,或医道审议会的委员按照第 13 项前项的规定进行辨明听取时做出的有关处分,不适用行政程序法第 3 章(第 12 条及第 14 条除外)的规定。

第 7 条之 2 1. 对受过前条第 2 项第 1 种或第 2 种所列的处分,或根据同条第 3 项的规定可重新获得资格的,厚生劳动大臣可命令其接受由厚生劳动省令规定的作为医师应有的伦理观或作为医师应具备的知识及技能的培训(以下简称"再教育培训"①)。

2. 厚生劳动大臣对根据前项规定接受了再教育培训的,依照其申请,将已接受了再教育培训的事实记录于医籍。

3. 厚生劳动大臣完成前项记录后,交付再教育培训结业登记证。

4. 欲履行第 2 项登记的,以及欲取得再教育培训结业登记证或欲再次领取的,应缴纳根据实际费用计算的按政令规定的手续费。

5. 前条第 11 项至第 18 项(第 13 项除外)适用于打算根据第 1 项的规定发布命令时的情况。在这种情况下,有关必要的技术上的改称,由政令另行规定。

第 7 条之 3 1. 厚生劳动大臣认为,是否应根据第 7 条第 2 项的规定对医师做出处分决定需要进行调查时,可要求相关人员或参考人提供意见或报告,并可命令拥有诊疗记录或其他物件的所有者提供相关物件,或责令职员进入与事件有关的医院或其他场所进行诊疗记录及其他物件的检查。

2. 根据前项规定准备进行入内检查的职员,应随身携带显示其身份的证明书。当有关人员要求出示证件时,必须出示其证件。

3. 根据第 1 项的规定进行入内检查的权限,不得解释为为了犯罪搜查而被认可的权限。

第 8 条 除本章规定之外,有关资格申请、更正及删除、资格证书的交付、书换交付、再交付、交回及提出,以及住所呈报等必要事项,由政令另行规定;有关第 7 条之 2 第 1 项规定的再教育培训的实施、同条第 2 项的医籍登记以及同条第 3 项的再教育培训结业登记证的交付、书换交付及再交付等必要事项由厚生劳动省令另行制定。

第三章 考 试

第 9 条 国家医师考试②,是关于作为医师在临床工作中所必须具备的医学以及公共卫生方面的知识及技能的考试。

---

① 再教育培训包括伦理培训和技术培训两个方面(施行规则第 7 条)。

② 国家医师考试的内容为"对于有关临床上必需的医学以及公共卫生方面,作为医师应具备的知识和技能",考期为 3 天,具体日程每年略有变动,第 106 次医师国家考试于 2012 年 11 日(星期六)、12 日(星期天)、13 日(星期一)举行(2011 年 7 月 1 日厚生劳动大臣细川津夫令。参见日本厚生劳动省官方网站)。

第10条 1. 国家医师考试以及国家医师预备考试①,每年至少举行一次,由厚生劳动大臣负责举行。

2. 厚生劳动大臣在准备决定国家医师考试以及国家医师预备考试的考试科目,或考试的实施,或合格者的选拔方法时,应事先征求医道审议会的意见。

第11条 不属于下列情形之一的,不得参加国家医师考试。

(1) 在根据学校教育法(1947年法律第26号)建立的大学(以下简称"大学"),完成医学正规课程并毕业的。

(2) 通过了国家医师预备考试,且在有关诊疗及公共卫生方面实地工作1年以上的。

(3) 毕业于外国的医学校,或在外国取得医师资格,经厚生劳动大臣认定与前2项所列者具有同等以上的学历和技能,且合适的。

第12条 即使毕业于外国的医学校,或在外国取得医师资格,不符合上一条的,只要是厚生劳动大臣认定为不合适的,就不得参加国家医师预备考试。

第13条 删除

第14条 删除

第15条 当国家医师考试或国家医师预备考试出现舞弊行为时,可责令参与舞弊行为者停止考试,或将其考试成绩做无效处理。而且,亦可规定期限禁止其参加考试。

第16条 除本章规定之外,有关考试科目、报考手续和其他与考试有关的必要事项,以及有关实际操作的必要事项,由厚生劳动省令另行制定。

第三章之二 临 床 实 习

第16条之2 1. 欲从事诊疗工作的医师,必须在设有医学课程的大学附属医院或厚生劳动大臣指定的医院参加2年以上的临床实习。

2. 当厚生劳动大臣认为根据前项规定指定的医院已不适宜临床实习时,可取消其指定。

3. 厚生劳动大臣打算取消第1项的指定或前项的指定时,应事先征求医道审议会的意见。

4. 关于第1项规定的适用。被厚生劳动大臣认定为适当的外国医院,可视为厚生劳动大臣指定医院。

第16条之3 参加临床实习的医师,应对临床实习专心致志,努力争取提高业务水平和素质。

第16条之4 1. 厚生劳动大臣对按照第16条之2第1项的规定完成临床实习的,依照其申请,将有关完成临床实习的内容记载于医籍。

2. 厚生劳动大臣完成前项登记后,交付临床实习结业登记证。

---

① 国家医师预备考试分两部分组成,第1部考试科目为:解剖学(包括组织学)、生理学、生化学、免疫学、药理学、病理学、法医学、微生物学(包括寄生虫学)、卫生学(包括公共卫生学);第2部考试科目:①笔记考试科目:内科学、小儿科学、精神科学、外科学、整形外科学、产科·妇科学、皮肤科学、泌尿器科学、耳鼻咽喉科学、眼科学、放射线科学、急救医学(包括麻醉科学);②实际操作考试:内科学、外科学、产科·妇科学、小儿科学、急救医学(包括麻醉科学)。未通过第1部考试的,不得参加第2部考试;未通过第2部笔记考试的,不得参加实际操作考试(施行规则第14条)。

第16条之5 欲履行前条第1项登记的,以及欲领取临床实习结业登记证或欲再次领取的,应缴纳根据实际费用计算的按政令规定的手续费。

第16条之6 除本章规定之外,有关第16条之2第1项的指定,第16条之4第1项的医籍登记,以及有关同条第2项临床实习结业登记证的交付、书换交付和再交付的必要事项,由厚生劳动省令另行制定。

第四章 执 业

第17条 非医师者,不可行医。①

第18条 非医师者,不得使用医师或容易与此混淆的名称。

第19条 1. 从事诊疗的医师,当被要求诊察治疗时,若无正当理由不得拒绝。

2. 参与诊察或检验或分娩的医师,当被要求出具诊断书,或检验报告,或出生证明书,或死产证明书时,若无正当理由不得拒绝。

第20条 作为医师,未经自己诊察的患者不得对其实施治疗,或开具诊断书或处方②;未参与的分娩不得出具出生证明书或死产证明书;未参与的检验不得出具检验报告。只是,有关处于诊疗中的患者在受诊后24小时内死亡的死亡诊断书③,将不限于此。

第21条 作为医师,发现死体或妊娠4个月以上的死产儿有异常现象的,应在24小时内向所在地的警察署报告。

第22条 当医师认为需要给患者施药时,应将处方交给患者或其护理者。但是,当患者或正在护理他的人员提出不需要处方时,或有下列情形之一的,将不限于此。

(1) 当期待暗示性效果时,交付处方有恐妨碍达到其目的的情形。

(2) 交付处方有恐因涉及诊疗或疾病的预后等内容给患者带来不安,从而使治疗陷入困难的情形。

(3) 根据各短时间内的病情变化而施药的情形。

(4) 诊断或治疗方法尚未确定的情形。

(5) 作为诊疗上的必要应急措施而施药的情形。

(6) 除需要安静的患者以外没有可以交付对象的情形。

(7) 使用兴奋剂的情形。

(8) 在未配置药剂师的船舶内施药的情形。

---

① 日本社会在尊重医师的同时,严厉打击非法行医,一旦发现非法行医者,一般都是作为现行犯当场逮捕,并绳之于法。

② 在处方中应写明:患者的姓名、年龄、药名、药量、用法、用量、下处方的日期、使用期限以及医院/诊所的名称、所在地或医师的住所,并签名(施行规则第21条)。

③ 在死亡诊断书中应写明:①死者的姓名、出生年月日及性别;②死亡年月日时分;③死亡的场所及场所分类;④作为死亡原因的伤病名称及持续期间;⑤与造成死亡原因伤病有关系的其他伤病名称及持续期间;⑥有无手术,若有手术则写明被施行手术的场所、手术的部位、主要所见及手术的年月日;⑦有无解剖,若有解剖则写明该解剖中的主要所见;⑧死因的种类;⑨属于外因死亡的,应写明伤害发生的年月日时分、伤害发生的场所及分类、外因死亡的手段及状况;⑩生后未满1年的应写明:出生时的体重、是单胎还是多胎,是多胎的应写明出生位次、妊娠周期、生母妊娠及分娩时身体状况、生母的出生年月日、生母生孩子的数目;⑪诊断或验尸的年月日;⑫交付死亡诊断书的年月日;⑬书写该诊断书的医师的所属医院等医疗机构的名称、所在地,或医师住所及医师签名(施行规则第20条)。

第 23 条 医师在诊疗时,应对本人或其保护人,就疗养的方法及其他促进保健所需事项进行指导。

第 24 条 1. 医师在诊疗时,应及时将有关诊疗的事项记录在诊疗录上。

2. 前项的诊疗记录必须保管 5 年。其中属于医院或诊所雇佣的医师的诊疗记录,由该医院或诊所的管理员保管;其他的诊疗记录由该医师保管。

第 24 条之 2 1. 当公共卫生方面有可能出现重大危害时,为了防止危害的出现,在必要的情况下,厚生劳动大臣可向医师就有关医疗或保健指导发出必要的指示。

2. 厚生劳动大臣根据前项规定发出指示时,应事先征询医道审议会的意见。

第五章　医师考试委员

第 25 条　删除

第 26 条　删除

第 27 条　1. 为了管理国家医师考试以及国家医师预备考试,在厚生劳动省配置医师考试委员。

2. 有关医师考试委员的必要事项,由政令另行制定。

第 28 条　删除

第 29 条　删除

第 30 条　医师考试委员以及掌管国家医师考试或国家医师预备考试事务的人员,在执行事务时应保持严正的态度,杜绝不正当行为的发生。

第 30 条之 2　为了帮助受诊者以及其他国民确认医师资格和正确选择医疗方法,厚生劳动大臣应公布医师的姓名以及由政令规定的其他事项。

第五章之二　杂　则

第 30 条之 3　在第 6 条第 3 项、第 7 条第 5 项以及第 9 项前段、同条第 11 项及 12 项(包括这些规定适用第 7 条之 2 第 5 项的情况)、第 7 条第 6 项适用行政程序法第 15 条第 1 项及第 3 项(包括适用同法第 22 条第 3 项的情况)、第 16 条第 4 项、第 18 条第 1 项及第 3 项、第 19 条第 1 项、第 20 条第 6 项和第 24 条第 3 项,以及在第 7 条第 9 项后段适用同法第 22 条第 3 项中的适用同法第 15 条第 3 项规定的应由都道府县处理的事务,可视为地方自治法(1947 年法律第 67 号)第 2 条第 9 项第 1 号规定的第 1 号法定委托事务。

第六章　罚　则

第 31 条　1. 属于下列情形之一的,处 3 年以下有期徒刑或 100 万元以下罚款,或处二者的并科。

(1) 违反第 17 条规定的。

(2) 用虚伪或不正当的手段取得医师资格的。

2. 犯有前项第 1 种罪的。当其使用了医师或类似名称时,处 3 年以下有期徒刑或 200

万元以下罚款,或二者的并科。

第 32 条　根据第 7 条第 2 项的规定被命令停止行医,却在停止期限内行医的,处 1 年以下有期徒刑或 50 万元罚款,或二者的并科。

第 33 条　违反第 30 条的规定,故意或由于重大过失导致试题泄漏,或故意做出不正当评分的,处 1 年以下有期徒刑或 50 万以下罚款。

第 33 条之 2　属于下列情形之一的,处 50 万元以下罚款。

(1) 违反第 6 条第 3 项、第 18 条、第 20 条至第 22 条或第 24 条规定的。

(2) 违反根据第 7 条之 2 第 1 项的规定发布的命令而未参加再教育培训的。

(3) 违反第 7 条之 3 第 1 项的规定,不陈述,不报告,或做虚伪的陈述或报告,或不提供物件,或拒绝、妨碍,或逃避检查的。

第 33 条之 3　当法人代表或法人或某人的代理人、使用人及其他工作人员,因该法人或某人的业务而违反前条第 3 项时,除处罚行为者外,对法人或某人也可给予同条规定的处罚。

附　　则

1. 本法律自公布之日起施行。

2. 本法律施行前取得医师资格的,不适用依照本法律修正后的医师法第 3 章之 2 的规定。通过了本法律实施前的国家医师考试的,或属于有关修正一部分国民医疗法实施令的敕令(1946 年敕令第 402 号)附则第 2 项规定的,亦同。

(责任编辑:宋亚辉　审校:宋亚辉)

论美国大陪审团制度的历史发展与现实意义①
——由弗格森枪击案谈起

王禄生[*]

摘　要：美国大陪审团有据可查的历史可以追溯到 1635 年的北美殖民地时期。当时，大陪审团在刑事诉讼和地方公共事务方面享有广泛权力，被称为立法、行政与司法之外的"第四部门"。在北美殖民逐步迈入革命的过程中，大陪审团的权力达到巅峰，成为限制英国王权的重要工具。美国建国之后，大陪审团制度被写入联邦宪法，成为刑事诉讼的重要参与者。实践证明，作为美国民众参与司法的重要方式，大陪审团仍然是限制检察官公诉权、挑战政府强权和抵抗汹涌民意绑架司法的重要制度设计。

关键词：大陪审团　美国　历史发展　现实意义

The Historical Development and Realistic Significance of U. S. Grand Jury System
—A Discussion on the Ferguson Shooting

Wang Lusheng

Abstract: The institution of grand jury in U. S. dates back to colonial period in 1635. During that era, the grand jury, which was called as the Fourth Branch, was endowed with extensive power in criminal procedure and local public affairs. In the process to the North America War, the power of grand jury reached its peak. After the foundation of United States, the grand jury sytem is written in the Fifth Amendment of Federal Constitution and becomes a significantly important component of criminal justice system. The pratices have already proved that as a approach for the public to pariticipate in judicial process, the grand jury is still a very important mechanism to restrict the prosecutorial power, challenge the government and resist the unfair influence from the turbulent public opinion.

Key words: grand jury; United States; historical development; realistic significance

---

* 王禄生，东南大学法学院讲师，法学博士。研究方向：诉讼法、司法制度。
① 本文系教育部人文社会科学青年基金项目"刑事诉讼案件过滤机制比较研究"（13YJC820078）和中国法学会部级一般课题"案件过滤机制视角下的刑事错案防范研究"（CLS(2014)C33）的阶段性成果。

一、问题的引出:美国大陪审团制度的历史与现实

2014年8月9日,在美国密苏里州的弗格森市发生了一起枪击案,一名白人警察达伦·威尔逊开枪射杀了未携带武器的黑人青年迈克·布朗。此后,经过长达三个月的审理,当地大陪审团裁定不予起诉达伦·威尔逊。这一决定在美国引发了轩然大波,甚至演化为小规模的骚乱。毫不夸张地说,弗格森枪击案使得大陪审团这个不为人熟知的制度重新出现在公众的视野之中。

美国的陪审团由两类构成:大陪审团(grand Jury)和小陪审团(petit Jury),两者在基本任务、人员组成、运作方式和任期等方面有着根本的不同。首先,大陪审团只出现在刑事诉讼中,主要负责对检察官起诉是否有合理的根据进行审查,其核心在于限制国家公诉权的滥用;小陪审团既可以出现在民事诉讼,亦可以出现在刑事诉讼中。在刑事诉讼中,小陪审团负责裁断被告人是否有罪,而法官只负责量刑。换言之,大陪审团功能发挥在审判前的公诉阶段,而小陪审团功能发挥在审判阶段。其次,两者组织形式也所不同。一般而言,联邦大陪审团由16~23人组成,任期18个月。[①]"各州规定的大陪审团的任期不尽相同,1个月、3个月、6个月、1年、4年不等。"[1]比如弗格森案所在的密苏里州就规定大陪审团成员由12人构成,任期6个月。[2]216 联邦小陪审团则由12人组成,根据案件设立,案件审理完就自动解散。再次,两者运作方式也有根本差异。大陪审团的任期相对比较固定,可以负责调查其任期内发生的多起案件。而小陪审团则只针对一件案件进行审理。可见,小陪审团实际上就是绝大多数人印象中的"陪审团"。

从历史来看,美国大陪审团制度创制于17世纪的北美殖民地时期。该制度曾经在美国历史的不同时期发挥过重要的作用,其职权也曾经一度超越审查刑事起诉,而扩展到立法、征税和市政工程建设的监督等诸多方面。直到现在,曾格案、印花税案、"水门事件"和"拉链门事件"中大陪审团的表现仍为人所津津乐道。大陪审团因为其在对抗英王和政府专权方面的优异表现,被美国民众称作"保障自由的壁垒"(Bulwark of Liberty)。[3]那么,美国大陪审团制度究竟经历了怎样的历史发展?它在当代美国社会承担怎样的制度功能?又被赋予了何种时代意义?本文将借助英美史料,力图还原美国大陪审团制度起源与发展的过程。

二、北美殖民地时期的大陪审团制度

虽然,英属北美殖民地早在1607年就开始建立,但大陪审团在北美有据可查的历史大致从1635年开始。在大陪审团出现之前,北美英属殖民地由英国国王任命的总督助理(assistants)来制定法律、指控犯罪[②]并出席庭审。由于没有审查和制衡,总督助理的权力过于集中且存在滥用的风险。为了限制总督助理提起没有合理根据的刑事起诉,美国殖民地历史上第一个大陪审团诞生了。可见,"美国大陪审团从诞生之日起就不是作为行政机构的

---

① 根据2014年最新修订的《美国联邦刑事诉讼规则》第6条的规定,大陪审团由16~23人组成,起诉书只需要12名大陪审团成员做出即可。

② 总督助理只负责起诉一部分刑事案件,多数刑事案件有私人提起指控。详见后文论述。

助手,而是作为英国王权的对手。"[4]换言之,就是通过掌握独立起诉犯罪和审查总督助理起诉的权力,限制英王利益代表人滥诉所可能造成的对公民基本权利的侵犯。

同时,在很长一段时间内,北美殖民地并没有普遍建立检察官公诉制度。1643年弗吉尼亚殖民地任命了美国历史上第一位殖民地检察官。此后直到1662年,康涅狄格才任命了北美历史上第一位县检察官,而在1704年,康涅狄格才成为北美第一个确定适用公诉的殖民地。因此,在相当长的时间内,殖民地刑事诉讼是一种私诉(private prosecution),即由原告提起诉讼,被告进行辩护,法官审查双方的证据并作出判决。起诉者可以是受害人或者亲友,也可以是警务官和司法行政官等地方官员,但他们也是以私人名义提起诉讼。有学者研究显示,美国私诉的历史从殖民地时期一直持续到19世纪。因此,当时大陪审团对于政府之外私人提起的刑事诉讼也会行使重要的审查作用,[5]269-270它能够有效避免那些不存在的或者基于敌意而提起的刑事指控。①

不过,在北美殖民地,大陪审团的权力远远超越了刑事诉讼领域,它还广泛介入政治事务的处理,成为与立法、行政和司法部门重要性不分轩轾的"第四部门"(fourth branch)。具体而言,在有些殖民地中,大陪审团要负责公共事务,比如巡查道路、监督公共支出和曝光政府腐败等。[6]有的殖民地大陪审团还要负责立法、征税和监督市政工程建设,比如从1662年起弗吉尼亚大陪审团每年碰头两次商讨征税、审查政府开支、监督公共工程、任命地方官并且审理有关刑事指控。在卡罗莱纳、佐治亚、马里兰、新泽西和宾西法比亚,大陪审团的职能也都是相似的:除了刑事诉讼领域的三大职能之外,还需要在当地政府运作中扮演积极角色,并且相对于政府而言有极大的自主性。

在18世纪,随着北美殖民地日益向革命迈进,大陪审团开始承担刑事诉讼和公共事务之外的第三个角色——抵抗强权(总督权和王权)。当时,北美殖民地和宗主国之间的矛盾开始不断暴露,北美民众通过批评殖民地总督的方式来挑战英王的权威。在很多场合中,殖民地总督试图以诽谤罪起诉特定的异议者。然而,正是大陪审团的存在使得英王及其总督很难对相关责任人进行起诉。这也导致了英王试图废除殖民地的大陪审团或者改变选任方式,但每次都遭到了激烈的抗争。[7]在美国大陪审团历史上具有标志性意义的"曾格案"(The Zenger Trial)就是在此背景下产生的。当时,英国国王向殖民地总督颁布命令,试图绕开绕开陪审团而由他任命的法官直接审理北美殖民地的纠纷。北美殖民地产生了针对英国的激烈批评,并且强烈要求享受他们作为英国人的基本权利。[8]约翰·P·曾格(John P. Zenger)所创办的报纸《纽约周报》就持续刊发了针对殖民地总督的批评。1734年11月17日,地方治安官在总督的命令下直接逮捕了曾格,但是纽约当地两个大陪审团先后都拒绝起诉曾格。相似地,马塞诸塞地方大陪审团也拒绝以诽谤总督之罪起诉《波士顿公报》(Boston Gazette)的编辑。上述事件,被广泛地视为大陪审团抵抗王权的最佳注脚。

综上所述,大陪审团制度在北美殖民地时期的职能可以被概括为三大方面:限制政府和私人的滥诉、参与地方政治事务(立法、征税、监督市政工程等)和对抗王权。大陪审团成为摆在北美人民与英国政府之间的重要堡垒,它有效避免了英国政府对北美人民的打击与报复。它不仅保护人民免于受到私人轻率的、报复的和压迫性的起诉,更加避免人民受专制的

---

① 这里还有一个很重要的事实,美国殖民地时期辩护制度并不发达,被告人通常没有辩护人,因此在刑事诉讼中处于不利地位。正是在这个意义上,大陪审团对原告起诉的审查就显得十分重要。

和过分热心政府的压迫,①是在专制政府与人民自由之间设置的障碍。②

三、美国建国之后的大陪审团制度

在美国大革命之后,联邦宪法起初并没有规定大陪审团制度。在确立美国联邦司法体系基本结构的 1789 年《司法法》中仍然没有大陪审团的内容。直到 1791 年进行宪法修订时才在第五修正案中规定了大陪审团的内容。因此第五修正案也被称作"大陪审团条款"。虽然修宪者对哪些权利应该被纳入公民基本权利存在争议,而对于大陪审团的权利而言,修宪者似乎视为一种当然。[9]

美国联邦宪法第五修正案规定:"任何人不得被强制对死刑,或者其他不名誉罪答辩,除非根据……大陪审团公诉书。"通说认为,宪法修正案中的"不名誉罪"包括了所有重罪(felony)。③ 大陪审团制度被写入美国联邦宪法修正案是该制度发展历史的重要事件,它奠定了大陪审团在重罪案件起诉中不容撼动的地位与作用。不过,诚如美国学者所言,"在历史上,美国国会很少关注大陪审团","相反,国会非常依赖司法系统来确保大陪审团的有效运作"。[10]这也很好理解,美国是一个判例法国家,司法机关的判例自动成为具有拘束力的法律。此后,美国各级法院不断通过案例来完善和细化大陪审团的制度。④ 在积累了足够经验之后,美国国会在 1946 年通过的《联邦刑事诉讼规则》中对大陪审团的审理程序作了详细的规定。它实际上是通过立法认可和固定几十年有关大陪审团司法判例确立的基本内容,客观上为大陪审团审查职能的发挥提供了具体可行的操作规范。根据美国现阶段的立法和司法判例,大陪审团制的当代功能大致被固定在两个方面:审查检察官起诉和案件调查两项。这就是被英美法学界反复提及的大陪审团的"盾"(shield)与"剑"(sword)。

首先,美国当代大陪审团的重要职能之一是审查检察官的刑事起诉(大陪审团之盾)。美国联邦宪法第五修正案的"大陪审团条款"保障了大陪审团在联邦重罪起诉中不容动摇的的地位。也就是说,联邦检察官的重罪起诉并不意味着真正的起诉,他/她需要先向大陪审团提交申请公诉书。如果大陪审团经过审查认为没有足够的证据支持指控,便会在申请公诉书上签署"不予起诉"的意见,这也就意味着检察官的这次起诉被大陪审团拒绝。正是在这个意义上,当代美国大陪审团最为重要的职能便是为公民提供一面"盾牌"以避免政府,及其代表检察官恶意的、报复性的和随意的刑事起诉。

其次,美国当代大陪审团的另一个重要职能是对特定案件展开调查(大陪审团之剑)。"大陪审团的另一具有历史意义的职能是享有传唤证人作证的权力。一直到现在,这种权力仍然原封不动地保持着"。[11]更为重要的是,"美国大陪审团的调查功能运用日益频繁,作用

---

① Wood v. Georgia, 370 U. S. 375, 390(1962).
② People v. Galarotti, 46 Misc. 2d 871, 872, 261 N. Y. S. 2d 218, 220 (Westchester County Ct. 1965)
③ 美国的刑法将犯罪区分为重罪(felony)、轻罪(misdemeanor)和轻微罪(petty offense)三种,其中所谓的"重罪"与我国刑法中规定的重罪有本质区别。美国的"重罪"分为 5 个等级,对 5 等的"重罪"只能处以 1 年以上 5 年以下的有期徒刑;对于轻罪分为 3 个等级,对第 3 等的轻罪只能处以 5 天以上 30 天以下的有期徒刑。可见,美国的轻罪和轻微罪在我国多数情况下都会以治安处罚结案。从比较法角度出发,应当把美国刑法上的"重罪"理解成与我国犯罪类似的概念。
④ 对美国近现代大陪审团制度发展有重要影响的案件有两个 1884 年的 Hurtado v. California 案和 1920 年的 United States v. Thompson 案,前者厘清了大陪审团审查和法院预审彼此间的关系;后者确立了大陪审团审查不受禁止双重危险原则的限制。

更为突出,原因在于大陪审团调查所具有的优势——强制取证权、豁免权以及调查程序的秘密性等。"[12] 为了保障大陪审团案件调查的权力,美国司法实践中还形成了一套惩罚机制。如果相关人员拒绝大陪审团的传票,他/她可能被判处民事藐视或者刑事藐视,① 从而被罚款,甚至监禁。②

在"水门事件"中,联邦大陪审团就发挥了重要的作用。1974年3月1日,在针对美国总统尼克松和白宫的调查进入白热化的阶段,哥伦比亚特区的大陪审团通过了对尼克松总统的7名幕僚的起诉。在尼克松总统辞职之后的1975年,哥伦比亚特区的大陪审团传唤了尼克松,尼克松就重要事项回应了大陪审团的询问。很长一段时间,这些证言被严格保密,但近期已经公布,使得公众得以了解"水门事件"的全貌。③ 在"拉链门"事件中,独立检察官肯·斯塔尔(Ken Starr)同样利用大陪审团的调查特权对时任美国总统的克林顿进行传唤,克林顿在大陪审团作证时否认他和莱温斯基有染。这一谎言也成为日后国会弹劾克林顿的重要依据。除了克林顿之外还有许多白宫成员也被大陪审团传唤。

四、美国大陪审团的时代意义——基于弗格森案的分析

毋庸置疑,弗格森案使得大陪审团制度重新进入公众的视野。密苏里州当地大陪审团对该案进行了长达三个月的证据调查、传唤了60多名证人。在审理时大陪审团还破例传唤了被指控人白人警察达伦·威尔逊出庭询问了4个小时。最终,当地大陪审团在检察官和民意的双重压力之下保持中立,做出了不予起诉的决定。因此,在笔者看来,该案不失为当代美国大陪审团"盾"与"剑"功能发挥的最佳范例。该案的运作过程也凸显了大陪审团制度在美国社会中的时代意义。

(一)大陪审团具有限制检察官滥用公诉权的重要意义

众所周知,检察官无疑是美国刑事司法系统中权力最大的官员。他们行使着巨大的,几乎不受限制的自由裁量权。正如美国学者安吉娜·J.戴维斯评价的那样,"不受羁绊的裁量权、没有节制的权力、责任制的缺失——在州和联邦检察官都存在",④ 并且美国最高法院也某种程度上认可此种自由裁量权,从而使得美国的检察官能够避免有效的监督。从实践来看,美国检察官提起指控的权力受到了非常有限的外部限制,其中就包括大陪审团。弗格森案检察官鲍勃·麦卡洛克在起诉前做了大量的准备,并且反常地选择大陪审团作为审查

---

① 民事藐视(civil contempt)与刑事藐视(criminal contempt)相对。指当事人有意不履行法庭明确要求其为或者不为一定行为的命令。对于民事藐视法庭行为,可以处以罚款或者监禁从而强制该当事人服从法庭命令,确立法庭的权威。刑事藐视则是指妨碍正义或者对法庭的公正性进行攻击的行为。设立此罪的主要目的在于维护法庭的权威,并惩罚不遵守法庭命令的行为。在民事诉讼中虚假证言的获得即构成藐视法庭罪,而与民事藐视有所区别。

② Grand Jury, 41 *Ann. Rev. Crim. Proc.* 252, 269(2012)

③ 尼克松辞职后在大陪审团的证言可以参见 http://documents.latimes.com/richard-m-nixon-watergate-grand-jury-testimony/,最后访问时间 2014 年 12 月 3 日。

④ 美国检察官享有几乎不受限制的不起诉权力、辩诉交易权力,并且几乎没有因为不端行为而被惩戒的可能,相关内容可参见参见[美]安吉娜·J.戴维斯:《专横的正义:美国检察官的权力》,李昌林、陈川陵译,中国法制出版社 2012 年版第1至6章,关于美国检察官惩戒机制的缺失还可参见 Angela J. Davis, The Legal Profession's Failure to Discipline Unethical Prosecutors, 36 *Hofstra L. Rev.* 275(2007).

起诉的对象。① 更有趣的是,一般而言,检察官在起诉时都会选定一个具体的罪名供大陪审团审查,而本案中检察官没有选择罪名,而是罗列了一系列罪名供大陪审团选择。也就是说,检察官麦卡洛克选择了相对保险的起诉策略。然而,地方大陪审团通过调查之后仍然认定案件关键事实有诸多根本冲突,没有确实证据证实警察有故意枪杀非洲裔青年布朗的动机,并最终驳回了检察官的起诉。由此可见,在检察官权力急速膨胀的美国社会,大陪审团作为民众参与司法的重要方式,其对于限制公诉权的意义不容忽视。

(二)大陪审团具有抵抗汹涌民意不当影响司法的重要意义

弗格森枪击案之所以引起广泛的关注,与其承载着过多的民意关注密切相关,而究其深层原因,又系因该案涉及种族冲突的背景。众所周知,种族冲突始终是美国社会的一条政治红线。近年来,特定案件中出现的种族因素常常激起美国社会不同程度的种族冲突。无论是发生在弗格森案之前的杜克大学曲棍球队强奸案②,还是发生在弗格森案之后的克里夫兰案③,其间黑人的示威活动都深刻反映了美国社会的裂痕。皮尤研究中心(Pew Research Center)在2014年8月进行的民调显示,认为枪击案引起"严重的种族问题"的黑人比白人多出两倍。此外,65%的黑人表示警员威尔逊的反应过激,而只有33%的白人这样认为。而只有18%的黑人对案件的调查持有信心。[13]有学者从不同角度研究了美国种族冲突的原因,其中显性的和隐性的种族隔离被认为是重要的原因,因为"(居住)隔离不仅伤害了那些饱受居住流动障碍之苦的个人和家庭的利益,而且也由于隔离从整体上损害了被隔离的社区,从而导致了空间上的贫困集中。"[14]种族隔离表现在美国社会生活的方方面面,甚至涉及刑事诉讼领域。从美国早期历史来看,刑事司法中有严重的种族歧视。直到20世纪后期民权运动和"肯定性运动"之后,这种现象才有所缓解。然而,在"911事件"之后,刑事诉讼中的种族主义重新抬头。[14]

弗格森市所在的圣路易斯县④是美国种族隔离现象最严重的地区之一,也是美国种族冲突的一个缩影。直到20世纪40年代末期,圣路易斯还禁止黑人在许多区域购买房产。在居住隔离的政策之下,圣路易斯的北部区域(弗格森市所在区域)基本被白人所"占领"。直到20世纪80年代,白人开始离开圣路易斯北部区域,到更远的郊区寻找新的、更宽敞的居住地。此时,圣路易斯北部地区涌入了大量黑人,人口结构也迅速发生变化。从1990年至今,弗格森市的种族结构由四分之三的白人迅速转变为三分之二的黑人。然而,人口结构

---

① 根据密苏里州的宪法规定,检察官案件的起诉既可以由大陪审团来审查,也可以由法院预审(preliminary hearing)来审查。所不同的只是,从数据上说,大陪审团通过检察官起诉的可能性更大。也就是说,通常而言,检察官选择大陪审团能够更容易获得起诉的批准。对于大陪审团和预审的选择,美国51个州的规定各不相同。有的州规定所有案件的起诉都要由大陪审团审查,有的州规定只有重罪案件(felony)需要大陪审团审查,有的州则规定检察官可以选择大陪审团和预审法院中任意一个。
② 2006年3月12日晚上,杜克大学曲棍球队一场酒气熏天的聚会,非裔脱衣舞女郎克里斯陀·曼格姆(Crystal Mangum)受雇表演。事后,这名大学生舞女指控三名球员轮奸了她。种族、阶级、性别以及大学体育运动所交织汇集成的一系列问题顿时引发全美关注并激起了不同程度的抗议示威活动。参见高一飞:《曲棍球队员与脱衣舞女 被舆论误导的杜克大学轮奸案》,载《南方周末》2013年7月25日。
③ 2014年11月22日,12岁黑人少年莱斯手持类似半自动手枪的复制枪,出现在克里夫兰市一间游乐场外,有民众随即报案,莱斯将枪指向路人。警方到场后开枪制止,莱斯送医后不治身亡。
④ 美国的行政区划与中国有所不同,美国的"县"(county)高于"市",一个"县"由若干"市"构成。

的反转并未带来黑人政治与经济地位的显著改善。密苏里州总检察长的2013年年度报告显示:在执行公路停车检查任务时,弗格森市警方抓捕黑人的可能性是白人的两倍。[16]同时,从2000年开始,弗格森市的经济持续下滑,当地居民,尤其是黑人越发难以找到工作。城镇失业率从2000年的不足5%上升到2012年的13%。在2000年至—2010年之间,弗格森的穷人数量翻了一倍。到了2012年,大约四分之一的居民生活在贫困线,44%的居民生活水平低于贫困线两倍。[17]经济的窘境使得当地黑人与白人之间的对立情绪在逐步增长。

在此背景下,弗格森案审理过程中,当地爆发了强烈的社会的动荡。许多民众,尤其当地黑人认为麦克·布朗在放弃抵抗的情况下仍然白人警察威尔逊被射杀。当然,弗格森案只是一个导火索,而真正核心的问题在于居住隔离政策影响下黑人日益恶化的经济状况与相对低下的社会地位。《洛杉矶时报》专栏作家蒂姆·罗根表示,贫困的黑人阶层成为此次动乱的主要参与者。[18]生活贫困、缺少就业机会、司法体系存在的种族歧视导致非洲裔居民长期生活在"执法过度"和"司法不公"的阴影下。弗格森案深深地触动了美国社会种族歧视那根最为敏感的神经。[19]

毫无疑问,弗格森案审理过程中大陪审团遭遇了来自民众,尤其是黑人民众的强大压力。然而,大陪审团作为美国民众参与司法的重要方式之一,其人员构成、基本职能和配套机制在很大程度上保障了其独立行使职能。① 最终,大陪审团通过审理作出不起诉白人警察的决定恰恰说明了其在汹涌民意中仍然保持中立地位。也许一个显示大陪审团中立地位更好的例子是在弗格森案大陪审团判决出台之后的12月3日,美国纽约地方大陪审团也出台了一个翻版判决,裁定不起诉涉嫌过度动武致死一名黑人的纽约市白人警察丹尼尔·潘塔莱奥。② 考虑到弗格森案大陪审团裁决之后全美各地爆发的涉及34个州的90座城市大规模示威游行,[20]纽约大陪审团再次做出类似裁决确实需要勇气。

(三) 大陪审团具有防止政治不当影响司法的重要意义

弗格森案还凸显了大陪审团能够在政治影响中维持中立。2014年8月9日枪击案发生之后,立刻在全美范围内引发了抗议示威活动。8月14日,美国总统奥巴马发表讲话,要求对枪杀事件展开公开、透明的调查。[21]奥巴马竞选时的口号之一就是消除美国社会的种族隔阂。因此,枪击案之后他的表态就很大程度上是一种对自己竞选口号的回应和政治宣誓。此后,弗格森市的社会动荡不断加剧。8月18日晚,弗格森市警方18日晚发射催泪弹驱散示威人群。为了应对局势升级,密苏里州州长尼克松动用国民警卫队。这是美国近代历史上州政府首次出动国民警卫队来维持秩序。对此,美国总统奥巴马迅速给予委婉的批评,并指出警方没有任何借口过度使用武力,他还提醒密苏里州长尼克松需要"有限度"地调遣国民卫队。[22]随后,奥巴马迅速指示司法部长霍尔德前往弗格森市深入调查此次事

---

① 比如,当媒体要求披露更多大陪审团成为信息时,当地法院明确予以拒绝。
② 2014年7月,非裔美国人埃里克·加纳在纽约市街头非法出售香烟,警察上前执法并试图逮捕加纳。根据路人拍摄的一段录像画面,加纳当时拒绝配合,大喊"不要碰我",几名警察一起冲上去。白人警察丹尼尔·潘塔莱奥从加纳背后用手臂勒住他的喉咙,加纳随即连声大喊"我不能呼吸了",此后在被送医不久后死亡。尸检报告显示,加纳的死亡系锁喉致死。2014年12月3日,纽约大陪审团认为证据不足,不对潘塔莱奥起诉。据悉,这个陪审团由23人组成,其中14人是白人,9人是其他族裔,其中有5名是非洲裔。参见成珞:《弗格森案翻版裁决再引抗议》,载《解放日报》2014年12月5日第4版。

件。[23]一般而言,美国采取联邦与州的二元司法体系,联邦仅管辖联邦层面的案件,而绝大多数刑事案件由州政府管辖,地方政府有很强的自主性。奥巴马派出其首席律师①前往弗格森调查也凸显了很强的政治姿态。此后,美国司法部部长迅速指派联邦调查局展开对弗格森市警察部门的相关调查。众所周知,美国联邦司法部长的选任有鲜明的"党派任命"(patronage appointment)的意味,总统新上任之后通常会任命自己党派的司法部长。因此,美国司法部长的选任也常常被批评为"政治分赃"。也就是说,霍尔德的调查行为也可以被视为美国总统奥巴马政治干预的一种延伸。此外,弗格森案的调查过程中,美国立法机关成员也有诸多关注。有的国会议员已经对警方过度使用武力表达了不满。[24]可见,本案处理过程已经不是纯司法属性,而是或多或少带有政治色彩在内。在此背景下大陪审团仍然于11月24日作出了不起诉白人警察威尔逊的裁定。这不得不说是一个勇敢的举动。这种举动与前文提及的大陪审团在"水门事件"和"拉链门事件"中对美国总统权威的挑战是一脉相承的——在英国王权不复存在的美国,大陪审团承继着历史使命,成为刑事司法中挑战强权的重要制度设计。

结　语

弗格森案的处断过程中,我们似乎看到一个超然、冷静,不顾民意和政治因素的干扰,只看证据与事实,并独立作出裁断的大陪审团。大陪审团作为美国民众参与司法、分享国家权力的重要方式,确实有其可取之处。

当然,我们也不能忽视大陪审团的制度缺陷。在大陪审团的程序中,检察官往往是参与大陪审团审查的唯一"证人"。大陪审团审查过程中被告不享有律师权。② 同时,在大陪审团审查过程中可以使用传闻证据,检察官无需在大陪审团审查的过程中出示嫌疑人可能无罪的证据。③ 也正因如此,美国学者也提出了许多改革建议。[25]比如美国律师协会(ABA)出台的大陪审团改革计划中就明确提及了三点要求:(1)要求陪审团审理中听取被告人的证言,(2)被告人享有律师的权力,(3)检察官应当提交有利于被告人的无罪证据等。④ 此外,还有美国学者根据美国刑事诉讼的结构,提出应当在新时期开发大陪审团的新功能,比如主张大陪审团在辩诉交易和替代性纠纷解决机制(ADR)中更多地承担责任。[26]可见,美国大陪审团制度在现代也在面临一定程度的转型。当然,美国大陪审团的未来前景究竟走向何方,我们可以拭目以待。

参考文献:

[1] 甄贞、王丽.美国大陪审团与人民监督员制度比较[J].人民检察,2007(9).
[2] David B. Rottman & Shauna M. Strickland. State Court Organization 2004[R]. Working Report for

---

① 美国司法部部长通常被视为美国政府的首席律师。
② United States v. Mandujano, 425 U.S. 564(1976)(dictum)(plurality opinion).
③ 美国宪法第五修正案规定的"禁止双重危险的原则"只在正式审判之后才生效,因此大陪审团程序不受该原则的保护,具体内容可参见 United States v. Thompson, 251 U.S. 407, 413-15(1920)。
④ America Bar Association, Grand Jury Policy and Model Act(1977—1982).

U. S. Department fo Jusitce, August 2006, NCJ 212351.
[3] Roger A. Fairfax, Jr. Grand Jury Innovation: Toward a Functional Makeover of the Ancient Bulwark of Liberty[J]. Wm. & Mary Bill Rts. J., 2010: 19.
[4] Mark Kadish. Behind the Locked Door of an American Grand Jury: Its History, Its Secrecy, and Its Process[J]. Fla. St. U. L. Rev., 1996: 24.
[5] 甄贞等. 检察制度比较研究[M]. 北京:法律出版社, 2010.
[6] Wayne L. Morse. A Survey of the Grand Jury System[J]. OR. L. REv., 1931: 10.
[7] Michael D. Hawkins. Federal Grand Jury: Fish, Fowl, or Fair-Weather Game[J]. Okla. City U. L. Rev., 2008: 33.
[8] Richard S. Arnold. Trial by Jury: The Constitutional Right to a Jury of Twelve in Civil Trials[J]. HOFSTRA L. REV., 1993: 22.
[9] Ron S. Chun. The Right to Grand Jury Indictment[J]. AM. CRIM. L. REV., 1989: 26.
[10] Thaddeus Hoffmeister. Grand Jury Legal Advisor: Resurrecting the Grand Jury's Shield[J]. J. Crim. L. & Criminology, 2008: 98.
[11] [美]彼得·F. 瓦伊拉. 美国检察官在大陪审团工作室内的作用——违犯规则的界线在何处？[J]. 刘赓书译, 环球法律评论, 1987(2).
[12] 蒋和平、王坚. 美国职务犯罪侦查中的大陪审团调查及启示[J]. 人民检察, 2013(19).
[13] Albert R. Hunt. Ferguson Reveals Blacks' Unfinished Journey[EB/OL]. http://www.mcall.com/opinion/mc-ferguson-racial-progress-web-20140825-column.html.
[14] 胡锦山. 美国城市种族居住隔离与黑人贫困化[J]. 史学月刊, 2004(1).
[15] 赵旭光、李红枫. 美国刑事诉讼中的种族主义[J]. 中国青年政治学院学报, 2013(2).
[16] 闫勇. 弗格森市枪击事件折射美国种族与社会问题[N]. 中国社会科学报, 2014-12-7(3).
[17] 韩哲、赵毅波. 弗格森:美国城郊贫困化镜像[N]. 北京商报, 2014-8-21(8).
[18] Tim Logan & Molly Hennessy-Fiske. Ferguson's mounting racial and economic stress set stage for turmoil[EB/OL]. http://www.latimes.com/nation/la-na-ferguson-economy-20140817-story.html#page=1.
[19] 辛俭强、穆东. 弗格森案:除了司法制度, 没真正的胜利者[N]. 新华每日电讯报, 2004-11-27(7).
[20] 杨丽娟. 奥巴马谴责弗格森骚乱[N]. 联合早报, 2014-11-26.
[21] 刘平. 弗格森事件背后暗藏社会隐忧[N]. 中国青年报, 2014-8-20(4).
[22] 孔庆玲. 民调显示多数黑人认为弗格森枪击事件涉种族歧视[EB/OL]. http://www.chinanews.com/gj/2014/08-20/6510260.shtml.
[23] 周晶璐. 美司法部长今赴弗格森调查枪案真相. 东方早报[N], 2014-8-20(11).
[24] 刘波. 弗格森骚乱与美国的危机处理[N]. 21世纪经济报道, 2014-8-21(4).
[25] Niki Kuckes. The Democratic Prosecutor: Explaining the Constitutional Function of the Federal Grand Jury[J]. GEO. L. J., 2006: 94.
[26] Roger A. Fairfax, Jr. Grand Jury Innovation: Toward a Functional Makeover of the Ancient Bulwark of Liberty[J]. Wm. & Mary Bill Rts. J., 2010: 19.

(责任编辑:熊樟林　审校:熊樟林)

论消费者法律概念的适用冲突与协调路径
——以知识产权司法裁判为切入点

黄伟峰*

摘　要：消费者不是知识产权诉讼当事人却普遍出现于司法裁判中,而且知识产权裁判中"消费者"的运用已经突破了消费者保护法对"消费者"概念的界定,在购买使用目的、主体类型划分、组织形态上均有拓展。消费者保护法与知识产权法对"消费者"的法律形塑差异产生了消费者概念的法律适用冲突。为了维护法制统一,要明确知识产权法中"消费者"的群体属性,以"相关公众"上位概念涵摄通常意义上"消费者"概念不能指称的范围,并在裁判中根据实际确定合适的相关公众范围。

关键词：消费者　相关公众　法律形塑

Discussion on the Application Clashes and Corresponding Path of Harmonization of the Legal Concept of Consumer
——Based on the Judicial Adjudication of Intellectual Property

Huang Weifeng

Abstract: Consumers are not the litigants in trials of intellectual property, however this concept has appeared with great amounts in adjudication documents related with commercial trademarks. The analysis on the concept of 'consumers' appeared in intellectual property adjudications indicates that the application of the concept of consumers has broken through the common recognitions of this concept in consumers law, which has been extended in purchasing objectives, body classifications and organization types. The legal shaping of consumers in consumers law is based on the theory of protecting vulnerable groups in market, while in the field of intellectual property law it's originated from the trademarks' function of connecting trademark holders to objects. In order to

---

* 黄伟峰,南京大学法学院经济法学博士生,南京市中级人民法院民一庭副庭长。
① 该文获南京大学2012年博士研究生创新工程科研创新基金项目资助。

co-ordinate the application clashes of the legal shaping of consumer between those two different law branches, the first is to clarify the group attribute of consumer in intellectual law; the second is to use the concept of "relative public" to subsume those excluded from the concept of consumers in consumers law, by which to guarantee the realization of trademarks' recognition function; the third is to explicitly explain the connotation of relative public in legislatures, and confirm the proper range of relative public according to individual case in judicial applications.

Key words: Consumer; relative public; legal shaping

"我们所适用的全部法律,或是关于人的法律,或是关于物的法律,或是关于诉讼的法律。首先考察人,因为如果不了解作为法律的对象的人,就不可能很好地了解法律。"

——查士丁尼[1]11

一、问题的提出

知识产权审判实践中,消费者不是诉讼当事人,法院也不直接做出支持消费者诉讼主张的判决,但在侵权判定、权利保护范围确定等方面"消费者"俨然成为一个第三方主体出现在司法裁判文书中。"消费者"概念的正确理解和适用是当前知识产权司法实践中的重大疑难问题。宁波燎原工业股份有限公司与国家知识产权局专利复审委员会的外观设计专利权无效行政纠纷一案可以作为比照性的观察样本。

【"路灯(白玉兰)"外观设计专利案】2004年7月28日,宁波燎原工业股份有限公司获得"路灯(白玉兰)"的外观设计专利授权。2007年1月23日,陆昌顺以该专利与在先专利"琵琶形路灯(5)"相近似为由,申请宣告专利无效。专利复审委员会在决定中认定:"本专利与在先设计进行对比,本专利的尾部呈斜口的套状设计,无棒状柄,在先设计的尾部没有此套状设计,有棒状柄。虽然本专利的尾部呈斜口的套状设计形成了两个层面,但路灯产品其一般被安装在较高高度,在使用状态下这种变化的视觉效果更为弱化,因而一般消费者容易忽略上述两个层面的高差变化。按照整体观察、综合判断的原则,整体上导致一般消费者误认混同,形成相近似的视觉效果。"

北京一中院的一审判决通过对"一般消费者"进行阐释,否定了专利复审委员会的近似认定:"在判断外观设计是否相近似时,应当基于被比设计产品的一般消费者的知识水平和认知能力进行评价。本案被比设计产品是路灯,属于市政公共设施产品,其一般消费者主要是专门从事路灯的制造、销售、购买、安装及维修人员,他们对路灯产品的外观有着常识性的了解,对于不同外观的路灯产品具有相应的认知能力。……专利复审委员会没有充分考虑路灯产品的一般消费者应有的知识水平和认知能力,其据此做出二者相近似的认定错误,应予纠正。"

北京市高级人民法院在二审判决中对一审法院的观点又进行了驳斥:"在判断外观设计是否相同或相近似时,应当基于被比外观设计产品的一般消费者的知识水平和认知能力进行评价,不同种类的产品有不同的消费群体。本案专利产品是路灯,属于公共服务设施,消费者是对在使用状态下的路灯进行观察和欣赏。在界定路灯类产品的一般消费者时,应当注重该类产品的使用状态。路灯的使用者及路灯功能的享用者包括不特定的过往行人,而并非仅仅是指专门从事路灯的制造、销售、购买、安装及维修人员。原审法院将路灯类产品的一般消费者仅仅界定为从事路灯制造、销售、购买、安装及维修人员明显不当,本院依法予以纠正。"[2]

上述案例显示,从专利复审委员会到一审法院、二审法院均认同外观设计专利是否相同或近似的判断标准是"一般消费者的知识水平和认知能力",但争议的焦点在于"行人"是否属于一般消费者的主体构成。这反映出对"消费者"概念的内涵和外延理解把握不一,将直接影响到知识产权有效性的判定。

如果将观察的视角进一步放大到商业标志类知识产权①领域,商标的显著性、知名度和近似性以及知名商品、误导等侵权认定的关键性要素也均与"消费者"有着千丝万缕的联系。笔者以"北大法宝"案例与裁判文书数据库为样本进行了检索(访问日期为2012年5月5日),选择了"商标权属、侵权纠纷"、"侵犯外观设计专利权纠纷"、"侵犯企业名称(商号)权纠纷"、"仿冒纠纷"等案由,发现"消费者"概念在5 324份裁判文书中的使用情况见表1:

表1 "消费者"概念在商业标识类裁判文书中的使用情况简表

案　由	判决书总数	涉及"消费者"概念的判决数和比例	
商标权属、侵权纠纷	3 872	2 455	63.4%
侵犯外观设计专利权纠纷	1 194	773	64.7%
侵犯企业名称(商号)权纠纷	77	32	41.6%
仿冒纠纷	181	152	84%

鉴于"消费者"在知识产权司法裁判中大量出现,而且在裁判中的地位又如此重要,有必要对专门研究"消费者"概念的司法适用问题,但现有研究成果对知识产权中的"消费者"少有研究,这无疑加剧了准确理解和适用的难度。本文试图通过梳理近年来知识产权司法裁判对消费者概念的使用情况,厘清知识产权保护中"消费者"概念的司法适用机理,并提出相关对策建议。

二、知识产权司法裁判对消费者概念的拓展

我国《消费者权益保护法》虽然没有对消费者概念进行定义,但学理解说根据该法第2条一般认为:"消费者是指非以盈利为目的的购买商品或者接受服务的人。"[3]在国外,日本学者竹内昭夫认为,所谓消费者,就是为生活消费而购入和利用他人所供应的物资和劳务的人,是一种与供应者相对应的概念。[4]460 美国权威的《布莱克法律词典》对消费者的定义是:"消费者是与制造者、批发商和零售商相区别的人,是指购买、使用、保存和处分商品和服务

---

① "国际保护工业产权协会"1992年东京大会将知识产权分为"创造性成果权利"与"识别性标记权利"两大类,本文采纳此种分类标准。"商业标识"泛指在商业活动中具有识别性和区分性的标识,商标、商号、姓名、域名、商品特有名称和包装、装潢、商业外观、地理标记等都属于本文中"商业标记"的范畴。参见孔祥俊著:《商标与不正当竞争法》,法律出版社2009年7月版,第1-21页。

的个人或最终产品的使用者。"[5]311

综上,对"消费者"法律概念可以从三个层面予以把握:第一,从行为目的看,消费者购买使用商品和接受服务的目的必须是"为生活消费"。消费者是人格形象时代变迁的产物,是垄断时代和消费社会从"人"的群体中分化出的独立群体形象。[6]消费者应当是与制造商、批发商和零售商相区别的人,生活消费主要是为个人和家庭的需要而对物质产品进行的消耗或者对服务产品的享受。如果购买使用商品和接受服务是用于生产经营(如再次转售、扩大再生产)这些职业活动的目的,则性质就不是消费行为,从事此行为的主体也不是消费者。第二,从主体类别看,消费者可以分为三类:即购买商品者、使用商品者及接受服务者。消费者的范围显然比买受人的范围更为宽泛,既可以是亲自购买商品的人,也可以是使用和消费他人购买的商品的人;既可以是有关服务合同中接受服务的(如旅游、餐饮、运输、劳务等各种服务)的一方当事人,也可以是接受服务的非合同当事人。第三,从主体属性看,消费者原则上是个体社会成员——自然人。我国理论界大部分学者认为,消费者应限于自然人,不应当包括"单位"。理论依据是消费者权益保护法的立法宗旨是基于对消费者作为个体社会成员相对于团体法人的弱者地位,单位并不是消费关系中的弱者,不宜作为消费者。①

但上述"消费者"法律概念在知识产权司法裁判再定义和再诠释的能动过程中发生了流变,具体表现在如下三个方面:

(一) 对"自然人"属性的挑战

知识产权裁判对"消费者"的理解已经突破了自然人的范围,一些特定情况下单位可以成为消费者。鲁沃夫公司与北京鹊翔医疗科技公司(以下简称"鹊翔公司")侵犯商标专用权和不正当竞争纠纷案中,法院认为:

"鲁沃夫公司注册的'RUHOF'商标核定使用的商品与鹊翔公司的被控侵权商品都属于医用清洁剂类商品,鹊翔公司在代理关系结束后在其销售的被控侵权商品上使用'鲁沃夫'商标,容易造成相关消费者误认为该商品来源于鲁沃夫公司或与鲁沃夫公司有特定联系,因此鹊翔公司的行为属于在同一种商品上使用与'RUHOF'商标近似的商标的侵权行为。"[7]

该案中,法院显然将医用清洁剂的购买使用者作为"消费者"看待,以其一般认知能力和注意义务作为商标侵权和不正当竞争的判断标准,而医用清洁剂的购买者主要是医疗机构。同样,在"上海长江斯迈普电梯有限公司诉上海迅顺电梯有限公司等不正当竞争纠纷"案②和"南京九竹电控门制造有限公司诉朱浩商标侵权及不正当竞争纠纷案"③中,法院均将自动扶梯、电动伸缩门等商品的购买使用者作为消费者看待,而此类商品的购买者主体更多的

---

① 王利明:《消费者的概念及消费者权益保护法的调整范围》,《政治与法律》2002年第2期。持此类观点的学者还有梁慧星:《关于消法四十九条的解释适用》,《人民法院报》2001年3月29日第3版;陈运雄:《论消费者的概念》,《求索》1998年第4期;肖强:《消费者权益保护三题》,《华北电力大学学报》(社会科学版)1999年第3期;许建宇:《完善消费者立法若干基本问题》,《浙江学刊》2001年第1期等。只有少数学者如何山,赞同单位也应当适用消费者权益保护法,参见何山:《还我一个宁静的公序良俗——消费者权益保护法有关问题访谈录》,《中国律师》1998年第3期。

② 上海市第一中级人民法院(2005)沪一中民五(知)初第299号判决。

③ 江苏省高级人民法院(2007)苏民三终字第0036号判决。

是企事业单位,已经脱离了自然人范畴。

(二) 对"生活消费"主观目的的背离

在商业标识侵权纠纷中,法院未仔细地鉴别消费者购买使用商品和接受服务是否以生活消费为主观目的,甚至对以生产经营、融资盈利为目的的商行为主体也作为消费者看待。"安徽龙波电气公司诉常州明及电气技术公司擅自使用知名商品特有名称、包装、装潢纠纷案"中诉争商品为高压断路器,法院认为:

"本案中,由于 WVS 为龙波公司知名商品的特有名称,明及公司在同类产品上擅自使用该名称,足以导致相关消费者的混淆误认,故明及公司的行为构成不正当竞争。"[8]

其所指的"消费者混淆"实际是指生产经营下游链条的设备采购商群体会发生混淆。法院这种对"消费者"概念的泛化运用同样可以在"深圳迈瑞生物医疗电子公司诉运城市迈瑞医用设备公司商标侵权及不正当竞争纠纷案"①、"江苏江动集团诉江苏淮动机械公司外观设计专利侵权纠纷案"②、"雷恩自动机株式会社与成都雷博食品机械公司商标侵权纠纷案"③等判决书中得到印证。当然也有法院裁判文书在表述上回避了"消费者"概念而使用"相关公众"进行替代,如山东起重机厂有限公司(简称山东起重机厂)与山东山起重工有限公司(简称山起重工公司)侵犯企业名称权纠纷案,最高法院在判决中认为:

"山起重工公司在企业名称中使用'山起'作为字号,足以造成相关公众对两家企业产生误认,侵犯了山东起重机厂的合法权益,构成不正当竞争。"[9]

透过这些案例,可以发现知识产权裁判中的"消费者"的概念往往泛指社会生产、生活中购买使用产品或接受服务的社会成员,其购买使用商品和接受服务的主观目的并不限定于生活消费,也包括生产消费。

(三) 对消费者类型的扩展

消费者保护法将消费者划分为购买商品者、使用商品者及接受服务者三类,这三类消费者均是在消费法律关系事实形成后产生的。但知识产权司法裁判中的"消费者"不仅指事实上的消费者,还包括"潜在的消费者",甚至在侵权责任的判定方式上(如更改企业字号等)主要是为了避免与潜在消费者发生混淆。因此,知识产权视野中的"消费者"概念对消费法律关系进行了向前延伸,在原有类型的基础上扩展出了新一类型"潜在消费者"。在"丰田自动车株式会社诉浙江吉利汽车有限公司等商标侵权及不正当竞争纠纷案"中,法院认为:

"商标的基本功能在于使消费者能够识别商品及其来源。……本案涉案产品为汽车,与其相关的消费者应指汽车的购买者或使用者,与其相关的经营者应指经销、提供汽车维修和其他服务的经营者,因此,本案中,相关公众应指汽车的购买者或使用者以及经销或提供汽车维修和其他服务的经营者。上述消费者包括有购买计划的潜在消费者、正在实施购买行为的消费者、购买后的消费者和使用者。"[10]

---

① 山西省运城市中级人民法院(2005)运中民二初字第 25 号判决。
② 江苏省高级人民法院(2007)苏民三终字第 0042 号判决。
③ 四川省成都市中级人民法院(2006)成民初字第 828 号判决。

在知识产权领域将"潜在消费者"纳入"消费者"的范畴,在美国的法律实践中可以发现同样的趋势。1905年美国《商标法》(Trademark Act)和1946年《兰哈姆法》(Lanham Act)在商标侵权方面明确禁止的是"有可能对购买者(purchasers)造成混淆、误导、欺骗"。1962年的美国国会对《兰哈姆法》商标侵权条款做了修改,删掉了"购买者"一语。立法者在澄清修改原因时指出,因为该条款既涉及实际购买者也涉及潜在购买者,而单词"购买者"容易引起误解。[11]209-220

综上所述,知识产权司法裁判中的"消费者"概念运用与消费者保护法中的"消费者"概念具有较大差异,在行为目的、主体类型和主体形态上均有所拓展。而且司法裁判文书中"消费者"与"相关公众"时而混用,时而只用"消费者",时而只用"相关公众",概念使用具有较大的模糊性和不确定性。

三、消费者概念法律形塑的机理探究

消费者概念在消费者保护法和知识产权法两个不同法律部门的分野,不仅仅是法技术层面的差异,还反映了不同部门法理念的差异。通过对消费者概念形塑机理的思考,可以丰富和发展法律主体基础理论,也能进一步提升消费者概念法律适用的科学性。

(一)主体概念的法律形塑:角色化理论的引入

"人生而自由,却无往不在枷锁之中。"[12]每个社会主体都深深嵌在这个世界的各种社会关系之中,承担着不同的社会角色。所谓的法律主体"就是从法律调整的角度而对各种活动主体所进行的一种法律技术上的归类,各部门法主体的特殊性并非在于其创造一种新的主体,而是基于本身调整任务、调整对象的特殊性,从各个不同的层面赋予主体以特殊的权利义务,从而形成一种不同于其他部门法的法律主体制度"。[13]法律体系的各个法律部门之间既有分工侧重,又有一定的交叉性,这种交叉关联性源于法律主体、客体概念所附着社会实体的同一。"人还是那个人、山也还是那座山",但在不同部门法的视野中就形成了不同的法律主体,或为自然人,或为公民,或为犯罪嫌疑人,或为行政相对人,或为劳动者,或为消费者等等。

上述有关法律主体的基础理论为理解知识产权法和消费者保护法中"消费者"的分野提供了路径指引。《消费者权益保护法》中的"消费者"概念实际上已经预设了特定部门法判定标准,知识产权裁判中"消费者"概念运用实际上也反映了知识产权保护对"消费者"法律形塑的特殊要求。正如台湾学者黄茂荣教授所指出:"法律用语之定义或解释必须取向于其规范目的,亦即从实现规范目的之功能的观点解释之,以探求其真意。"[14]

(二)消费者保护法中"消费者"概念的形塑机理:保护弱者

当今世界各国对消费者保护政策的立法确认,是与20世纪五六十年代风起云涌的消费者运动紧密联系的。消费者运动的兴起在于消费者问题的发生,而消费者问题的产生又是根源于现代社会经济生活的发展和传统法律部门调整绩效的局限。早期商品经济社会,市场交易的出卖人作为手工业者或小作坊主与买受人相比在经济地位上并不占显著优势,即便是存在因交易地位不同而产生的交易差别和优势也会因为主体不断地交换其地位而被抵消。在手工业者或小作坊主形成的市场供给格局中,消费者对商品和服务的选择具有充分自由,单靠合同制度和侵权责任制度即能保护购买使用商品和接受服务一方的利益,实现商品服务供给方与需求方的利益平衡。[15]然而从19世纪末开始,人类社会经济生活发生了深刻变化,生产者不再是手工业者和小作坊主,而是现代化的大企业、大公司。它们拥有强大的经济实力,在商品交换中处于显著优势地位。那些处于市场交易末端的商品(服务)购买使用者,面对强大的资本力,并不能依靠"互换性"转嫁这种巨大经济实力差距形成的交易劣势,呈现显著的经济实力、信息获取以及决策判断上的弱势地位。[16]由此,传统民法的制度预设前提与现实相背离,对涉及新产生的弱势群体交易关系调整出现了整体绩效的下降。当整体绩效下降到社会无法容忍的程度时,新的法律就会产生。[17]

在上述背景下消费者保护法应运而生,其使命就是要赋予市场交易中的弱势群体——消费者以特殊的权利,提升消费者的主体地位,解决经营者和消费者之间的特殊矛盾。正是基于这一特殊的调整目的,消费者保护法用"生活消费目的"、"自然人"等限制条件对通常意义上的"消费"进行了法律剪裁,过滤出了属于市场交易弱势群体的"消费者",完成了消费者保护法中"消费者"形象塑造。这使得法律主体的形塑从传统民法"对权利能力的抽象把握"的时代,进入到"坦率地承认人在各方面的不平等、根据社会经济的地位把握具体的人、对弱者加以保护的时代"。[18]2

(三)知识产权法中"消费者"概念的形塑机理:维护区分功能

要寻求知识产权裁判中"消费者"概念的正当性,离不开对商业标识法调整目的和宗旨的追溯,而这首先需要认清商业标识的本质和功能。商业标识不是一种简单的符号,而是泛指在商业活动中具有识别性或者区分性的标识,这种标识或可用于区分商品(服务)的来源(如商标),或可用于区分不同的经营主体(如商号),或可用于区分不同的经营活动(如域名)。[19]43在社会分工专业化和大规模工业化生产背景下,商品从生产者到最终消费者需要经过复杂的、多层的流通环节,顾客辨认、区分商品和服务的需求就非常迫切,商业标识在商品经济中的重要地位就开始凸显。"商标的好处就像用人的名字来指称个人一样,减少了'消费者的搜寻成本'。""商标能够传达信息,这使得消费者可以对自己说:'我不用调查我将要购买的这个牌子的品质,因为商标是一种告诉我这个牌子的品质和我早些时候曾经合意的同一牌子的品质一样的简略表达方法。'"[20]因此,商业标识就是企业的一种显示信号和甄别信号,它通过简明、清晰的语言文字、图形及其组合将复杂的信息系统抽象化,向购买者显示产品的独特个性和主体的身份,购买者凭借信号得以对不同的产品及其生产者进行区分、判断和筛选,并据此做出决策。[21]

商业标识最基本的功能就在于区分不同,知识产权法调整商业标志的宗旨也在于确保商业标识的可区分功能,使商业标识能正确反映与特定商品和特定经营者的特定联系。由此,消费者概念进入知识产权法是根源于商业标识在"商业标识权人—消费者"之间架设了联系的枢纽。一切损害商业标识区分功能的行为都是侵权行为,既可能侵害了商业标识权人的竞争优势,也可能侵害了消费者的权益(造成混淆或被欺骗)。同时,是否损害商业标识区分功能的判断主体只能是消费者,因为商业标识是经营者为向消费者传递信息而创设的载体,消费者是商业标识的服务对象。

知识产权法对消费者的法律形塑主要不是着眼于其交易弱势地位,而是立足于其是特定商业标识承载信息传递的对象。这决定了知识产权裁判中的"消费者"强调的是第一个层面的含义：购买使用商品和接受服务，而不强调第二个层面的含义：以生活消费为目的。同时，知识产权视野中的"消费者"主要是指处于法律拟制"消费关系"状态中的人（潜在消费者），因为对商业标识区分功能的损害存在"混淆"的可能性或"淡化"的可能性。这种消费者的潜在性和不确定性，增加了赋予其维权机制的不可操作性，于是各国商标法都规定由打击制止假冒最具有积极性的商标权人提起商标侵权之诉，最终达到维护消费者利益的目的，商标权人成为消费者的"代理复仇人"（vicarious avenger）。[22]347

四、协调消费者法律概念适用冲突的对策建议

知识产权法与消费者保护法基于不同的调整目的和调整任务，对消费者概念进行了不同的法律形塑。虽然两个法律部门对消费者概念的法律形塑都具有正当性基础，但从维护法制统一出发，有必要协调适用冲突避免社会不必要的误解。当前，在消费者保护法对"消费者"概念有较为明确限定的背景下，如果坚守知识产权法对消费者概念的理解，有可能会产生法律逻辑体系的混乱，引起不必要的误解和歧义。如果照搬硬套消费者保护法中的"消费者"概念又会不合理地限制知识产权中"消费者"的实际群体范围。为此，建议采取如下对策：

（一）明确知识产权法中"消费者"的群体属性，并限缩其指称范围以与消费者保护法的界定保持一致

知识产权司法裁判的"一般消费者"、"普通消费者"并不是一个单个的主体，而是整合多元化个体气质所形成的极为繁复的集体人格。单个、具体的消费者可以依据消费者保护法作为诉讼当事人直接寻求司法救济，但"一般消费者"在知识产权诉讼中不是诉讼当事人，它只能以群体的面目出现在司法裁判中，以获得整体利益的保护。消费者保护法的产生使社会公众对于"消费者"的理解通常定位于"为生活需要（或非以营利为目的）购买、使用商品或者接受服务的人"，为了保证法律术语的科学、规范、统一，避免社会公众引起误解和歧义，知识产权司法裁判文书应当规范使用消费者法律概念，按照消费者保护法中对消费者的通常理解界定消费者，而不能将产品、服务的制造者、提供者、销售者、维修者等作为"消费者"看待。

（二）用"相关公众"上位概念涵摄消费者保护法中"消费者"概念不能指称的范围，保证商业标识区分功能的实现

商业标识的保护范围、侵权判定虽然最终是由商业标识审查员、法官所做出的，但基本的主体依据却是商业标识的受众群体。商业标识的信息受众群体既包括有关的消费者，也包括有密切关系的其他经营者（如前述案例中提及的经销商、安装商、维修商等等）。由此，为了解决规范使用"消费者"概念后，可能不合理限制商业标识受众实际群体范围的问题，有必要创设一个上位概念。目前，商标领域通常的做法是使用"相关公众"这一概念，我国《商标法》第14条将"相关公众"作为驰名商标认定的参考因素，《最高人民法院关于审理商标民事纠纷案件适用法律若干问题的解释》中"相关公众"出现了9次，将其扩展为商标近似、商

品类似等侵权认定的重要工具,并且于第 8 条特别规定:"相关公众是指与商标所标识的某类商品或者服务有关的消费者和与前述商品或者服务的营销有密切关系的其他经营者。"《欧共体商标条例》也采用类似方法,第 40 条和 56 条均规定因注册商标违反"绝对理由"条款而请求对该商标驳回或撤销的公众"应当包括生产者、制造商、供应商、经营者、消费者"[23]。商标法这种清晰界定"相关公众"与"消费者"关系的做法可以扩展到外观设计专利、商号、产品特有名称等整个商业标识领域,建议在今后知识产权裁判文书中,尽量使用"相关公众"替代目前广泛运用的"消费者",以协调消费者法律概念的适用冲突。

(三) 在立法中明确解释"相关公众"含义,并在法律适用中根据个案确定合适的相关公众范围

"相关公众"具有很强的包容度和灵活性,因此,相较于"消费者"也更具有原则性和模糊性,为了提高法律适用的实效,有必要将现行司法解释中对"相关公众"的定义提升到法律的层面和高度,使商业标志审查员、法官和社会公众清晰认知"相关公众"与"消费者"的种属关系。在抽象性的定义之外,还应通过指导性案例示范指引在具体个案中如何选定合适的相关公众范围。不同种类的产品、服务具有不同的相关公众群体,在确定具体相关公众范围时,要注重该类产品、服务的使用状态。绝大多数情况下,产品和服务的使用者是社会大众,例如对于水杯,任何人都有可能是其潜在的消费者,此情形下"消费者"是"相关公众"的主体与核心,"消费者"的一般认知能力和水平就是"相关公众"的认知能力和水平。但另有一些产品和服务,并不是为了满足普通大众的生活消费,例如起重机、机床等,使用这些产品和服务的只能是工厂一类的企业,购买者往往具有一定的专业知识,这时"相关公众"的认知能力标准就不能等同于普通、大众化的"消费者","相关公众"与"消费者"就发生了分野,应该将该类产品或服务的制造、销售、购买、安装及维修者等作为"相关公众"的构成主体。

参考文献:

[1] 查士丁尼. 法学总论·法学阶梯[M]. 张企泰,译. 北京:商务印书馆,1993.
[2] 北京市高级人民法院(2008)高行终字第 684 号行政判决书[Z],2008.
[3] 王利明. 消费者的概念及消费者权益保护法的调整范围[J]. 政治与法律,2002(2):3-12.
[4] [日]金泽良雄. 经济法概论(修订本)[M]. 满达人,译. 北京:中国法制出版社,2005.
[5] Bryan A Garner. Black's Law Dictionary. 7th ed. West Group,1999.
[6] 谢晓尧. 消费者:人的法律形塑与制度价值[J]. 中国法学,2003(3):16-24.
[7] 北京市高级人民法院(2008)高民终字第 1395 号判决书[Z],2008.
[8] 安徽省高级人民法院(2010)皖民三终字第 0026 号判决书[Z],2010.
[9] 最高人民法院(2008)民申字第 758 号民事裁定书[Z],2008.
[10] 北京市第二中级人民法院(2003)二中民初字第 06286 号判决书[Z],2003.
[11] Michael J Allen. Who Must be Confused And when?:The Scope of Confusion Actionable Under Federal Trademark Law [J]. Trademark Rep,1991(81):209-254.
[12] [法]让·雅克·卢梭. 社会契约论[M]. 徐强,译. 北京:中国社会科学出版社,2009.
[13] 李友根. 论经济法主体[J]. 当代法学,2004(1):68-75.
[14] 黄茂荣. 公平交易法理论与实务[M]. 台北:台湾植根法学丛书编辑室,1993.
[15] 梁慧星. 从近代民法到现代民法[M]//梁慧星. 民法学说判例与立法研究(二). 北京:国家行政学院出版社,1999.

[16] 梁慧星. 消费者运动与消费者权利[J]. 法律科学,1991(5):35-40.
[17] 应飞虎. 论经济法视野中的弱势群体——以消费者等为对象的考察[J]. 南京大学学报,2007(3):67-74.
[18] 范建得. 消费者,向前行——谈消费者保护的内涵[M]. 台北:台湾汉兴书局有限公司,1994.
[19] 孔祥俊. 商标与不正当竞争法[M]. 北京:法律出版社,2009.
[20] William M Landes, Richard A Posner. The Economics of Trademark Law[J]. TMR,1988(78):270.
[21] 谢晓尧. 论识别性标示的竞争法保护[J]. 法学评论,2000(3):101-107.
[22] 李明德. 美国知识产权法[M]. 北京:法律出版社,2003.
[23] 张爱国. 商标法中的"消费者"与"相关公众"[J]. 中华商标,2011(5):30-32.

(责任编辑:宋亚辉　审校:陆　璐)

论动机错误

朱奕奕[*]

摘 要：通常来说，动机错误并不属于典型错误的内容，因其并未出现意思与表示不一致，故其并不影响意思表示效力。然对此不能一概而论，倘动机错误得以表诸外部成为行为之附款，则应视为内容错误；倘当事人双方皆产生动机错误，则应适用行为基础障碍予以规制，风险由双方共同承担。性质错误，作为动机错误的例外，法律赋予当事人以撤销权。《民通意见》第71条对重大误解制度进行了规制，其中应解读出性质错误。动机错误的研析，着实有利于我国未来错误制度之完善。

关键词：错误 动机错误 性质错误 重大误解

Research on motivation mistake

Zhu Yiyi

Abstract: Generally speaking, motivation mistake does not belong to real mistakes, because the intention and expression are not inconsistent in this circumstance. Therefore, there would be no influence on the effect of the intention and expression. However, this conclusion is not absolutely right. When motivation mistake is shown outside and to be a part of the content of the act, it should be regarded as the content mistake; when both parties are under motivation mistakes, the rectification would be used, both of whom jointly take the risk. Because of the nature mistake, which is an exception of the motivation mistake, the actor can revoke his declaration of will Significant misunderstanding system has been incorporated into our current legal system. The Article 71 of the Opinions on Certain Issues Concerning the Implementation of the General Principles of the Civil Law should include motivation mistake. The research and analysis on these questions would be beneficial to our Mistake System in the future.

Key words: mistake; motivation mistake; nature mistake; significant misunderstanding

---

[*] 朱奕奕，华东政法大学民商法博士研究生，研究方向：民法基础理论，民法债权。

一、问题的提出

人们进行某法律行为往往基于某动机,但是动机存于内心,外人无从知晓。意思表示具有效果意思,其亦为当事人从事法律行为的追逐目标。动机与效果意思共同构成行为的基础,两者如何进行区分,颇费心思。倘行为人主张动机错误时,其主张能否发生真正错误的法效果;倘行为人已将其动机表诸于外,又将如何;倘行为双方皆产生动机错误,行为效力何去何从。如此情形,不能仅以动机错误不影响行为效力而得以解决,必须逐加分析,方能正确判断。由于错误情形纷繁复杂,动机错误更为抽象,故为方便具象分析,本文特设如下二例:

案例一:甲经某消息灵通人士告知,崇明岛某区域将新建上海市最大大学城,将有15所高校入驻。得知此消息后,富有经济头脑的甲立即先下手为强,寻找商机,其以高于时价1倍的价钱向乙在该区域购买了1 000平方米的土地,准备兴建商业大厦,以构成大学城生活中心消费地段。事后,经查得知,市政府并非将大学城规划于此地而是建于松江区,消息灵通人士此时失灵了。面对此种窘境,甲能否以错误为由撤销其意思表示?若出卖人乙明知此区域并非规划之地而仍将土地出卖于甲,甲能否撤销?若甲将购地之缘由告知于乙,又将如何?若乙亦错误地认为该区域将规划于兴建大学城,遂与甲达成买卖之协议,此时法律关系如何?

案例二:甲在松江大学城附近购买房产一处,其拟在此开便利店以服务于学生。但在办理商业登记手续时,其被相关方告知,由于此处房产位于住宅区,房产的住宅性质阻碍了甲的商业打算。试问,甲是否具有救济措施?

显然,上述案件所构造的情形在当今的商业模式中屡见不鲜,尽管案情各异,但实质相近,其所涉及的核心内容即为民法中的动机错误制度,本文将紧紧围绕上述案件所构造的情形探讨动机错误对意思表示效力的影响。

我国《民通意见》第71条首次就重大误解的认定因素进行了明文规整,明晰了行为人对行为的性质、对方当事人、标的物之品种、质量规格及数量等发生错误认识时,可以重大误解为由申请撤销法律行为。由于条文规范甚为简单,导致理论上与实践中对各错误情形的认识并非一致。因此,本文亦将对此进行分析检讨。

二、民法中错误及动机错误:兼议与效果意思的区别

在民法慈母般的眼里,每一个人就是整个国家。民法的私性给予了每一个民事主体充分的意思自治的自由,使其可以将自身所欲之法律效果意思充分表达于外部以实现自身合法的利益追求,此为意思表示自由原则。一般而言,行为人的外部表示即为其内心所欲之意思,然表示与意思内外不一致者亦时常有之,此为意思表示瑕疵。在传统民法理论中,瑕疵的意思表示可分为两种情形:一是外部表示与内心意思故意的不一致;二是外部表示与内心意思无意的不一致。前者包括真意保留、通谋虚伪表示等,后者包括错误及误传。据此,错误乃行为人内心所欲之意思与外部表示偶然的不一致。而根据意思表示所处之阶段,我们可将各"错误"情形进行如下分析:第一步,在表意人意思形成阶段,表意人对其之所以形成

此内心意思的前提事实产生了错误认识,其实质为表意人对意思形成的诱因产生了误判,法律上称为动机错误。显然,在此阶段发生的错误仅纯粹地影响着表意人内心意思的形成过程,但尽管如此,表意人的内心意思仍然得以形成。第二步,表意人为实现自身所欲之效果,必须寻思以何种方式将其内心意思表示于外部。换言之,表意人为实现其意志,须以合适的法律符号将其内心意思向意思受领方进行表述。倘若此时发生错误,法律上称为内容错误。第三步,表意人在寻找到合适的表示符号后,须将其已选择的法律符号表示于外部,如口头、书面或其他形式。倘若在此表示过程中发生错误,法律上称为表示行为错误。第四步,在表意人已将其内心意思表述于外部后,至到达受领人之前,其间还有一个意思表示传播送达的过程,倘若于此传送过程中发生了错误,法律上称为传达错误。第五步,在意思表示顺利到达受领人之后,仍存有一定的风险——表意人所作出的意思表示被受领人误解,尤其是当受领人所理解的意思完全异于表意人的本意时,法律上称为受领人错误(误解)。针对如此众多的错误类型,各国(地区)民法皆在充分尊重表意人意思表示自由及兼顾受领人信赖保护的基础上,以维护交易安全,实现私法自治为导向,对错误制度作出了系统的规范。①

  本文选择以意思形成阶段之"错误"——动机错误为讨论对象。动机错误是指表意人在意思表示时的动因错误,申言之,表意人实质上对其之所以形成如此意思的诱因产生了误判。然动机大多存于表意人之内心,一般难以被窥探,并且动机主要产生于表意人意思形成阶段,其为表意人之所以如此表示的真正动力,正所谓"事出有因"。在动机的驱动下,表意人通过外部的表示行为将内心形成的确定意思公布于众。显然,表意人外部的表示行为即为其内心确定的意思,于此过程并未发生意思与表示不一致,故此,单纯的动机错误,只是表意人在内心意思形成的过程中陷入了错误,[1]416其并不属于意思表示错误。[2][P50]

  动机是表意人作出意思表示的最初出发点,其存于表意人之内心,具有隐蔽性,于此,动机有必要区分于意思表示中的效果意思。有学者尝试将不适用《德国民法典》第119条第2款的动机错误归类为内容错误,以便使动机错误人能够享有第119条第1款中的撤销权,其理由为:对某特定情况的认知属于效果意思之组成部分。[1]425诚然,表意人作出某种意思表示,通常系基于对现在或将来各种事物利害关系所作之判断,在内心意思形成过程中所作出的利害关系判断即为表意人的动机所在,其并没有进入意思表示的法律价值判断范畴;而效果意思系意思表示构成要素之一,尽管其非为必要因素,但其意旨在于表意人作出此意思表示所欲发生的特定法律效果,显然,效果意思已经进入到了意思表示法律价值判断范畴。再者,两者产生的时段亦不相同。动机是催生表意人作出此意思表示的内在动力,其发生在内心意思形成的过程中;而效果意思是表意人通过表示其基于动机而形成的内心意思所欲达成的特定法律效果,其发生在内心意思已确定形成并表诸于外部之时。前文案例一中,甲之所以在该区域购买土地,其真正动机在于,该区域将作为大学城生活消费中心,具有巨大的盈利商机;而甲以高于时价1倍的价钱购买此1 000平方米的土地,其欲发生土地所有权从乙处转移至己处的法律效果,从而享有此1 000平方米土地之使用、收益等权益,此为甲从事买卖行为的效果意思,如此观之,两者区别清晰可见。况且,倘若每种动机都属于效果意

---

① 《德国民法典》第119~122条;台湾地区"民法典"第88~91条;《法国民法典》第1109~1110条;《日本民法典》第95条;《意大利民法典》第1427~1433条;《瑞士债务法典》第23~24条;我国《民法通则》第59条、《民通意见》第71、73条、《合同法》第54条。

思之组成部分,意即将《德国民法典》第119条第2款的动机错误归类为内容错误,则一方面将模糊德国民法中重大和非重大错误之间清晰的法律界限,[1]425另一方面将导致第119条第2款无独立规制的必要。

三、影响动机错误法效果的因素

(一) 一般见解

民法中的错误旨在规制当表意人意思与表示不一致时,意思表示的法效果是否受影响之问题,而在动机错误的情形,表意人在未能正确收集信息的基础上形成了确定的内心意思,并将此意思准确地表示于外,这并不属于意思与表示不一致的情形。故此,动机错误破坏的只是意思的决策,并非典型表示错误的调整范畴(典型表示错误破坏的是意思之表示)。且动机存于表意人的内心,主观思想实难为外部所窥探,否则交易成本巨大;又动机乃法律行为间接的原因,[3]346而意思自由存在的本质与效力完全不取决于动机的正确与否。基于此,民法学中一般认为,"动机错误大抵由于经济上或法律上效果之观察,有所误会,仅于表示之诱引有关,而非意思表示之内容也。"[4]109-110故动机错误与意思表示效力并无实质的联系,易言之,动机错误并不发生民法中典型表示错误的法律效果,其并不能导致意思表示无效或可撤销。否则,以表意人难以窥探的内心动机影响外部意思表示的效力,将导致巨大的交易成本、严重危害交易安全,此与法律所追求的基本价值相悖。正如有学者所述,"原则上每个人都须承担其对于有关重要情形的想法不符合现实情况的风险,而不论其对表意人的决策有何等重要,否则法律行为的效力将会受到一种不可承受的不稳定因素的干扰。"[5]14

(二) 动机错误为他方所知

内心动机并不影响意思表示的效力,已为绝大多数人们所认可,亦符合市场价值之取向。究其原因,即为动机深存于表意人之内心,难以为意思受领人所窥知,如若以此纯主观之思想决定客观意思表示的法效果,显然,与法律基本价值相悖,亦使意思自由与信赖原则失去平衡之点,并将严重破坏法律的安定性、危及交易安全。然倘若动机为他方所知,即表意人将法律行为之动机告知于意思受领人,在受领人明确知悉表意人之动机时,倘若发生动机错误,其是否将对意思表示的效力产生影响,颇值研究。

洪逊欣先生有言,"动机错误不得撤销的实质理由,并非因所误认的事实非他人所得而知,而系基于合理分配危险的思想。表意人对意思形成上有关的事实的认识是否正确为自己应承担的风险,而不得转嫁于相对人,若不愿承担此风险则应设法将此事实设为法律行为的附款,使法律行为的效力系于此等事实的存在或不存在。"[6]335据此,表意人须在充分享受意思表示自由的同时,亦须接受信赖原则之拘束。在表意人将其自身行为的动机告知于意思受领人时,如前文索引案例一中,甲将购地之缘由告知于乙。于此,有学者认为,无论表意

---

① 寻找私法自治与交易信赖之间的平衡是错误制度基本的价值取向,错误制度设立主要之考量因素为表意人不会违背自己的意愿而坚持不符合自己效果意思的表示,然已如上文所述,动机并非效果意思,故动机错误难以适用民法中典型错误制度之规范,否则即为偏离了错误制度之基本价值取向。

人之告知为明示抑或默示,均构成意思表示之内容,此时,若发生动机错误,表意人可根据表示内容错误行使撤销权以使意思表示失其效力。然仅凭表意人将其动机单纯告知之行为,即赋予表意人以撤销权,于此不无疑问。笔者认为,在动机为他人所知的情形应区分考虑,不可一概论之:1.倘表意人只是单纯地将其动机告知于受领人,双方并无将此动机纳入共同合意范围之意思,则此单纯告知之行为并不能使内心动机直接成为意思表示的内容,而其仍然应处于法律调整射程之外,否则以单纯告知与否产生相异的法效果,将严重破坏交易安全,甚至违反一般人之法律感情。①如是,在案例一中,甲仍然不能主张以其动机错误而撤销此意思表示,盖在通常情形下,意思表示受领人并无探究表意人行为内在动机的义务,表意人的动机错误并不影响受领人达成其契约目的,此单纯地告知行为尚不足以转嫁表意人料事错误或投机失败的风险。[7]295 2.倘若表意人不仅单纯地将其动机告知于受领人,且与其明确约定,将此动机纳入合意之中,作为法律行为之附款(条件或期限),则此时内心动机即确定地成为意思表示的内容,法律行为之效力亦系于此动机事实。于此,倘表意人之动机发生错误,其实属表示内容错误,表意人可依据表示内容错误之规定而行使撤销权。②正如王泽鉴教授所言,"表意人为避免承担意思形成上错误的风险,得与相对人约定,使一定的缘由成为法律行为的内容,尤其是作为法律行为的条件。"[7]296在具体适用时,根据我国《民事诉讼法》第64条之规定,当事人应就动机已成为法律行为之附款事实承担举证责任。3.倘意思受领人不仅明知表意人之动机,更知悉表意人作出意思表示系对动机事实产生了错误认识,如前引案例一中,出卖人乙明知此区域并非规划之地而仍将土地出卖于甲,倘此情形乙仍得要求甲履行买卖合同义务,则似有不公。据此,笔者认为,倘意思受领人明知表意人之动机错误,并以此错误为诱而与表意人进行法律交易行为,实乃违反诚实信用原则,此时或可以受领人违反先契约之告知义务,要求其承担缔约过失责任;[8]493抑或主张受领人系权利滥用,不应受保护;③如存在恶意欺诈的情形,亦可主张适用欺诈制度。当然,当事人应就他方已明知其动机,并具有违背诚实信用原则、构成权利滥用、恶意欺诈等事实承担举证责任。于此案中,乙明知此区域非规划之地,但由于甲之出价甚高,获利颇丰,故其并未告知甲之投资行为完全系误判,而是隐而不告,积极促成此项合意,显然乙之行为不甚得体,有悖诚实信用,故法律应赋予甲一定的救济手段(或主张缔约过失或主张权利滥用)以维护自身的合法权益。

(三)双方动机错误

表意人自身对其做出意思表示的前提事实出现认识错误时,其难以据此认识错误而主张撤销意思表示,盖此系意思表示自由所随附合理之危险。然民事主体在进行一定的法律

---

① 参见陈自强. 意思表示错误之基本问题,[J]. 政大法学评论,1994(52):335。德国学者Brox/Walker举例说道:"未婚妻的父亲K在V处为自己即将举行婚礼的女儿购置了一套家具,那么对于与V签订了该买卖合同的K来说,婚礼即是其动机之一部分。即便K明确向V表示,他是因他女儿的婚礼而购买家具的,该动机也无法成为合同之内容,这只涉及将购买的动因说出来。如果婚礼被取消,那么K不能因为此单纯的动机错误而撤销其购买要约。"Brox/Walker, Allgemeiner Teil des BGB,33. Aufl., [M]. München,2008, § 18,Rn. 425。
② 类似见解见于[日]山本敬三. 民法讲义·总则[M]. 解旦,译. 北京:北京大学出版社,2004:129-130;张驰. 论意思表示错误的认定及其效力[J]. 绍兴文理学院学报,2009 (2):14。
③ 例如,药剂师明知病人已逝,仍出售昂贵药物于不知情的亲友,其主张表意人应受其意思表示的拘束,应认为系权利滥用,不受保护。参见王泽鉴. 民法总则[M]. 北京:北京大学出版社,2009:295。

行为时,不仅出于一定的动机目的,亦必基于一定的共同基础事实而达成合意。倘法律行为双方均对此共同基础事实发生了认识错误,如上例中,乙亦认为该区域将规划于兴建大学城,遂与甲达成买卖之协议,于此买卖契约中,甲乙双方共同对构成买卖基础的大学城兴建事宜发生了错误认识,即双方共同发生动机错误时,买卖契约效力如何,下文将对此进行分析。

在确定合同内容时,如果双方当事人一致以对某项事实之认知为基点,则他们的期待或计算均是以此项事实为准,意即此项事实已成为双方评价之基础,倘此基础发生错误,法律应对此情况作出另一种判断。[9]391 笔者认为,在行为双方均对行为之基础事实发生了错误认识时,应与前述单方面产生动机错误之情形有着本质的区别:双方当事人系以一定事实的发生或存在作为法律行为的基础,此项法律行为基础不存在的风险,应由双方共同承担,而不能径认此系"动机错误",不影响法律行为的效力;[7]296 并且由于错误存于双方,亦不应要求主张撤销意思表示的当事人承担信赖赔偿义务。

行为双方主观上共同对行为基础发生认识错误通常发生于"计算错误"中,如甲售乙一定金额之英镑,双方以某报刊载之汇率为兑换基础,事后发现报刊记载汇率过低,甲要求补偿差额;[6]335 又如V向K出售股票,双方均根据在报纸上被错误印刷的、低于股票当日行情的价格计价。[1]476 于此类案例中,双方当事人据以为行为出发点的计算基础被证明是错误的,申言之,此种错误不仅对于双方当事人的意思决策具有重要意义,而且双方当事人皆以此同一错误作为其行为考虑之基础,此时不存在对任何一方当事人的信赖进行保护的必要。盖倘不存在双方的动机错误,则当事人根本不会或者不会以约定的条款为内容缔结合同。因为双方均从错误的动机出发,忠实契约之基础被破坏,此种情况应根据行为基础障碍条款来处理。① 因此,合理的做法是,合同基于双方的动机错误被解除或者按照以下方式被"修改":如果当事人从正确的动机出发,他们会怎样制定合同。倘若一方当事人仍希望要求对方遵守在合同中约定的条款,那么该方当事人即违背了诚实信用原则,法律难谓支持。在主张双方动机错误中,当事人应就构成双方行为之基础事实已不存在承担举证责任。在前引案例一中,若乙亦认为该区域将规划于兴建大学城,遂与甲订立买卖合同,即发生双方动机错误情形,此时乙尚不能坚持要求甲履行合同义务,否则构成权利滥用,有悖于诚实信用原则,甲应根据情势变更原则维护自身的利益。[10]60

四、动机错误法效果之例外:性质错误

(一)性质错误之规制

一般而言,动机错误非属表示错误的调整范围,其对意思表示之前提事实产生的误判系

---

① Brox/Walker, Allgemeiner Teil des BGB,33. Aufl., [M]. München,2008,§18, Rn. 477.学者提出交易基础欠缺或丧失理论(Fehlen oder Wegfall der Geschäftsgrundlage),该理论是在一战后为了使尚存的合同关系能够适应通货膨胀时代被深刻影响的经济关系而发展起来的。交易基础障碍理论考虑到了社会灾难的后果,例如战争或通货膨胀。它应当同样适用于重大给付困难(übermäßige Leistungserschwerung)、目的不达(Zweckvereitelung)、权利义务关系失衡(Äquivalenzstörung)、双方动机错误等情况。另参见 Larenz, Allgemeiner Teil des Deutschen Bürgerlichen Rechts II , München, 1989,§20, Rn. 392ff.

法律行为形成的间接原因,其风险不应由意思受领人来承担。然于此误判之事实中,不乏对法律行为成立有直接重要之关系者,是否将对事实认识错误一律认系动机错误而不许其撤销,系立法者所面临之另一问题。[6]336"动机错误一般不发生效力,只是在例外的情况下才对意思表示发生效力,这个例外通常是指人或物之性质错误。"[11]42此即陈自强教授所谓"有直接重要之关系者"。前引案例二中,甲对此处的房产性质认识产生了错误认识,且此错误认识直接决定着甲从事此次交易之目的,于此错误,甲当如何救济?

性质错误本来属于动机错误,它对交易的效力一般没有影响,但人或物的性质错误在交易上具有重大性时,法律赋予其如同典型错误之效力,表意人可以行使撤销权,这是大陆法系各国认可的规则。法国、瑞士、奥地利、意大利在合同法中均确立了人或物的性质错误制度,德国、台湾地区将性质错误视为表示(内容)错误。[12]328我国《民通意见》第71条亦对人或物之性质错误认识作出了相应的规范。当然,关于性质错误的属性,历来争议甚巨,观点林立,笔者在此不予以罗列。① 由于我国对错误制度立法尚欠健全,故难以考究我国立法之主张,笔者在此坚持拉伦茨教授的观点,性质错误究其本质而言是一种动机错误,而法律通过法定的拟制手段将它的法律后果视同于表示错误。② 然既已属于动机错误,法律何以将其设为特例而赋予其典型错误之效力?考察德国、台湾地区之立法情况,笔者发现,核心之判断因素在于此人或物之性质在交易上具有重要性。

性质是指在交易中从事此种行为时被认为对于评价具有重要意义的情形。如此说来,"交易中被认为是重要的"与其说是一项独立的要求,不如说是对法律规范"性质"一词的意义内涵的解释。所谓人或物之性质,其应在事实和法律上具有显著性,须根植于人或物本身,为人或物本身所显著体现。人之性质,如年龄、性别、职业、知识、政治立场或信贷信用等,其不以当事人双方为限,亦包括与该法律行为有直接关系之第三人。物之性质,如形状、质量、颜色、气味、化学成分等一切构成价值之因素,它们基于物之特性和持久性而对其实用性和价值产生影响。物不以有体物为限,而应在更广泛的意义上理解之,即物是指行为标的。显然,物之通常价格并非价值构成因素,它们取决于市场行情,受市场供需等价值规律影响,不甚稳定,故价格之风险须由评价之当事人自身承担,否则交易难以形成。当然,随着市场交易日益丰富,性质还包括那些"根据交易的观点对人的地位具有影响或对物的使用性或价值具有意义的事实上和法律上的关系,只要这些关系是可以在一定程度上持续存在的。"③

然使性质错误发生效力,不仅在于确定性质存在与否,而且亦得判定此性质在交易上是否具有重要性。重要性者,应以法律行为所追求之典型经济目的而作出判断,并须在主观上和客观上均认为重要。弗卢梅将性质错误与特定合同相联系,拉伦茨将性质错误作为事实上和法律上的关系均说明了此含义。[12]328因此,那些仅被表意人自身视为重要性质者被排

---

① 具体争论者,可参见 Larenz, Allgemeiner Teil des Deutschen Bürgerlichen Rechts Ⅱ, [M]. München, 1989, §20, Fn. 47.

② Larenz, Allgemeiner Teil des Deutschen Bürgerlichen Rechts Ⅱ, [M]. München, 1989, §20, Rn. 379. 相同见解亦参见 Brox/Walker, Allgemeiner Teil des BGB, 33. Aufl., [M]. München, 2008, §18, Rn. 476;史尚宽. 民法总论,[M]. 北京:中国政法大学出版社,2000:405;王泽鉴. 民法总则,[M]. 北京:北京大学出版社,2009:297-298。

③ 德国联邦最高法院认为,对物之所有权非物之性质,因其对"物的使用性及价值"不能产生影响。参见 Larenz, Allgemeiner Teil des Deutschen Bürgerlichen Rechts Ⅱ, [M]. München, 1989, §20, Rn. 382.

除于外了。例如在招募装修工人时,其党派属性难谓重要;然在招募党派工作人员时,则应聘者党派属性即具重要性。虽然,在表意人发生性质错误时法律赋予其撤销权,但撤销权人必须就人或物之性质在交易上重要之事实承担举证责任,且应承担信赖损害的赔偿义务。于前引案例二中,甲对此次交易房产之性质发生了错误的认识,误将具住宅属性的房产认作商业属性,此完全悖于甲最初之交易目的,性质错误具有重要属性,故此,甲可适用表示错误之规范,主张其意思表示错误而行使撤销权,但须向乙赔偿信赖利益之损失。

(二)性质错误与同一性错误

性质错误作为动机错误之例外,法律将其拟制为表示内容错误,赋予其影响意思表示效力之作用。于是,性质错误与同为表示内容错误的同一性错误须进行区分。

所谓同一性错误,即表示所称的或表示依据受领人理解的意义所涉及的人或物,不同于表意人所指的人或物。[9]373 郑玉波先生将其称为"关于当事人本身或标的物本身之错误"。[3]345 在概念层面,性质错误往往能够区别于同一性错误,因为性质错误所涉及的是表意人真实所指向的人或物,只是作为客体的人或物未具有表意人所判断之性质而已。郑玉波先生认为,当事人本身错误系指误甲为乙而言,而当事人之资格(性质)错误,乃系误认甲有某种资格(如误以某人懂英文而实际不懂)而与之成立法律行为(如聘为英文秘书)。所谓物之本身错误乃误以甲物为乙物,而物之性质错误,乃以该甲物具有某种性质,而实则并不具有之情形,如以某画(赝品)误为吴道子之真迹,以某字(摹写)误为王羲之亲笔,皆其适例。[3]345 然当性质旨在辨认某标的物时,两者之区分即变得扑朔迷离,争议不止。① 笔者赞同梅迪库斯教授之主张,两者既已效果相同,基于司法成本、效率考察,实无区分之必要。②

对于同一性错误,笔者认为,在双方法律行为中,当发生同一性错误时,表意人所称之客体与受领人所理解之客体并非同一,双方当事人并未就行为标的取得合意,实则构成隐藏不合意。如甲走进一家马肉店欲购买一斤里脊肉,于此场所出卖人乙自然认为甲所购买的是马里脊,而甲实际想买的是牛里脊。此种情形甲之表示客体并非指向乙所理解之客体,发生同一性错误无疑;而从双方意思表示考察之,此时甲与乙并未就行为标的达成一致认识,实乃双方发生隐藏不合意,买卖合同并不成立。

(三)《民通意见》第71条释义

错误制度源远流长,而我国由于历史因素,并未就错误制度制定完善的法规范,仅于《民法通则》第59条、《民通意见》第71、73条及《合同法》第54条中简略规定了重大误解制度,其中《民通意见》第71条对重大误解进行了列举式的阐述。究其本源,我们发现该制度之设计完全是新中国成立后全面向苏联学习法律制度及法律思想的结果。在《苏联民法》(上册)教科书中阐述了误解的含义,"误解是指某人对法律行为的基本要件形成不正确的概念或者

---

① 有认为两者不可作出区分者,有认为两者虽非常接近但仍可原则作出区分者,参见 Larenz. Allgemeiner Teil des Deutschen Bürgerlichen Rechts Ⅱ [M]. München, 1989, §20, Rn. 373. 有认为两者虽在观念层面上可区分,但认为由于两者最终效果相同而毋须作出区分者,参见 Medicus. Allgeneiner Teil des BGB, 9. Aufl[M]. München, 2006, §48, Rn. 765.

② 陈自强教授认为,在实务中,发生有关性质错误之情形,绝大多数与同一性错误无关;但若性质例外成为特定标的物之用,其错误为同一性错误。参见自陈自强. 意思表示错误之基本问题[J]. 政大法学评论,1994(52):341-342。

缺乏了解；"[13]232-233在俄罗斯学者 E. A. 苏哈诺夫主编的《俄罗斯民法》系列书中亦论述道："因误解而实施的具有重大意义的法律行为,可以被撤销"。[14]347《苏俄民法典》第57条规定."由于误解而实施的法律行为无效……"[15]21《俄罗斯民法典》第178条亦规定："因重大误解而实施的法律行为,可以依照受误解影响一方的请求由法院确认为无效。"[16]101

　　对于我国所采纳的重大误解制度,随着法学研究的全面化,法学界对此概念亦是纷纭众说,有主张与错误含义基本相同者；①有主张错误与误解的主体认识不同者；②有主张错误与误解应严格区分者。③ 因篇幅所限,对于各家观点本文在此不详述,但笔者认为,如前文所述,根据意思表示所处之阶段,误解是在意思表示顺利到达受领人之后而产生,严格述之,其并不属于表示错误之范畴。④ 申言之,当受领人对表意人的意思表示产生误解时,表意人并不能主张行使撤销权,因其并未产生意思与表示不一致之情形；同时,受领人亦不能就此主张撤销,因其并未基于此误解而作出对应表示；倘受领人基于此误解遂而作出相应意思表示时,此时受领人即可主张错误制度之适用。然在我国现行法未作出重大改变之前,尽管"误解"一语容易引人误解,但为追求法之稳定性,我们仍应基于现行法而作出理解,误解与错误在本质上含义所指一致,即表意人偶然出现意思与表示不一致之情形,只是用语相异罢了。⑤

　　基于此,我们方能更准确理解与适用我国重大误解制度,在《民通意见》第71条中,重大误解包括对行为的性质、对方当事人、标的物的品种、质量、规格和数量等发生错误认识。逐一析之,对行为的性质认识错误,应为意思表示内容错误,如误借贷为赠与；对对方当事人认识错误,如对当事人本身认识错误,即产生同一性错误,属于表示内容错误,如对当事人性质认识错误,即属于性质错误,其错误认识须在交易上认为具重要性者方可予以撤销；对标的物数量认识错误,此错误一般由于表意人误写、误言而引起,故其为表示行为错误；对标的物品种、质量和规格认识错误,此为典型之性质错误,如其错误认识对交易目的甚为重要者,表意人得主张行使撤销权。由此观之,我国重大误解制度规范亦甚清晰,对于动机误解只规范了性质误解,且仅为重大误解时方可向法院申请撤销,其不仅符合苏联民法之规范思想,⑥亦与德国等地区法律规范一致,可资赞同。

　　至于第71条所规范之"造成较大损失"要件,笔者认为,此不应成为表意人行使重大误

---

① 参见唐莹.论意思表示错误[J].比较法研究,2004(1):38；王利明、崔建远.合同法新论·总则[M].北京:中国政法大学出版社,2000:283-285。

② 参见彭万林.民法学[M].北京:中国政法大学出版社,1999:155；刘守豹.意思表示瑕疵的比较研究[M]//梁慧星.民商法论丛(1).北京:法律出版社,1999:98-99。

③ 参见张淳.论我国民法错误制度的重构[J].江海学刊,2003(6):123-124。

④ 史尚宽先生认为,错误系表意人方面,于意思表示成立之际之误,误解系受领人方面于了解意思表示时之误。误解对于意思表示之效力,不生影响。参见史尚宽.民法总论[M].北京:中国政法大学出版社,2000:395-396。

⑤ 其实,仔细考察苏联民法学说,我们发现,在苏联民法中,误解亦是指在法律行为的实施中意思表示不符合其一方当事人的意志,从而发生了与当事人实际意欲所为不同的后果。于此观之,将我国误解理解为与错误语义相同,并无不妥,而且可谓正确。参见[俄]EA苏哈诺夫.俄罗斯民法(第1册)[M].黄道秀,译.北京:中国政法大学出版社,2011:347。

⑥ 在《苏联民法》(上册)教科书中作者阐述道："对法律行为动机的误解,是无关紧要的。但是,当动机被列入法律行为作为它的条件时除外。"参见[俄]B格里巴诺夫,CM科尔涅耶夫.苏联民法(上册)[M].中国社会科学院法学研究所民法经济法研究室,译.北京:法律出版社,1984:233；《俄罗斯联邦民法典》第178条第1款第2项："……对法律行为动机的误解不是重大误解。"俄罗斯联邦民法典[M].黄道秀,译.北京:北京大学出版社,2007:101。

解撤销权之构成要件。因错误制度旨在当表意人意思与表示不一致时,保护表意人之意思自由,其核心评价点并不在于经济损失之大小。况且表意人行使撤销权时,反而需要向受领人赔偿信赖利益。因此,笔者认为,在性质错误中有"交易上重要者"要件限制已足。有学者对拉伦茨教授就性质错误的重要性以经济目的为准的主张产生了误解,认为表意人之所以行使撤销权是因为自身利益遭受了较大损失。[12]329 笔者认为,利益受损确实促使着表意人积极行使撤销权,但拉伦茨教授主张的核心并非在于"经济"层面,而是以"交易中经济目的"之实现为基准而对人或物之性质的重要性进行判断,其核心在于重要性之评判。再者,人们在从事法律行为时,追求的经济利益大小不一,倘若只允许经济利益较大者行使错误之撤销权,则难免造成法律不公,"错误(误解)制度"亦有可能成为经济利益集团左右交易行为之特权,对小本经营者危害甚大,此与错误制度之基本价值取向相悖甚远。最后,取经于他国成熟之法制,可以发现德国、日本、意大利、法国等国家皆无此限制要件。因此,笔者认为,第71条规范"造成较大损失"要件不甚得当,其不仅无谓地限制了撤销权之行使,且易造成法律规则实施之不公,违反法制理念。

五、结语

一般言之,动机错误并不属于典型表示错误之调整范围,因动机只对表意人意思之决策产生影响(最终导致产生此意思或彼意思),并不影响表意人将内心意思表诸于外部,意思与表示两者实为相符,意思表示自由并未受到侵犯。又动机深存表意人内心,他方难以窥知,当表意人动机发生错误时,法律并不要求意思受领人须认知表意人内心之错误认识,故其难谓对意思表示之效力产生影响,意即表意人须自身承担意思决策错误之风险。诚然,表意人为避免此风险完全由其自身承担,可将其内心动机纳入意思表示内容中而作为法律行为之附款(条件或期限),使其明确地产生法律效果。然倘表意人只是单纯地将其动机表述于外,此并不能遽然产生决策风险转移之效力。倘意思受领人不仅明知表意人之动机,更知悉表意人作出意思表示系对动机事实产生了错误认识,笔者认为,倘意思受领人以此错误为诱而与表意人进行法律交易行为,实乃意思受领人违反诚实信用原则,此时或可以受领人违反先契约之告知义务,要求其承担缔约过失责任;抑或主张受领人系权利滥用,不应受保护;如存在恶意欺诈之情形,亦可主张适用欺诈制度。倘当事人双方产生动机错误认识,则此交易行为基础必受严重影响,故此种情况应根据行为基础障碍理论(情势变更原则)来处理。性质错误,作为动机错误之例外,法律赋予其影响意思表示效果之作用力。然关于人或物之性质在交易上重要性之认定须谨慎为之,囊括主观及客观之考察。

对于错误之规制,我国设立了重大误解制度,赋予当事人有权撤销其错误之意思表示。尽管"重大误解"一词着实引人误解,但是考察立法之本旨,其意在规制当事人意思与表示不一致之情形。故笔者认为,我们仍应基于现行法之规定,认定误解与错误在本质上含义所指一致,只是用语相异。性质错误亦规制于《民通意见》第71条,只是增加了"造成较大损失"之限制,对此,笔者认为此限制实属不当。基于此文,笔者亦期待,在将来民法典正式出台之时,对上述不当之处予以妥正,则本文研究价值即已达到。

参考文献：

[1] Brox N, Walker W D. Allgemeiner Teil des BGB[M]. München, 2008.
[2] [德]哈里·韦斯特曼;哈尔姆·彼得·韦斯特曼,修订. 德国民法基本概念[M]. 16版. 张定军,等,译. 北京:中国人民大学出版社,2013.
[3] 郑玉波. 民法总则[M]. 北京:中国政法大学出版社,2003.
[4] 梅仲协. 民法要义[M]. 北京:中国政法大学出版社,1997.
[5] 张驰. 论意思表示错误的认定及其效力[J]. 绍兴文理学院学报,2009(2).
[6] 陈自强. 意思表示错误之基本问题[J]. 政大法学评论,1994(52).
[7] 王泽鉴. 民法总则[M]. 北京:北京大学出版社,2009.
[8] Werner Flume. Das Rechtsgeschäft [M]. Berlin: Springer-Verlag, 1992.
[9] Larenz. Allgemeiner Teil des Deutschen Bürgerlichen Rechts II [M]. München, 1989.
[10] 韩强. 情势变更原则的类型化研究[J]. 法学研究,2010(4).
[11] K Luig. Savignys Irrtumslehre [M]// Ius Commune, 1979.
[12] 梅伟. 意思表示错误制度研究[M]. 北京:法律出版社,2012.
[13] [俄]B 格里巴诺夫,CM 科尔涅耶夫. 苏联民法(上册)[M]. 中国社会科学院法学研究所民法经济法研究室,译. 北京:法律出版社,1984.
[14] [俄]EA 苏哈诺夫. 俄罗斯民法(第1册)[M]. 黄道秀,译. 北京:中国政法大学出版社,2011.
[15] 中国社会科学院法学研究所民法研究室. 苏俄民法典[M]. 北京:中国社会科学出版社,1980.
[16] 俄罗斯联邦民法典[M]. 黄道秀,译. 北京:北京大学出版社,2007.

（责任编辑:王禄生　审校:王禄生）

不兼容的排除合理怀疑

韦永睿[*]

摘　要：中国大陆与英美法系诸国拥有截然不同的刑事程序，导向不同的认知过程。证明标准之用语是此种区别的反映。新修订的刑事诉讼法却将"排除合理怀疑"作为证据确实充分的标准之一，这至少是立法技术的失误，实践中恐生龃龉。

关键词：排除合理怀疑　内心确信　认知过程

Abstract：Criminal procedures between China and those countries under common law system are very deferent, leading to different cognition processes. The terms of the standard of proof are reflections of such a distinction. However, the newly revised Criminal Procedure Law shift beyond reasonable doubt as one of the criteria of evidence is reliable and sufficient. This at least is legislative lapse and may cause discord in practice.

Key words：beyond reasonable doubt；inner conviction；cognition process

一、导论

新修订的刑事诉讼法有着许多引人注目的改变。第五十三条写道："证据确实、充分，应当符合下列条件：……（三）综合全案证据，对所认定事实已排除合理怀疑。"应当说，如果我们满足于纯粹的字面含义，那么并无不妥：它不仅用语精当，并且与前文语境毫无违和。但众所周知的是，"排除合理怀疑"一语已有成义，乃是《美国统一证据规则》明定的重要证明标准"beyond reasonable doubt"的通译。如果考虑到这一层，这个用语就显得颇为怪异。

"排除合理怀疑"一语不能与确实充分标准兼容，这似乎令人摸不着头脑。我国的证明模式被认为是自由心证的分支[1]；一种有影响力的观点认为，内心确信与"排除合理怀疑"几乎是同义词，最多也只是一个问题的两种表述罢了。① 然而本文将致力于论证：事实认定者的认知过程，受制于刑事程序的权力结构和目的；因此，不同制度环境下的用语，不宜轻易套用。应当预先说明的是，笔者的分析主要基于达玛什卡教授所提出的研究思路，亦即"科层型"与"协作式"以及"政策实施型"与"纠纷解决式"这两组概念。

---

[*] 韦永睿，四川大学法学院博士研究生，广西大学讲师。研究方向：证据法学和刑事诉讼法。
① 一些学者将两个概念不加区分地使用，参见参考文献[2]、[3]110。

二、司法运作的两组模式

(一) 不同权力结构的模型

达马什卡教授首先提出了权力结构的两个模型,分别称之为科层式理想型和协作式理想型。他从三个角度描述了两个模式针锋相对的特征,即:公职人员的性质、他们之间的关系,以及他们做出决策的方式。在科层式理想型之下,官员是职业的,被排列在严格的等级秩序中,按照技术性的标准进行决策。相反,在协作式理想之下,权力由一些外行人士行使,没有明显的上下级关系,紧接着,达玛什卡教授分别描绘了两个模型之下法律程序的图景。科层理想型的程序涵义包括:按部就班的递进式程序,上级审查发挥着重要作用,卷宗管理,渐进式的审判,官方程序的排他性以及按照逻辑法条主义的标准来规制程序。而协作理想型的程序涵义包括:程序活动的集中化,单一决策层级的分叉,信赖口头交流,倾向于在一个较短的时间内集中解决问题以及私人程序行动的合法性。[4]27

这些论述是本文的主要理论基石。不过,笔者打算更进一步。在两个程序模型中,我们都可以发现:有一些特征可以独立存在,有某些特征却似乎是其他属性的必然延伸。

首先介绍科层式程序模型。科层型程序模型的诸特征中,森严的权力等级与分段的程序结构并不依赖其他特征而存在。它们可以被视为一种原生的特征,并分别衍生出其他一些属性。那么,分段式程序结构会带来什么样的影响呢?首先,既然各个阶段都是最终任务不可或缺的部分,那么没有任何理由厚此薄彼。这就使各个阶段在重要性上呈现为大致相等的态势。其次,上一阶段的工作成果如果不能被下一阶段所利用,无疑是极大的浪费。因此,信息应当妥善保存,以便下一阶段利用,或留待上级审查。这就导向了对卷宗的喜好。相对的,言辞证据就较不易于保存。举例而言,要求一位证人在第二审程序中作证,意义是非常有限的:他的记忆可能随着时间推移而模糊;在一审与二审之间的时间里,他可能受到了外部信息的干扰;而且他很难再现第一次出庭时的各种情态,而这些信息在证据法上是有其独特意义的。①

人非圣贤,孰能无过。这提示我们某种形式的质量控制措施是必须的。科层型的权力结构是等级体系下的必然思路,也为上级审查提供了保障。上级比下级更高明,这是所有等级制度中的假设。自然这也决定了资源的分配。这又带来了什么影响呢?第一,它导向了官员的职业化。既然上级相对于下级来说拥有更大的权威和更多的资源,为其付出努力也是值得的。一个致力于此的人将会更好地融入这个体系,最终挤出所有心不在焉的竞争者。另外,既然上级的权威总是大于下级的权威,那么体制内官员的权威自然也就大于体制外私人的权威。诉讼中的行为只有在官方主持下,至少也得是官方监督下,才容易得到认可。这就是官方行为的排他性。与不信任外行相适应的是,体制内的官员容易生成一种互相的认同感。

那么在协作式程序模型中,又有哪些特征是原生性的呢?那就是外行官员。在这种权

---

① 证人出庭久为学界呼吁,但最近才体现在修法中,实践效果仍有待观察。除了学者们常常列举的那些理由外,一个不可忽略的原因是:无需言辞证据,我国的刑事诉讼亦运转良好。

力结构中,权力的行使者并不以此为职业,而是由外行人士充任。既然大家都是门外汉,身份上就不太可能有鲜明的等级,最多只是职务不同罢了。自然,决策时就不会依靠上级的指示,而是靠平等者之间的协商。一个现实的例子是:相比起典型的大陆法系国家,美国的上诉制度是孱弱的。对某项决策的救济,常常通过重审动议,或是另一个平行机构的裁决。关于这一点,后文还将详述。

失去了"体制内"与"体制外"的划分,职务行为的排他性也很难形成:大家都是业余人员,何必看不起相轻呢? 明白了这一点,我们对于英美法系国家里律师广泛参与诉讼行为的现象,就不会大惊小怪。

由业余人士行使权力的体制,往往格外重视塑造一个安全的权力运行环境。在论述为何英美法系国家存在如此繁复的证据规则时,学者们往往宣称:因为事实认定者乃业余人士,他们不可避免地会错误评价某一信息的证明价值,也容易受到表演的影响。这当然是对的。然而,另一个同样重要的理由却很少提及:正如前文所述,平级的权力结构内缺少上级的审查,事后控制多少有些软弱。因此,要想实现质量控制,就得在程序开始之前多做文章。

如果某项决策需要集体做出,又会带来什么影响呢? 显然,官员们都有自己的主业,频繁地召集他们绝非上策。因此,最好选定一个较短的时间段,速战速决地解决问题。这就是程序的集中化。凡事预则立,为了保障这个中心环节的效率,需要充分的准备工作。这也在某种程度上加强了程序前质量控制的意图。

协作式中的决策者更偏爱言辞证据。毋庸置疑,目击证人的当面陈述比起冰冷的卷宗,能提供丰富得多的信息。科层式下的决策者不得不放弃言辞的理由,并不存在于协作式的环境中。虽然缺乏统计数据,仍有理由相信:协作式结构中信息传递的总量,远远小于科层式结构中传递的信息总量。科层式结构中,侦查官员需要将侦查结论制成详细的卷宗交检察官审阅;检察官在起诉时又要制作同样精致的起诉卷宗;这一切在协作式的环境中都不复存在。控方最关心的是证人,特别是关键证人能否出庭,并且能否给出他们期待的回答。另外,既然质量控制主要通过事前而非事后的措施来实现,信息的记录与保存也就显得不那么重要了。这就为言辞证据的茂盛提供了适宜的土壤。

细心的读者已经发现:纯粹的协作式在现实中难觅踪影。时至今日,即使是最为崇尚平行权力而厌恶等级的一些国家,也不得不接受科层式的一些特征来组织其权力体系。同样的影响也渗透到刑事程序中。

(二) 不同司法目的之模型

按司法目的之不同,刑事程序可大致分为纠纷解决式与政策实施式两类。前者固守司法的传统,仅仅致力于解决纠纷;后者则深受近现代国家理念变迁的影响,试图运用法律作为改进国家功能、增进国民福利的工具。

首先考察理想的纠纷解决式模型。正如字面所言,纠纷解决式程序的核心目的只在解决纠纷。并且这个目的之实现,深深植根于私人自治的土壤中。即使纠纷出现,其解决之道亦由当事人自行选择,诉讼只是一种可选的标准方法罢了。另外,并非所有的纠纷都是这个程序的目标。只有市民社会自身无法消化的纠纷,才需要在国家的主持下寻求解决。

---

① 比如人身保护令。

怎样的程序才有助于消弭纠纷呢？最好的办法就是赋予当事人充分的主导权，而决策者则保持完全的消极。这样，如果争议的某一方蒙受不利结果，他只能责怪自己。就算某人如此的不识趣，竟然迁怒于人，也不致动摇公众对制度的信心。

这样的设计，程序正义是一个非常重要的价值①，以使双方都有获胜的机会。纠纷的双方是平等的，由此导向了程序的对称性：两边的权利对称分布，即使其中一方恰好是国家的代表，也不应得到比普通市民更多的特权。但是，这个思路在刑事诉讼中遇到了困难，因为实践表明国家机关相比起普通市民，拥有强大的多的实力；如果程序设计仍然遵循对称的思路，国家几乎永远是获胜的一方，这就违背了"双方都应有机会取胜"的理念。因此在刑事诉讼中，对控方获胜就应设置更多的障碍——比如更高的证明标准、严格的可采性规则，等等。

当事人是程序的主导者。当事人既决定程序的进行，也决定权利的处分。在这里我们看到当事人自治的精神甚至渗入官方立法之中：标准方案并非只有一套，而是非常人性化的准备了多个选项，以便为民众提供参考。

在这样的环境中，律师无疑是重要的。因为当事人的这些权利，只有通过法律专家才能有效行使。

然后将目光转向理想的政策实施式模型。政策实施型程序的原生性特征即是：程序的构建围绕贯彻某一既定政策展开。越有助于实现政策目标的程序，就是越好的程序。显然，这句话已经暗示着这样的思想：程序法的主要价值，在于保障实体法的运行；程序是结果的女仆。

那么怎样的程序才有助于实现政策目标呢？首先应承认世事万千，殊难逆料，立法者无法预料所有的情形。从这个意义上说，立法永远是落后于实践的。与此相适应的是，程序最好采用一种较为概括的语言风格，而不宜过分精细：一方面立法时即预留例外的可能，另一方面充分发挥司法解释和其他非正式渠道的作用，以求使程序具有相当的灵活性以适应时代的变迁。否则难免作茧自缚，使得对程序法的遵守反而妨碍了正确目标的实现。

这种灵活性乍看起来同样是对标准做法的背离，但与纠纷解决式程序中的情形可完全不一样：纠纷解决模型中，采用何种程序的决定权在当事人手中，而这在政策实施模型中是不可想象的。国家运用许多手段，确保公务员成为政策运行的良好渠道。但私人则是不应信任的：没有理由认为，普通市民会和官员一样致力于颇为遥远的政策——前者更容易被自身的利益所吸引。因此与纠纷解决式程序中的图景截然相反的是，程序的控制权牢牢掌握在官员手中。只要看一看程序的启动与终结，就会发现这样一点。如果程序的启动由私人掌握，那么当事人就可自主决定是否通过诉讼来解决某一争议。有时候某一争议有着超出当事人利益的意义，因此国家想要介入以实现其政策目标；但是当事人却根本不打算以诉讼的方式来解决问题，使得国家无处下手。

诉讼的终结也差不多。试想一起案件消耗了大量的诉讼资源，接近得出满意的结果了，当事人却决定终结这一程序，这是对国家政策赤裸裸的规避，并且浪费了诉讼资源。另一方面如果国家认为程序已无必要运行，但却由于当事人的坚持而不得不延续，同样是一种浪费。这些理由足以使明智的立法者宣告：程序的开启与闭合必须由官员掌控。

其二是诉讼的内容。既然大部分的错误决定都是在信息不充分的条件下做出的。那

---

① 关于程序正义的论述，参见参考文献[5]205。

么,要想做出正确的决定,充分地了解情况当然是必须的:所谓兼听则明。但是这样的要求与私人的利益存在如下冲突:当事人未必有兴趣把所有的事项都提交官方裁断:他们只会提交有争议的事项。因此在政策实施模型中,诉讼内容不能交由当事人决定,而同样要掌握在官员手中。法官虽然受到控诉原则的制约,对于诉讼内容仍有置喙空间。

读者可能注意到,刚才的论述已经导向了政策实施型程序一个非常鲜明的特征,即对查明真相的热诚。判决若是不以事实为基础,怎能称得上是一个正确的判决呢？当然这绝不意味着这种程序会为了查明真相而不顾一切。因此,较为安全的说法是:政策实施型程序总是力图达到给定条件下最大化的真实发现。

经过官员的瓜分,留给私人的空间已经不多了。不过这绝不意味着当事人无法参与程序。事实上,当事人常常被视作最宝贵的信息来源,因为他们是最了解"究竟发生了什么"的人。本文并不是说当事人的陈述永远可靠,但也要记得,即使是虚假的陈述亦有其价值。不过千万不要以为国家在为个人的利益消耗资源:后者的利益只不过正好与政策目的重合罢了。

律师的作用自然也随之式微。政策实施模型中,最引人注目的问题是:当事人之利益若与政策目标冲突,律师当何去何从？实践告诉我们极端的答案都不可取。若顺从当事人而罔顾政策,那要律师又有何用？但是,若置当事人利益不顾,又会使当事人不再信任律师,从而使律师制度无法运行。因此折中是必然的结果:律师不应积极说谎,但可消极隐瞒。当然事关重大者除外。

最后一个问题是:如果事后才发现一个判决是错误的,怎么办？在纠纷解决模型中,某种程度上这根本不是一个问题:大家只关心纠纷是否解决,不关心判决正确与否。但在一个追求真理的法官看来,错误应该得到纠正。因此,应当预先设计救济渠道,以纠正错误的判决。当然,这样,判决的稳定性难免受损:朝令夕改亦为智者不取。因此二者如何权衡,正是法律精髓所在。

(三) 小　结

理论上,两组模型是可以自由搭配的。一个科层型的权力结构可以服务于纠纷解决,也可以服务于政策实施。德国的民事诉讼与刑事诉讼就满足上述两个组合的大部分要求。协作式的权力结构也是如此。当然,读者已经发现,完全符合上述某个模型之特征的程序在现实中难觅踪影,但以上的分析仍然是有价值的。因为,这两组模型覆盖了描述一个司法程序所需的主要变量。通过将某一实例与这两组模型的比较,我们可以较为准确地揭示它的风格。

三、中美刑事程序的不同特征

(一) 中国大陆刑事程序的科层型与政策实施型特征

1. 科层型特征

如果我们对中国大陆的刑事程序来一次鸟瞰式的观察,将发现它具备了科层型权力构造的两个基本特征。首先,上级对下级享有全面的权威:上级法院对下级法院的审查全面而深入,并且具有相当的能动色彩(这一点容后详陈);检察院和公安机关的上下级之间则是隶属关系。其次,程序可以被划分成几个大致相等阶段(立案、侦查、起诉、审判、执行),最终的任务——解决被告的刑事责任问题——亦被相应地拆解为几个部分,每个阶段致力于解决任务的某一部分,同时每一阶段都有专门的机关(或者机关的某一部门)负责。

当我们将距离拉近,可以看到次一级的特征也同样存在。让我们从刑事程序的发端开始。刑事诉讼法第一百零七条明白地宣示:纠纷的产生并非刑事程序的前提;侦查机关有权开启刑事诉讼的大门。一旦它决定立案,就有职责搜集各种信息,对真相进行最初的调查。这个调查非常细致。侦查机关拥有相当大的处分权,如果它认为不存在犯罪行为,可以宣告刑事程序的终结。事实上,侦查得到了特别的重视:侦查机关不仅在行为上独立于检察机关,在刑事司法权力结构中亦有一席之地。刑事诉讼法第七条是这一现实的正确反映。甚至因为公安机关的侦查结论是后续工作的基础,再加上一些刑事诉讼之外的原因,侦查机关有时显得比检察院和法院更为强势。不过更多的时候,侦查机关认为犯罪事实已经查清,于是将卷宗移送到检察院,并建议检察院提起公诉。

检察院的工作接近于对侦查机关的结论进行一次复查。为了提高监控的力度,检察官必须讯问犯罪嫌疑人。这似乎与依赖卷宗的倾向不符,却很好地体现了上级对下级的不信任。① 一个合理的解释是:从全国范围来看,侦查机关的调查结果存在较大风险,需要检察机关投入更多精力以确保案件质量,为此放弃一些卷宗带来的便利也是不得已的。如果经过复查(有时伴以必要的修正)检察院大体上认可了侦查机关的结论,它将向相应的法院提起公诉。

第一审程序有点像是审查起诉的翻版,但呈现出更多的对抗式特征。笔者这样说,主要基于两个理由:第一,法庭审理比检察院的审查更少地依赖卷宗。刑事诉讼法明确规定重要证人必须出庭,但在审查起诉过程中并无此等要求;这就使得法官比起检察官来,拥有更多卷宗之外的信息渠道,相应的就减少了对卷宗的依赖。第二,检察院虽然同样被设定为主持公道的国家机关,但在律师面前还是更像一个对手;相形之下法院更为中立。

第二审程序似乎有一些倒退:在这里,法官对卷宗的依赖再度增加。但这并不是一种反动,而是由于言词证据不易固定,难以传递到诉讼的下一个阶段,因而不得不回到卷宗上来。上级法院审查是全面而深入的,不仅涵盖事实与法律问题,甚至在共同犯罪案件中,只要其中一人走到了第二审程序,全案都将被再次审理。这无疑是上级权威的一种体现,并通过"有错必纠"的宣言获得其正当性。审判监督程序按照处理的结果而有所不同。如果发回重审,相当于再走一次一审或二审程序。如果提审,则是一次独立的上级审查,其判决具有终局性。审判监督程序中,上级的权威体现得淋漓尽致:无需任何申请,上级法院可自行决定启动这一程序。学者们通常宣称上下级法院之间是监督关系,而有别于行政机关上下级间的隶属关系。然而通过审判监督,上级法院可以干预下级法院的大部分最重要的决定。第二审程序与审判监督程序都是一种救济。中国大陆的救济,单从权力结构的视角看,是相当完善的。这也较接近典型的大陆法系国家而有别于英美等国。②

对卷宗的依赖体现在本次刑事诉讼法的修改中。众所周知的是,1996年之前的刑事诉

---

① 将检察院看作公安机关的上级似乎有些讽刺,但至少在立法者的预期中,检察机关有权监督公安机关。
② 普通法传统并未包含常规的上诉渠道,参见参考文献[4]91。

讼法规定:检察机关决定起诉时,应向法院移送全部案卷材料。这被称为"全案移送"。这一作法招致了很多批评,认为它实乃庭审虚置化的元凶。因此1996年修改为仅移送证据清单和主要证据复印件,以免法官形成预断和庭审走过场。这种背水一战的态势并未收到立法者期待的效果:因为失去了最重要的信息来源,法官显得不知所措,无法承担主持庭审的重任,也难以在判决书中展开心证过程。结果是2012年又回到了全案移送。这被不少学者视为一种倒退并受到了批评,但学者们似乎并未提出比第一次修订时更多的理由。①

所有阶段中,私人的行为都受到压制。律师有时甚至被视为对国家行为的妨碍。侦查阶段律师的权利受到极大限制:提供法律帮助;代理申诉、控告;申请变更强制措施;了解罪名和案件的初步情况。到了审查起诉阶段,事实调查的主体工作已初步完成。这时律师才能得到全部的权利。

律师的取证活动始终低人一头。国家机关在搜集证据时,有关的单位和个人必须配合;甚至行政机关所搜集的信息,亦可以在刑事程序中用作证据。与之形成鲜明对比的是,律师的取证活动处处受限:掌握着证据的单位和个人没有向律师提供证据的义务;如果某项证据被律师认为十分重要而对方不太配合,律师只能向检察院或法院求助。可以设想在一些情况下这无异于与虎谋皮。刑事诉讼法第四十一条将证人做了党派性的划分,并施加了进一步的限制:辩方如欲向被害人及其近亲属、被害人提供的证人取证,不仅要得到对方的同意,还要经检察院或法院许可。

由上述分析可见,科层式模型的大部分特征,都存在于中国刑事程序之中。

2. 政策实施型特征

中国的刑事程序印着深深的政策实施之烙印,虽然这种风格的大部分负面效果都已削弱。让我们仍然从一次鸟瞰式的概览开始。司法的目的是什么呢?是实现"法律效果与社会效果的统一"②。法律之运行若产生一个仅仅合乎法律的决定,这是远远不够的。司法也和政府的其他活动一样,服务于某种更高的目标。诚然,上述用语中也提到了法律效果,并将其置于社会效果之前,这似乎赋予了法律效果更为优先的地位;但我们记得语言永远是模糊的,即使某一语词的核心含义无可辩驳,它却无法保有一个清晰的边界;通过法律解释可以大做文章。并且,立法者往往会预留一些空间,以免作茧自缚。于是,法律效果的实现有时不过是一种找法活动罢了。但是上级所期待的社会效果却不能规避。两个现实的案例有助于说明这个问题。其一是药家鑫案。最高人民法院《关于贯彻宽严相济刑事政策的若干意见》中规定:"对于自首的被告人,除了罪行极其严重、主观恶性极深、人身危险性极大,或者恶意地利用自首规避法律制裁者以外,一般均应当依法从宽处罚。"其他的规范也都体现了类似的精神。但这并不妨碍药家鑫的判决:因为没有一个文件规定绝对不能对自首者判处死刑立即执行。这不禁让我们想起政策实施型程序喜爱原则性的用语风格,并常常给例外留出足够空间。相反,美国的立法者宁愿创制许多例外,以至于有些头重脚轻;也不愿让法官或陪审团来决定某个证据应否被排除。③

这种法律效果向社会效果的妥协,在与其他案件的横向比较中会看得更为清楚。药家

---

① 对全案移送的批评,参见参考文献[6]。
② 关于法律效果与社会效果的统一,参见参考文献[7]、[8]。
③ 传闻规则有几十个例外,这种现象已经引起了学者的讥评,参见参考文献[9]367。

鑫的行为不会比李昌奎更为恶劣,但云南省高级人民法院在对后者的第二审程序中改判其死刑缓期二年执行。虽然这个判决又被后来的审判监督程序更改为死刑立即执行,但相比起药家鑫一案中坚决彻底的态势,实有高下之别。并且,判决反复更改的过程本身就是值得玩味的。在审委会讨论、院庭长把关的机制下,一个法院做出两个不一致的判决并不多见,因为这违背了司法统一的要求。是什么强大的力量促成了这一点呢?两次判决做出的这段时间里,法律规定并没有改变,唯一改变的是民众对此的关注,以及由此引起的上级的介入。

司法的目的在于贯彻某种政策,这明确地体现在立法中。刑法和刑事诉讼法的第一条都宣告了这一点。为了把它落到实处,还有许多配套的措施。检察机关上下级之间是隶属关系,奉行上命下行,这使上级对下级的控制便捷而有力。法院系统上下级之间是监督关系,而有别于隶属关系,但我们看到这种监督绝不软弱。审判监督程序几乎能修改所有的判决。这一程序是能动的,它可被上级法院依职权提起,而不依赖任何形式的申请。① 这种上级对下级的约束还表现在每一个具体的法院中。刑事诉讼法第一百八十条排除了在重大案件中出现意外判决的风险。虽然这有悖于影响广泛的直接言辞原则,但却是上级控制的有力武器。虽未体现在立法中,但在实践中广受欢迎的院庭长把关机制[10]和案件请示制度[11]337进一步加强了这种倾向。

官员牢牢地控制着程序。刑事诉讼一旦开启,就绝少因为私人的请求而终结。审判中如果出现需便宜处理的情形,最终的决定权都在法官手中。刑事诉讼法第一百八十三条、第一百九十二条等条文均体现了这一点。

必须声明的是,上述论述绝不意味着中国大陆的刑事程序充满混乱。唯结果马首是瞻而罔顾法律条文的做法并不受欢迎,因为这势必导致巨大的不确定性,并使自由裁量过于泛滥,最终只会损害社会效果。只要有娴熟的立法与司法技术,法律效果与社会效果完全可以实现统一:前者很好的服务于后者。

(二) 与美国刑事程序的比较

全面考察英美法系诸国的刑事程序,并在此基础上与中国大陆做一比较,这样的想法受制于作者的学识与本文的篇幅,故而并不现实。在此仅以美国的刑事程序作为比照,希望能够提供某些启发性的思考。虽然在国家权力日益扩张的大背景下,完全的协作式、纠纷解决式的诉讼结构,较之完全的科层式和政策实施式的诉讼结构来说,更不可能存在,但仍可以在美国刑事程序中,窥见浓重的与中国完全不同的色彩。

1. 美国刑事程序中的协作式色彩

科层式的两个出发点——即森严的等级与分段的程序——在美国刑事程序中均显得支离破碎。

(1) 薄弱的官员权威。美国刑事程序中,官员的权威大为弱化。表现在:①事实认定者由不谙法律的外行人士担任,那么职业法官的作用自然受到了限制。②法官、律师和法学院教师之间的流动非常频繁,使得他们形成一个共同体,从而法官作为官员的权威也就不那么突出了。而在中国,虽然也有学者在法院担任实职的个案,法官在大学里挂名教授的情况也

 即使如此,仍然可以看到规避监督的例子:贵阳市小河区法院审理黎庆洪一案。这个例子又可以用于论证加强上级监督的必要性。

较常见,但总的来说学界与政界仍是泾渭分明。③美国上级法院干预下级法院的能力也远远少于中国的同行。上级法院想要干预下级法院的裁判有赖于上诉,但是上诉受到诸多限制。众所周知的是政府方不能就无罪判决提出上诉。另一方面令人惊讶的是,美国最高法院不止一次地表示:被告不享有上诉的宪法权利。[12]在中国,提起上抗诉是不需要理由的。④即使被告提出了上诉并且成功地说服了复审的法官,也绝少出现直接改判的情形;更常见的处理是发回重审。⑤被告还有一种攻击定罪判决的方法是申请人身保护令。人身保护令一般是向联邦地区法院申请。① 联邦地区法院是法院系统中层次最低的法院,因此人身保护令体现的绝非上级权威。⑥对抗式的诉讼结构下,控方在观念上并无什么优越之处。

这一切都使得美国刑事程序中,不存在中国大陆那样全面的官员权威。

（2）突出的审判程序。美国的刑事程序也可以说分成许多个阶段,但这些阶段的重要性远远无法与审判程序相比。诉讼程序呈现明显的以审判为中心的态势。为人所熟知的例子有:细密的证据排除程序,以免审判时间过长;延迟提交证据将受惩罚,甚至招致证据失权的后果。这一类制度除了保障审判的顺利进行之外,对于促进诉讼目的之实现——无论是查明真相,还是解决纠纷——并无更多帮助。

2. 美国刑事程序中的纠纷解决式色彩

（1）双方合意对诉讼的影响。众所周知的是,在美国,控辩双方可以合议决定的事项,尤为众多,并且可以对诉讼产生实质性的影响。其中最为突出者,当属有罪答辩,即被告可通过答辩选择后来的程序内容,以及相应的诉讼结果。[9]64这在中国是无法想象的:被告的供认只是一种证据,事实的真相仍有待进一步调查,以免被告顶替真正的犯罪者承受刑罚。

学者较少提及但同样值得注意的是,双方合议还可以改变刑事诉讼的具体规则。违反规则的行为如果得到对方的默认,则不会引发进一步的问题。假如一方律师违反了某项诉讼规则,如果对方没有及时地叫出"objection",则它就不是一次违规了。法官画蛇添足的介入不仅不会得到感激,往往还会引来抱怨。[14]63

（2）对程序正义的强调。如果解决纠纷是诉讼的主要目标,那么判决是否忠于真相就变得不那么重要。在美国,可以看到对程序正义的高度重视,以及与之相适应的对判决偏离真相的包容。严重的程序违规往往导致诉讼中断,或者判决被上诉审撤销,即使这种违规对于真相的发掘并无损害,甚至有益。但是在中国,只有程序违规危及了判决准确性的时候,才会引起关注。另一方面,只要保障了程序正义,美国刑事程序对实体错误持一种较为宽松的态度,前文介绍的对上诉的限制就表明了这一点;但中国法院的态度则是有错必纠。

（三）小　结

通过前文的分析,读者已经看到:无论是在权力结构还是在司法目标的维度上,中国与美国的刑事程序都各自亲近于两个遥遥相望的极端。可想而知,这种巨大的差异势必对刑

---

① 有的州拥有自己的人身保护令程序,并要求被告必须首先穷尽这些程序,才能求诸联邦人身保护令程序。参见参考文献[13]3。

事诉讼产生直接的影响。即使某一设计或某一行为表面上别无二致,实际上也有着完全不同的内涵。下面我们将回归本文的起点,看看"排除合理怀疑"究竟意味着什么。

四、制度环境下的认知过程

　　经过了漫长的理论准备,我们终于接近讨论的终点。前文已经论述了:中国与美国的刑事程序服从于完全不同的风格。接下来本文致力于论证:这两种迥异的制度环境,将给事实审理者的认知过程造成深刻的影响。中国的法官完全有能力对控方的主张形成确信,这一方面是因为他们肩负着发掘真相的使命,从而拥有了相应的职权;另一方面,上级可能的审查也强化了初审法官探究案件来龙去脉的动因。但是美国的陪审团却难以做到这一点,原因有二:一是他们并无形成确信的激励,只要程序得到遵循,判决就是可接受的;二是他们缺乏基本的事实调查能力,仅依靠控辩双方提供的支离的片段,他们无法对案情形成完整、自治的重构。陪审团能够形成的对控方最有利的认知结果,仅仅是排除了关于这一主张的所有合理怀疑。

(一) 中国大陆刑事程序中法官的认知过程

　　正如前人已正确指出的那样,中国大陆的刑事审判接近于一场官方主持的调查。法官在开庭之前,先通过卷宗了解案件的概况,做到心中有数。这样在随后的庭审中,他就能迅速抓住争点,让双方的证明活动围绕争点展开,而不致枝枝蔓蔓。如果控辩双方都没有回答他心中的某个疑问,他可以自行展开调查。法官调查的手段是丰富而有力的。如果穷尽这些手段仍不能解开法官心中的谜团,控方还有补充侦查的机会。如果从一种竞赛的角度来评价,这一设计令人皱眉:要是控方不能成功证明自己的主张,那就应当宣告他们失败了;法官的调查以及补充侦查的机会简直是对控方的偏袒。但这样做非常有利于查明真相。拥有了这些有力的手段,法官的认知需求完全可以得到满足。换句话说,法官完全有可能真诚地相信:被告应负刑事责任。为了保障这种确信,法官要在判决书中展开心证过程,以免恣意断案。事实认定如果马马虎虎,逃不过上级的检查。刑事诉讼法第二百二十五条、二百四十三条等条文均规定:"事实不清"是启动质量控制程序的原因。

　　中国法官形成心证时的心理过程与日常生活中的认知过程极为相近,这可能亦是用语相似的一个原因。① 如果我们因为过于熟悉而对这些特征的意义缺乏敏感,就像我们感受不到空气的重要性一样;那就让我们把目光转向风格迥异的司法辖区,看看那里的风景吧。

(二) 美国刑事审判中陪审员的认知过程

　　首先必须说明的是,刑事诉讼因为关乎刑法的实施,因而难以保有纯粹的纠纷解决式特征。但是美国的刑事程序堪称最为接近者,因此特别适合作为一个参照物。众所周知,英美等国的刑事司法采用二元制的审理模式。在最为典型的庭审,亦即陪审团审判的场合中,陪

　生活中,国人同样会使用"确信"或相近的用语来表明自己的认知程度。相对而言较少使用"我不怀疑"这样的表述方法。利用百度搜索引擎,以"确信"为关键词进行搜索,结果约1亿条;以"不怀疑"为关键词,结果约1 690万条。

审团才是事实问题及被告人刑事责任问题的决策者,而法官据称致力于解决法律问题。因此真正的事实认定者是陪审团中的各位陪审员。现在笔者将分析陪审团成员探究被告的刑事责任问题时的认知过程。

陪审员们是在一个怎样的制度环境中工作的呢?第一个引人注目的细节是:他们没有发问的权力。沿用一个著名的比喻:陪审员就像法庭上的盆栽,默默地观察着双方的表演。[15]126自然他们也缺少其他的调查手段。这是纠纷解决的导向所决定的:查明真相并非审判的重点,因此他们无须发问;中立性要通过消极性来保障,因此他们不能发问。

与之相适应的是第二个特征:陪审员认知过程中所需的信息主要由控辩双方提供。既然事实认定者没有调查的能力,就只好依赖当事人。这仍然契合于纠纷解决式程序的精神。我们还记得纠纷解决式程序下,官方机构倾向于将所有事项交由当事人操控,以免招来败诉方的抱怨。这带来了两个影响:第一,绝大部分信息带上了鲜明的党派性,属于控方或者辩方。失去这种党派性是危险的,这可能导致双方都不愿援用它。例如,如果一位控方提出的证人却做出了有利辩方的回答,固然是对控方的背叛;但辩方亦不太可能在随后的程序中传唤他,因为辩方律师同样没有把握能从这位证人口中,得出自己想要的回答。这样黑白分明的区别,使庭审带上了浓重的决斗色彩。第二个影响是,陪审员的认知需求无法得到充分满足。如果我们以查明真相的标准来审视控辩双方的证明活动的话,常常得出以下结论:控辩双方所提供的信息根本不合格。在多数场合下,双方都无兴趣展现案情的全貌,而是致力于展现案情中对己方有利的那一部分。有些情况则是双方都不愿提及的,于是通过约定或是默契,它们就被舍弃了,甚至以一种错误的姿态出现在陪审员面前。在《吸血鬼》这个故事中[16]442,弗格森太太如果被推上法庭,陪审员将不得不接受她出现在颈部有伤的婴儿身边,而嘴上全是血的事实。除了福尔摩斯这样的神探,十有八九这会被看作对她极其不利的。为什么她会做出如此反常的举动?陪审员不能查清它,因为他们没有权力发问;也不应查清它,因为在这个问题上没有纠纷。可想而知,陪审员将不得不以一个完全背离事实的假设作为判断的基础之一。不幸的是,这样的信息绝非少数;因为庭审通常集中在一个较短的时间内,所以大量的信息,尽管对澄清真相有所广益,但限于时间只能放弃调查。

在这样的环境下,我们有理由相信:陪审员根本不可能真诚地相信发生了什么;他们只能评估两个故事中的哪一个更好——这也正是大多数民事审判的证明标准。刑事诉讼因为自身的特性而不能满足于这样一个优势证明的标准,而需要更细致的划分。现实需求加上洛克的认识论,其产物就是充满技术色彩的九等级证明标准。不幸的是,这里面并没有"确信"的一席之地。另外值得一提的是,并非所有怀疑都能构成定罪判决的障碍。只有"合理的"怀疑才应排除。这意味着陪审员不能仅仅服从于自己的理性与良知,而要试图站在自身之外来评估案件。① 下面的例子可以很好地说明二者的冲突:《拯救大兵瑞恩》中,为了救援一名大兵瑞恩,组建了一个八人的小队深入敌境。对于这一举动,以下评价是颇为理性的:为了一个普通士兵之安危,不值得将八人置于险境。后来的损失也确实超过了收益。但事实是这部电影受到了广泛的欢迎,可以想见电影院里的绝大部分观众并不是来看一个愚蠢决定的。对于这部分观众而言,是顺从他们的内心来赞扬某种高尚的情感,还是从一个超然

---

① 试想这句话:"上帝不是公义的而是公义。"说"上帝是公义的",即暗示着上帝亦应遵循某个外在的标准,而有悖于其全知、全能、全善的性质。语出圣安瑟勒姆。参见参考文献[17]510。

的角度来进行冷冰冰的计算,将会得出完全不同的结论。在集体评议的环境中,个人观点与外部标准的冲突将进一步凸显:某个陪审员的意见与多数人不同,他如固执已见,显然不合时宜。于是常见的情形是,他似乎被说服了,甚至他自己也觉得自己赞成多数意见;然而,一旦被要求论证多数意见的合理性,他就破绽百出。如此,我们根本不可能期待他真诚地相信多数意见。

这时立法者还能期待什么呢?只能满足于这样一个状况:事实认定者们虽然不敢说它是真的,但有把握说看不出它是假的。这与美国刑事审判制度的其他设计相处融洽。协作式氛围下,质量控制倾向于在事前完成,事后救济则受到压制,因此上诉的审查范围是受限的。同时纠纷解决的目标指示着,事实认定正确与否无关紧要,只需两者心服口服即可。陪审团无需就判决说明理由,前述两个事实即使不是这一现象的成因,也至少为其铺平了道路。这着实让陪审员们大大地松了一口气,因为他们根本无法"展开心证过程"。

五、结 语

确实充分标准与排除合理怀疑标准,植根于完全不同的文化土壤,反映着大相径庭的认知过程:二者总的来说是冲突的。使用"排除合理怀疑"这样一个暧昧的用语,作为"确实充分"标准的注释,虽然凸显了向先进的法治国家学习的良好愿望,但却使其成为狮群中的猛虎,而非野鹤秀立于鸡群。这样的移植难以期待更多的实效。[18]

任何一种刑事司法制度,都存在固有的缺陷。改良应立足于减少其负面效果;若是为了消除这些固有缺陷,而竟想要拔除有关的制度,只会带来意料之外的连锁反应,最终走了弯路。"排除合理怀疑"一语,如果旨在表达一种类似于"排除疑点""排除证据间的矛盾"的思想,何妨在用语上稍加变化;如果指称那个著名的证明标准,不禁使人想起前辈的谶语:它们很可能会在实施的过程中遭到扭曲或阉割。[3]3

参考文献:

[1] 龙宗智. 印证与自由心证——我国刑事诉讼证明模式 [J]. 法学研究,2004(2):107-115.
[2] 李训虎. "排除合理怀疑"的中国叙事 [J]. 法学家,2012(5):52-67.
[3] Peter Murphy. Murphy on Evidence [M]. Blackstone Press Limited,1997.
[4] [美] 达玛什卡. 司法和国家权力的多种面孔 [M]. 郑戈,译. 北京:中国政法大学出版社,2004.
[5] 陈瑞华. 刑事诉讼的前沿问题 [M]. 北京:中国人民大学出版社,2005.
[6] 陈瑞华. 案卷移送制度的演变与反思 [J]. 政法论坛,2012(5):14-24.
[7] 齐崇文. 法律效果与社会效果统一的法理学分析 [J]. 人民司法,2011(11):99-104.
[8] 刘彦辉. 法律效果与社会效果的司法解读 [N]. 光明日报,2010-11-26(9).
[9] 林钰雄. 刑事诉讼法(上) [M]. 北京:中国人民大学出版社,2005.
[10] 王彪. 基层法院院庭长讨论案件机制研究 [J]. 中国刑事法杂志,2011(10):66-76.
[11] 万毅. 底限正义论 [M]. 北京:中国人民公安大学出版社,2006.
[12] 美国联邦最高法院判例 Mckane v. Durston, 153 U. S. 684,687(1894); Jones v. Barnes, 463 U. S. 745,751 (1983).
[13] [美] 约书亚·德雷斯勒,艾伦·C.迈克尔斯. 美国刑事诉讼法精解:第二卷·刑事审判 [M]. 4 版.

魏晓娜,译. 北京:北京大学出版社,2009.
[14] [美]乔恩·R. 华尔兹. 刑事证据大全[M]. 2版. 何家弘,等,译. 北京:中国人民公安大学出版社,2004.
[15] [美]达马斯卡. 漂移的证据法[M]. 李学军,等,译. 北京:中国政法大学出版社,2003.
[16] [英]阿瑟·柯南道尔. 福尔摩斯探案全集(下)[M]. 丁钟华,等,译. 北京:群众出版社,1981.
[17] [英]伯特兰·罗素. 西方哲学史[M]. 北京:商务印书馆,1963.
[18] 龙宗智. 中国法语境中的"排除合理怀疑"[J]. 中外法学,2012,24(6):1124-1144.

(责任编辑:王禄生　审校:陆　璐)

社会管理创新视角下的"微博问政"

曾 佳[*]

摘 要：自媒体时代，公民意识的成长和政府社会管理创新的需求促进了微博问政的勃兴。微博问政以即时、便捷、开放的特点，搭建了政府与公众之间的互动平台，成为公众政治参与的新渠道，但它也存在自身的局限性。目前，我国微博问政掺杂许多非理性因素，问政形式化严重，也缺乏相应的制度和法律约束，这与问政过程中的群体心理、政府的管理能力不足和公信力下降，以及网络自身发展特性有着根本联系。规范化微博问政不仅是民主政治的考量，也是实现社会管理创新法治化的有效途径。

关键词：微博 微博问政 社会管理

View of the Micro-blogging Interaction by the Social Management Innovation

Zeng Jia

Abstract: In the we-media era, the growth of the civic awareness and the requirements of the governments' social management innovation are promoting the micro-blogging interaction. The micro-blogging interaction, which is immediate, convenient and open, provides the possibility of communication between the government and the society on issues of public management. It also has some limitations. However, in an era of information technology like today, increasing irrationality, formalization and the lack of laws and regulations are the most serious problems of micro-blogging interaction, which are basically resulted from the group mind, the government's behavior and features of Internet. It is essential to regulate the micro-blogging interaction in consideration of the democracy and the social management innovation.

Key words: Micro-blogging; Micro-blogging interaction; Social management

就中国社会的发展而言，现阶段大众心理普遍表现出严重的相对剥离感、强烈的受挫心理、广泛的焦虑感、冷漠的人际关系、信任共同体瓦解、不同利益群体存在偏见、浮躁心态和空虚精神世界、缺乏归属感与被重视感[1]55-60，因此公众身处在一个充满迷宫式选择的年代。在这迷茫的年代里，科技的发展为此点亮了希望，它拓宽了政治的表现形式和民主的

---

[*] 曾佳，北京师范大学法学院2013级硕士研究生。

渠道。伴随着微博时代的到来,公众参与的方式更加丰富多样。关注就是力量,围观改变中国。若说"围观"是通向公共舆论的第一步,那么微博就是将"围观"迅速变成一种社会普遍姿态的力量。我们长久讨论的民主政治,正是源自公众的见证和参与。在社会转型期背景下,网络媒体进一步提升影响力,网络舆论正潜移默化地改变传统的舆论格局,微博成为政府问政于民、问需于民、问计于民,公众行使知情权、表达权、参与权和监督权的重要平台。政务微博的出台表明,微博问政已经成为自媒体时代政府社会管理创新的重要工具之一,它不仅拓宽了公众的政治参与渠道,更在一定程度上促进了政府与公众之间的交流互动,逐渐改变我国传统政治中的精英性、隐蔽性和公众参与不足,推动了良性公民社会的构建。

一、微博问政的概念厘定

自微博平台 2009 年发布以来,政务微博经历了 2011 年"元年"、2012 年"发展年"、2013 年"应用年",微博问政开始走向成熟运转。根据人民网舆情监测室《2013 年新浪政务微博报告》显示,截至 2013 年 10 月 31 日,新浪微博平台认证的政务微博总数已达 100 151 个,其中包含机构微博 66 830 个,公职人员微博 33 321 个。然而,学术界对微博问政这一新生社会管理创新工具的概念认识还未统一,相关界定仍然比较模糊。目前,学术界对于微博问政的概念主要包括以下六种观点:一是官方主体说;二是公众主体说;三是互动沟通说;四是属性说;五是功能目的说;六是综合说。[2]这几种说法都对微博问政的现象进行了描述,缺乏权威定义,但基本都认可微博问政是网络问政的一种形式。笔者赞同"互动沟通"说,认为微博问政应当包含两个层面:一是公众问事于政府,向政府表达利益诉求,提出意见,做出评价;二是政府问计于民,公开政务,倾听民意、凝聚民智,实现科学民主决策,解决公众的问题并接受公众监督。因此,微博问政是指政府和公众作为问政主体通过微博平台进行意见交流,针对社会各个领域话题进行讨论,达到汇集民意、凝聚民智、优化决策、监督政务的效果,推进民主政治建设的社会管理创新活动。

微博问政建立于微博平台之上,微博拥有碎片性、即时性、裂变性、草根性[3]等特征,相应的,微博问政也体现出自己的特点:一是即时性。微博作为自媒体的代表,成为公众随时分享自身新闻、真实想法的平台。政务微博自身的影响力及活跃度在逐渐增强,政府即时公开政务信息,有利于加强公众监督,促进决策的科学性和民主性。同时,公众作为微博问政的另一主体也能随时发送微博参与公共话题的讨论,实现与政府部门的即时交流。二是便捷性。政府和公众能够通过多种移动终端畅通地发表自己的意见和想法,公众无需大费周章地组织语言,考虑行文的逻辑性和系统性,但政府通过政务微博发布信息时,需要把握用语。三是开放性。由于微博平台面向所有公众注册,实现点对面的交流,因此政府可以通过微博与公众无障碍互动。开放性决定着公众参与问政的门槛低,这也是吸引政府部门选择微博作为社会管理创新工具的重要因素之一。此外,学者秦前红等根据既有微博案例将微博问政进行了类型划分:主流型、问责监督型、政策决策执行引起争议、微博问政形成"网络群体性事件"、微博声援弱者、特殊个案在微博上引起争议、微博组织和动员人民力量。[4]微博问政,摆脱了传统意义上公众参政议政门槛高的难题,在一定程度上解决了公众与政府之间信息资源鸿沟的难题,增强了公众话语权,有利于公众参与社会管理。

二、微博问政兴起的原因分析

微博问政的兴起有其必然的原因,除了其即时、便捷、开放等工具性价值外,主要是伴随自媒体时代的发展,公民意识开始勃兴和崛起,公众通过网络这一虚拟公共空间主动表达和主张权益,期待同政府间获得一种平等对话,拥有社会主体身份。相对应的,我国政府正在从传统管制型政府向现代服务型政府转型,强调社会管理需要从封闭神秘走向公众参与和透明化。然而,实现了对话才能进一步谈及有效互动,因此政府需要沟通的工具和契机。而微博问政恰好在一定程度上契合了公众与政府的对话需求,促进了民意互动。

(一) 自媒体时代公民意识的成长

公民意识是指人们对推动社会发展进步的责任和义务、享有社会发展成果的权利的自我认识。公民意识包括主体意识、权利意识、参与意识、平等意识、宽容态度、法制观念、责任观念、理性精神等。[5]73 自媒体时代普及了网络的应用,互联网极大地丰富了信息传播的渠道,拓展了公众的视域空间。在这一社会体系中,公众的平等、正义、权利、责任意识日益彰显,传统的臣民意识逐渐淡化。新型公众的主体意识开始成长,引导着公众走出被动的社会角色,开始自觉成为社会管理的主体。随着公民意识的勃兴,公众逐渐参与社会管理,监督公权力的运作,更主动表达利益诉求,试图打破社会精英掌握话语权和主导权的格局,参政议政意识加强。然而现实情形是,公众主动参与社会管理、政府决策的渠道不够畅通,公众往往面临诉求无门的窘境。在社会转型时期,社会存在各种利益冲突和矛盾,公众的利益迫切需要维护,必须寻找合理的表达途径。微博问政因其自身参与成本低的特点成为公众的选择,它降低了公众参与的门槛,扩大了参与主体的范围,使得公众获得更多的知情权和参与权,足不出户就可以获得对公共话题的了解,使得同政府的实时对话也成为可能,也间接强化了社会权力对公权力的约束。

(二) 政府社会管理创新的时代需求

政府社会管理创新是社会管理体制改革的重要组成部分,改革趋势要求社会管理手段从行政手段为主转向综合运用行政手段、法律手段、市场机制以及社会资助和互助等多种手段。[6]285 在政府管理社会的过程中,也亟须对管理介质的工具进行选择。伴随社会的发展,不同的利益群体对政府所提供的公共物品有着不同的需求,利益诉求日渐多元。因此,政府要实现职能目标的转型在一定程度上体现为职能工具的选择,这样才能更好地收集公众各阶层的利益诉求和意见,为政府管理提供信息。同时,我国政府还面临着严峻的政府公信力危机,近年来频发的社会公共事件、群体性事件,不断刺激公众质疑政府的透明性和合法性,极大地削弱了政府公信力。公信力是政府合法执政和社会管理的基础,而政府的合法性基础必须符合民主政治的基本要求。鉴于网络话语权的崛起所引发的社会结构转型,直接挑战了政府的公信力,政府要获得新的合法性资源,就必须把吸收网络民意资源纳入政府再造的视野。[7]45 因此自媒体时代政府应当利用媒体工具加强政府信息公开,回应公众的质疑和诉求。在政府转型的时代需求下,微博问政凭借其平民化的特质和开放性的交流平台,成为自媒体时代下政府履职的关键途径。微博问政作为政府管理的新切入点，以微博传递的信息来弥补和检验政府职能的断层和空缺，以全新视角"零距离"与公众交流，成为政府管理创新的外部动力和支持力量。

三、微博问政的作用及限度评价

1. 微博问政对于促进公众参政议政仅起补充作用

微博问政为公众参与公共话题的讨论提供了一条新渠道，但公众与政府之间通过微博互动并非等于真正达到了参政议政的效果。微博是一种提供人们发泄情绪、交流观点的自媒体平台，其最基本的交流形式在于评论，而微博问政的重要意义在于回应和互动。如果政府仅仅公布日常事务，算不上真正意义的微博问政。一个完整的"微博问政"，不仅仅是公布信息，还应是集合公众诉求、查证相应问题、形成解决方案以及给出明确答复的流程，是一个有问有答、有始有终的过程。[8]微博问政虽然促进了政治民主进程，但网络民意并非等于社会民意。根据中国互联网络中心《中国互联网络发展状况统计报告》，截至2013年12月，中国网民规模达6.18亿，微博用户规模为2.81亿。网民规模中，我国20～29岁年龄段网民比例为31.2%，在整体网民中占比最大；网民学历中，初中、高中、中专以及技校网民所占比例合为67.2%；学生依然是中国网民中最大的群体，占比25.5%。由这些数据可知，微博使用人群主要为青少年，因此微博问政呈现出低龄化和低学历化。青少年群体对政治参与热情高，公民意识强烈，有意愿表达政治意见，积极参与社会管理，但同时又不具有足够的政治理性，极其容易被别有用心的群体利用或煽动。更何况，现代青年人普遍道德感有余而耐性不足，微博140字内容发布限制了公众了解公共话题的全貌，真相往往容易被掩盖，因此信息经常在评论、转发过程中出现扭曲，引发青年人微博问政过程中的无序化，情绪表达的非理性化。除此之外，我国另有一半不接触网络的公民多是社会弱势群体，他们的利益诉求可能更需要被政府倾听。因此，网络舆论不能代表社会主流声音，但又不能忽视它作为社会情绪"晴雨表"的作用。[9]

2. 微博问政作为政府社会管理创新的工具效用有限

微博问政在一定程度上缓解了精英阶层掌握政治话语权的困境，但却并不能被视为普遍的民意表达。因为，一方面，精英阶层在政治生活中具有较强的代表性，在公共领域中往往具有话语权，他们可以通过各种媒介资源放大自身利益诉求，而普通公众即使表达了诉求也并不必然引起关注。比如在微博问政的过程中出现不少"意见领袖"，这些领袖常常因其个人的特质，如已有的地位和名声、信息拥有水平、专业知识水平、网络传播能力等，拥有大量粉丝。在公共话题中，"意见领袖"发表的意见常常汇聚许多诉求、利益和权利，由于部分"意见领袖"也属于精英阶层的一部分，所以公众应当理性对待"意见领袖"，防止变相精英阶层的话语权垄断。另一方面，科技的发展使得现代社会交流日益虚拟化，微博的出现加快了人们生活语言的碎片化。尽管公众有表达的意愿，但却很难投入精力和时间。微博问政作为政府社会管理创新的工具，一旦被精英群体意识到微博载体的影响力，那么这一公共舆论平台很可能被控制和抢占。作为问政主体的公众，面对与政府的信息鸿沟，极有可能沦为舆论的客体。如果公众的网络话语权得不到保证，那么政府所发布的信息将极少被理会。因为根据沉默的螺旋理论，意见一方的沉默会造成另一方意见的增势，如此循环往复，便形成一方的声音越来越强大,另一方越来越沉默下去的螺旋发展过程。①146微博问政的目标是沟通民意,更好地解决社会问题,而不是加剧社会矛盾。微博问政的优势应当被重视,但也不可过分依赖其作为政府履职的工具效用。

四、微博问政存在的问题及原因分析

(一)存在的问题

1. 微博问政掺杂非理性因素

虽说微博问政引导公众参与政治,向公众提供了便捷的参政议政渠道,拓展了公共领域空间。然而,实践中往往出现大量的非理性问政行为,导致公众政治参与的无序化。公众的非理性表达原因可分为内在原因和外在原因。内在原因主要因部分公众自身知识、能力和水平的限制,再加上信息的不对称性和外部环境变化的复杂性,使其在对微博舆论环境以及自身微博问政行为产生的影响存在认识局限。[11]同时,公众还存有"罗宾汉情结",在利益诉求多元的今天,微博成为公众"仇官"、"仇富"的宣泄口。农民工、小商贩、被强拆业主等社会底层人士,他们的利益诉求在微博上往往容易得到公众的支持和关注。外在原因则主要由于存在网络集群。由于目前微博问政方式还缺乏足够的规制,所以当微博成为号召和动员的工具时,公共舆论很容易流向错误的方向。公众在虚拟空间中更容易沉溺在一种群体冲动之中,当一种错误的声音通过网络迅速放大汇成舆论时,往往会把真相掩盖,甚至会导致网络暴力的出现。这种现象也被美国凯斯·桑斯坦定义为群体极化。[1]83所以,在我国网络环境和社会转型双重背景下,微博问政中的"公众的狂欢是上瘾的、孤独的;愤怒是有名义、少证据的;情感是脆弱的、善变的、幼儿化的"[1]67。

2. 微博问政形式化严重

近两年来,越来越多的政府部门、政府官员开通微博,试图与公众进行对话,但微博的开通并不意味着问政效率的提高,反而还呈现出"形式化"的倾向。在实践层面,许多政府部门将微博问政的功能定位为"信息发布",政务微博的信息发布在追求速度的同时却并未强调内容的实质性,微博内容依然只是政府门户网站信息的"二次翻版"或"精简版"。究其根源,公众对微博问政的期待在于听取民意、回应质疑、信息公开,而政务微博公开的信息缺乏实质性,回应公众的诉求较少,回应速度慢,甚至在很多网络突发事件之后失音、失语,缺少网络舆情应对能力。比如,吉林省新闻办公室官方微博"吉林发布"在2013年吉林"六三大火"事故发生后,未及时报道灾难,引导舆论,反而发布与事故无关的"心灵鸡汤"。在网民的"骂声"中,"吉林发布"才发布了微博报道灾情,可是微博用语缺乏平民化视角,通稿色彩浓厚。[12]目前,微博问政的"浅层次政治沟通"[13]极大地挫伤了公众参与的热情。微博问政,重在问政,关键在于互动,没有互动,问政就毫无意义。更值得反思的是,微博问政的"形式化"增加了公众对它持续性的质疑。博客问政的"昙花一现"为微博问政提供了前车之鉴,微博重点彰显个性和开放,它更多承担了政治秀场的功能,而并非发挥了问政力度。

---

① 展江,吴薇. 开放与博弈——新媒体语境下的言论界限与司法规制[M]. 北京:北京大学出版社,2013.

3. 微博问政缺乏制度和法律约束

网络是公共事件的放大器和社会情绪的发泄器,而微博更将这两大功能无限地放大。[13]微博是一个虚拟的公共领域,公众参政议政应当有序、理性。然而,微博问政过程中难免会出现政治参与的无序化,公众因非理性情绪感染、诉求表达不畅、协商机制缺位等原因所表现出的强烈情绪,时刻考验着政府的管理能力。社会管理必须有法可依、有法必依,这也是法治国家、法治政府的应有之义。目前,我国缺乏规范微博问政等网络问政方式的专门法律、法规。各级政府部门极少专门制定规范微博问政的政策、规章。通过检索,全国仅有部分政府部门制定了微博应用管理规定。如北京市政府于2011年12月颁布了《北京市微博客发展管理规定》,主要针对微博用户进行管理;新疆维吾尔自治区政府于2012年11月颁布了《政府系统政务微博客应用管理规定》,主要就政务微博的设立、应用、管理等内容进行了规定,内容详尽,可操作性强。此外,新浪微博社区于2012年5月发布了《新浪微博社区管理规定》,旨在规范微博秩序,但规范效果不够明显。以上出台的规章制度,其法律效力层级较低,不利于微博问政的规范。当然,我国就电子政务领域已出台了几部效力层级较高的法律法规,近年来国家也特别重视互联网的立法监管工作,如2013年9月,两高出台了《关于办理利用信息网络实施诽谤等刑事案件适用法律若干问题的解释》,可是更具约束力的法律并未专门规范微博问政,使得问政过程仍游走于"法外空间"。不过,法律因其自身所具有的局限性——缺乏周延性、具体性、应变性,当它面对科技的迅速发展,一定时间内新领域必将留有法律空白。微博问政网络立法可以滞后,但不可没有。

(二)原因分析

1. 微博问政的非理性化与群体心理密切相关

伴随互联网的普及和微博的运营,公众通过微博评论时事、表达观点,网络民意正逐渐成为一种民意表达的形式,同时,网络民意的非理性也随之诞生。有学者把网络民意的表达称为"广场政治",称这种广场政治总是伴随着理性的丧失和个体被淹没的倾向,认为公众仿佛是处在人声鼎沸的广场上,会产生一种孤单感。因此,近似于德国哲学者弗洛姆所说那种"逃避自由"的倾向就会出现:人们会在一种茫然感中产生自己应该做点儿什么的冲动,并且,倾向于跟随最能感染自己的声音来采取行动。正是具有这种"逃避自由"的倾向,使公众在"群体民主幻觉中造就混乱、盲从和非理性化冲动"[14]。虽然网络民意赋予公众在"广场"上表达的权利,却使他们失去了理性思考的过程;它赋予了个体的"主人幻觉",却让他们沦为无法自控的冲动的行动者。勒庞在《乌合之众》一书中通过群体心理学对群体的行为方式进行了研究,他认为聚集成群的人,他们的感情和思想全都转向同一个方向,他们自觉的个性消失了,形成了一种群体心理,而在集体心理中,群体中累加在一起的只有愚蠢而不是天生的智慧。[15]16,20勒庞提出群体会创造出一些个体所不具有的新特点:个人责任感彻底消失、行动和情感具有传染性、易于接受暗示。微博的兴起将网络中的公众联系在一起,形成微博群体。在微博群体中,公众认为自己的行为责任将归于群体,个人不会因为在群体中的不当言行承担后果。所以,微博群体中的个人在盲目正义感的支配下,言语和行为表现出偏激化,主要在于发泄内心的不满和愤恨,群体的情绪表现出简单和夸张的特点,他们的情感是狂暴的,而这种狂暴又会因责任感的彻底消失而强化。[15]49微博群体中的每个人都不再感到孤立,因此每个人的情感和行动都具有传染性,这种传染性能在最短的时间内使群体的思想达成一致,使意识倾向成为既定事实,形成"民意"。这种"民意"缺少对主观和客观的区分,也绝不是经过讨论后得到采纳的判断。更何况,群体易于接受暗示,在微博中体现为"意见领袖"的作用,他们的言论可接受性强,影响着舆论的走向,指引群体的行为方向,其作为强势群体在网络公共事件中发挥着举足轻重的作用。在"意见领袖"的号召下,群体自身的形象思维惯性推动下,微博群体逐渐走向极端,陷入群体的非理性和无意识状态。近年来的微博事件表明,它们既是群体缺乏理性思维的作用结果,也是个体缺少社会责任感的间接表现。因此,微博问政的非理性化与民意形成过程中群体心理有着千丝万缕的关系,要规范管理微博问政,除了法制手段,更要强调公众个人的网络自律。

2. 政府缺乏微博问政的管理经验,专业素质不高,公信力不足

微博问政之所以出现严重的"形式化"问题,在于政府将其定位于"信息发布"功能。而功能定位的背后则透露出政府的微博管理能力不足,专业素质有待提高。由于微博的裂变式传播方式所具有的"双刃式"特性,使得部分政府和官员对微博产生恐惧和排斥心理,加上政府对政务微博的建设能力不足,对网络舆情回应的失误,这些都极大削弱了微博问政的有效性。在实践中,公众通过@、评论、私信等方式向政务微博表达诉求,希望政府或官员能够积极回应,然而大多数政务微博以"正在办理中"、"无可奉告"等官僚式话语回应,甚至关闭了评论功能,使得微博问政再次成为单向信息流动平台。这种"不会说话"的政务微博,经常遭遇公众的"拍砖"。同时,现实生活中还有不少官员是网盲,他们要么不联网或者把网络当成办公室装饰品,要么不愿意上网或者主动回避网络,这都是与现代政治生活格格不入的避世主义行为。因为回避问题不等于搁置问题,回避矛盾更不等于解决矛盾。[13]此外,在政务微博的运营管理中,政府部门重视程度不高,缺乏专门管理微博的工作人员,也没有相应的规章制度予以规范。出现微博管理事故后,存在反复删除微博的现象,缺少管理问责制度,网络公共舆论成为受害对象,政府公信力受到严重影响。政府公信力是公共权力合法性的来源。政府公信力程度实际上是公众对政府履行期职责情况的评价。信任的因素包括三个方面:一方的期待、需求和评判标准,另一方的态度、行为和结果,第三点就是双方是否进行了通常有效的沟通。[16]在实践中,一些政府部门违法违规、失信于民、损害公众利益;存在严重的官僚作风、形式主义和弄虚作假现象;责任意识淡薄,滥用职权、玩忽职守时有发生;以权谋私、贪污腐败行为频发等,不仅不为公众表达诉求提供通畅的渠道,反而视公众为"暴民"。政府的行为瓦解了公众对政府的信任和认可,使得政府公信力不断下降,执政陷入"塔西托陷阱"。它是指当公权力遭遇公信力危机时,无论说真话还是假话,做好事还是坏事,都会被认为是说假话、做坏事。[17]4此种情绪性和行动性的对立,主要囿于政府与公众之间的信息鸿沟。当政府开始通过微博问政进行民意互动、试图重塑政府公信力时,公众在社会舆论场对政府产生的不信任感,延伸到网络空间,产生"推导性不信任"以及"伤害信任关系的投机行为"。[16]公众在微博中对凡涉及政府、官员、权力、社会公平等问题尤为关注,并且从心理对政府问政行为做出质疑和批判,这种推定带有明显的主观性,是非理性的。因此,当民意带有偏见时,微博问政的互动效果必然是存在偏差的,甚至是呈现负效应的。

3. 网络自身性质导致微博问政法制建设滞后

在人人都是传播者的"自媒体"时代,微博问政过程中也暴露出了网络发展的弊端,网络的虚拟性导致真假信息难辨,负面信息泛滥成灾,公众怀着侥幸心理发表不负责任的言论等。也许,对于公众而言,微博这一虚拟空间是"法无禁止即自由",但是目前我国缺乏有效

的互联网法律规制,因此公众享受着自由的同时更可能面临权利被侵犯的危险。从根本上谈,我国微博问政法律规范缺失的原因可能是政府对微博问政重要性和必要性认识不足,但自十八大以来,中央政府强调"加强网络社会管理,推进网络依法规范有序运行",政务微博如雨后春笋般开始涌现,不少政府部门正逐步制定微博管理的运行规范,凸显政府对微博问政的重视,并着力加强微博问政长效机制的建设,逐渐实现微博问政的自律,如南京市出台了《关于进一步深化政务微博建设和运用的通知》、长春市发布了《关于进一步推进政务微博建设加强政务信息公开的通知》等。因此,有学者认为微博问政法制建设滞后主要由于政府对微博问政重视不够,但该观点并未揭示问题的本质。笔者认为,微博问政法制建设的不足本质在于立法的先天特性和网络的特性之间存在内在张力,故呈现出新领域立法滞后于社会现实的情形,留下立法空白。微博是网络发展过程中的产物,且运营时间不足五年,它是社会管理的新手段和民意表达的新领域空间,因此,微博问政法制建设的滞后必然表征着网络法制建设的问题。首先,立法的滞后性与网络的迅速发展之间存在张力。因为法具有稳定性,有助于维护法律的权威,但社会生活却总是处于不断变化的过程中,就要求法律能随社会生活的变化而变化,由此在立法和社会现实之间存在张力,此种张力在网络领域表现最为明显。网络发展瞬息万变,其中的新问题层出不穷,立法者在立法过程中难以预料未来新兴领域的法律问题,因此若及时立法可能使一些法律一经制定便失效,若不及时立法又难以满足互联网发展的问题需求。所以,在迅速发展的网络领域中,法律经常显得苍白无力。其次,立法的规范性与网络的技术性之间存在张力。传统的立法主要规范现实世界中人的行为、物的归属等问题,但网络的法律规范既包含行为性规范,还包括技术性规范,囿于网络的虚拟性和更新速度快,使得公众很难具体感知相关技术性规范,因此在立法的规范性和网络的技术性之间产生了张力。网络立法要求立法者不仅对立法技术掌握娴熟,也要对网络技术熟练操作,这样才能保证立法能够全面、准确、专业。然而,面对网络技术的日新月异,对网络立法的复合型知识人才的要求将会越来越高,此外已有立法中所涉及的网络技术也将面临与时代脱节的尴尬。如何平衡立法规范与网络技术之间的张力,也是未来网络立法解决滞后性的关键。加强网络立法可以从两方面促进微博问政:第一,可以为公众在微博上行使自己的权利、保护自己的合法权益提供法律支持;第二,有利于政府部门依法进行微博管理。

五、微博问政的规范路径

(一) 引导公众网络自律,提升微博问政有序性

公众是微博问政的主体之一,问政的水平和问政环境的健康程度都取决于公众的个人素质、文化水平和理性程度。尽管微博用户人数庞大,信息量大真假难辨,政府在社会管理时也强调法律规制,但法律是最低限度的道德,公众的道德和伦理应当首要被肯定,严厉的管制手段往往并不能有效消除微博问政中的非理性因素。微博是新的公共空间,面对新领域的秩序规范,法律来不及做出反应时,政府应当首先尊重公众的"自律",即相信公众能够善意使用微博,并且要坚持微博问政的诚实公正、伤害最小化、承担责任三条原则,努力让自律成为微博规范发展的主要力量。[18] 如何提高公众的道德自律?加强公众的自我教育和自我约束能力已成为不容忽视的内容。同时,公众参与微博问政时,要做到尊重他人知识产

权,尊重他人隐私,发表言论要客观、公正、理性,不轻信、不传播没有证据的消息,要尽量阅读完整的微博内容,避免以偏概全。如果公众能够做好自律,自然就无需他律来规范,这也是英国媒介法上"以自律换自由"的理念。蒋永福在《信息自由及其限度研究》一书中将"自律"与中国的"慎独"哲学联系起来。所谓慎独,就是指"一个人独居、独处之时,也要做到谨慎有德"。古代中国人的独处哲学是一种个人伦理自治,而"在网络时代提倡慎独,旨在提醒人们在虚拟环境中能够自觉遵守道德,自觉维护网络秩序"[10]144-145。

(二)构建微博问政应对机制,加强政府网络管理能力

政府是微博问政的另一主体,问政的有效性主要取决于掌握信息资源的政府的主动性,也即政府公开信息的力度、速度和回应度。可是,目前微博问政存在的诸多问题,主要在于政府缺乏对微博问政的管理经验,缺乏对网络信息的应对和引导能力。2011年2月,胡锦涛在省部级主要领导干部社会管理及其创新专题研讨班开班仪式上指出:"要进一步加强和完善信息网络管理,提高对虚拟社会的管理水平,健全网上舆论引导机制。"[19]针对微博这一新兴的自媒体,政府需要充分发挥倡导、沟通以及管理的作用,同时还必须重塑政府公信力,以正确引导微博问政的健康发展。构建微博问政的应对机制,首先,需要政府部门及官员转变问政思想,敞开心胸,接纳公众参与,以抵触情绪对待微博问政,从最初就剥夺了公民被理性对待的机会。其次,应认识到政务微博不仅仅是政府形象的宣传栏,更是沟通民意的好窗口。政务信息需要及时公开,但更要注重回应公众的质疑、诉求。再次,要建立专业的微博管理团队,提升网络传播能力。政府应充分利用网络引导舆论取得主动权,应通过专业的管理水平掌握科学的政务微博宣传方法:速报事实,慎报原因,再报进展;态度诚恳,不否认不推卸;改堵为疏,善于因势利导;公开透明,迅速回应,主动面对质疑;改变官方话语体系,简洁平实,适度庄重。[20]128-133此外,提升政府网络管理能力建设的同时还应当重塑政府公信力,政务公开往往是最佳的途径。全面的信息公开可以有效弥补公众与政府之间的信息鸿沟,不仅有利于消除不实的传言,更能疏导公众情绪,引导舆论的正确走向,从而保障公众的知情权、参与权、表达权和监督权,让权力真正在阳光下运行,重塑政府的合法性和权威性。

(三)完善微博问政法律规范,让其走上法治道路

社会管理的规范性维度包括两方面:一是社会管理目标应当是为了促成社会的规范有序状态,即"法治"状态;二是社会管理的过程与手段应当符合法律规定,不得违背或超越法治要求。[21]因此,微博问政作为政府社会管理的工具,也应当在法律框架内运行,其必将通过法制化实现理性的社会管理,才能保障公众参政议政的有序性。社会管理创新与法治之间呈现有正关联、负关联和非关联三种样态[21],而微博问政属于社会管理创新举措,目前专门立法属于空白状态,所以微博问政与既有法律规定之间不产生直接关联,属于"非关联"样态。由于存在立法空白,微博问政与形式主义法治之间显然不能发生互动。所以,非关联样态下的互动,仅能发生在公正与人权保障的实质主义法治层面。具体可能分两方面:一是实质主义法治的公正与人权保障要求正面支持、促进了理性微博问政的推行,并可能最终促使相关正式法律制度出台;二是实质主义的公正与人权保障要求约束、规范了非理性微博问政手段的发展。[21]目前,我国媒介相关立法刚刚起步,社会管理立法严重缺位,所以加强微

管理和法律规范成为一个紧迫问题。与此同时,微博目前的发展趋势和前景进入到未知阶段,其更面临着"形式化"的致命性"硬伤"。然而,笔者认为,法律应当保持一定稳定性,不能朝令夕改,不能违背信赖原则。如果国家迅速立法,在一定时间内势必有效规范微博问政,但若微博随后被其他新兴自媒体所取代,那么法律将面临"无用武之地"的尴尬境况。所以,学者们与其不断在立法和担忧中徘徊,不如通过提升公众网络自律和加强政府微博管理等措施暂时获取经验,同时建立微博问政长效管理机制,静待微博的进一步发展。当网络经验足够丰富、立法条件足够成熟、微博发展趋势足够稳定时,再将微博问政立法提上日程也为时不晚,要尽量避免"泛立法主义"。

参考文献:

[1] 李彪. 舆情:山雨欲来——网络热点事件传播的空间结构和时间结构[M]. 北京:人民日报出版社,2011.
[2] 刘明. 微博问政研究述评[J]. 华南理工大学学报(社会科学版),2013(2).
[3] 张蓉,郑克强. 试论微博在创新社会管理中的作用[J]. 江西社会科学,2011(10).
[4] 秦前红,李少文. 微博问政的规范化保护需求——基于社会管理体制创新的视角[J]. 东方法学,2011(4).
[5] 朱丽峰. 网络民意与政府回应问题研究[M]. 北京:中国社会科学出版社,2013.
[6] 何增科. 社会管理与社会体制[M]. 北京:中国社会出版社,2008.
[7] 王彬彬. 网络时代的政府革新[M]. 北京:国家行政学院出版社,2013.
[8] 沈亚平,董向芸. 微博问政对于政府管理的价值与功能分析[J]. 南开学报(哲学社会科学版),2012(3).
[9] 王婷婷. 报告称网络舆论不能代表社会主流声音 是社会情绪"晴雨表"[EB/OL]. (2013-09-26)[2014-05-12]. http://money.163.com/13/0926/20/99NN89L300253B0H.html.
[10] 展江,吴薇. 开放与博弈——新媒体语境下的言论界限与司法规制[M]. 北京:北京大学出版社,2013.
[11] 董平平,李扬. 论微博问政中的非理性表达及治理策略[J]. 宿州学院学报,2012(6).
[12] 人民网舆情监测室. 2013年上半年新浪政务微博报告[R]. 2013.
[13] 陈潭. 网络时代的微博问政[J]. 南京社会科学,2012(11).
[14] 周晓杰. 网络民意的意义[EB/OL]. (2011-09-15)[2014-05-14]. http://www.mediaresearch.cn/news/128331.htm.
[15] [法]古斯塔夫·勒庞. 乌合之众:大众心理研究[M]. 冯克利,译. 北京:中央编译出版社,2000.
[16] 贺华. 微博时代下政府公信力研究[J]. 西北工业大学学报(社会科学版),2013(1).
[17] 吴胜武,胡余波. 政府是平的——微博问政改变了谁[M]. 杭州:浙江人民出版社,2013.
[18] 张苏敏. 微博监管:自律与他律[EB/OL]. (2011-09-14)[2014-05-14]. http://media.people.com.cn/GB/137684/15659206.html.
[19] 中国新闻网. 胡锦涛:加强和创新社会管理 健全网上舆论引导机制[EB/OL]. (2011-02-19)[2014-05-15]. http://www.chinanews.com/gn/2011/02-19/2854836.shtml.
[20] 人民网舆情监测室. 指尖上的"政"能量——如何运营政务微博与微信[M]. 北京:人民日报出版社,2013.
[21] 陈柳裕,宋小海. 社会管理创新与法治的内在关系及互动谱系——兼论实现社会管理创新与法治量刑互动的路径[J]. 法治研究,2012(5).

(责任编辑:王禄生 审校:陆 璐)

两岸内幕人交易禁止期间之检视

罗四维[*]

摘　要：为维护市场公平，国家需要对具有特定身份的人在特定期间内的交易行为予以禁止。对比中国台湾地区的"实际知悉"标准，大陆地区以内幕信息形成的时点作为"内幕人交易禁止期间"的起始点，或致无辜的内幕人遭到事后追责，进而对其交易行为产生影响。台湾地区终结点的确定采取的事先类型化操作，若以"市场消化说"为基础视之，则存在法律继受下"效果与目的错位"的情形。相较之下，大陆地区采取"形式公开说"确定终结点的设计，符合现阶段保障形式公平的需要，相关制度设计也与经济社会发展之现实相协调。

关键词：内幕人　交易禁止　形式公开　市场消化　实质公开

Research on the Period of Trading Ban of Insiders between the Cross-Strait

Luo Siwei

Abstract: In order to maintain a fair market, people who have a specific identity should be banned in trading during the specified period by states. Compare with the standard of actual knowing in China's Taiwan, Mainland considers the time that inside information is formed as the starting point of the period of trading ban of insiders, which is likely to lead to innocent people being punished afterwards. Taiwan uses the pre-typed mode to determine the end point of the period. If it is based on the theory of market digestion, the dislocation of effect and purpose occurs in the process of legal successors. In contrast Mainland adopting formal publicity to determine the end point is consistent with the requirement of protection of formal justice currently. Related systems should be designed in harmony with the reality of social and economic development.

Key words: insiders; trading ban; formal publicity; market digestion; virtual publicity

---

[*] 罗四维，南开大学法学院本科生，台港澳法研究中心研究助理，台湾大学法律学系访问学生。

 本文为南开大学"百项工程"本科生创新科研计划资助项目——"内幕交易犯罪在我国司法实践中的争议问题研究"（项目编号：BX11032）的阶段性研究成果，并获得"司法与法学"——首届南开大学法学院本科生学术论文大赛一等奖第一名。

一、引言

"内幕人交易禁止期间"为内幕交易法律规制中的核心议题,其中"起始点"与"终结点"的确定在学理和实践上皆为各方所关注。

中国大陆地区新近出台的《最高人民法院、最高人民检察院关于办理内幕交易、泄露内幕信息刑事案件具体应用法律若干问题的解释》(下称两高《内幕交易解释》),以"内幕信息敏感期"的概念明确了内幕人交易禁止之期间,对于起始点与终结点加以固定。此概念的引入对于填补立法缺失确有正面作用,但在实践中可能产生的效果则有待进一步观察。

海峡两岸虽然同具有大陆法系的传统,但在起始点与终结点的设置上有所差异。本文通过两岸的比较,试就实践中影响内幕人交易行为选择的因素加以探究,分析可能出现的争议问题及应对方法。同时,亦对大陆地区"形式公开说"与中国台湾地区"市场消化说"的司法实践加以对照。并以法律继受中所产生的"效果与目的错位"的情形作为切入点,对两说在实践当中的利弊得失予以讨论。

二、基本概念的厘清

(一) 公开的概念

本文所称内幕信息的"公开",若无特别说明,均为依照两岸实定法①所采行的"形式公开",而非某些"市场消化"论者所主张之"实质公开"②。至于形式公开与实质公开之辨,后文会有所论及。

(二) 内幕人的概念

中国台湾地区及绝大多数法域在实定法中并未对"因具有特定身份而被认为可能获取内幕信息之人"③定以统一的名称,而学理上常以"内幕人"(insiders)④称之。且台湾地区结束内幕人交易禁止期间的时点并非内幕信息公开的时点,因此当事人的内幕人身份不会因为相关内幕信息的公开而消灭。

大陆地区立法采用"内幕信息知情人"的概念。《证券法》第七十四条虽然规定了构成者所需具备的身份,但若"内幕信息"自始不存在,则无论当事人是否具备此类身份,皆无"知

---

① 中国台湾地区现行法律编排顺序为"条、项、款、目",与大陆地区有所不同。法条引用时分采各自规范。
② 有关实质公开的详细论述,参见张军主编:《破坏金融管理秩序罪》,中国人民公安大学出版社 1999 年版,第 270 页;赵秉志主编:《新千年刑法热点问题研究与适用》,中国检察出版社 2001 年版,第 852 页;及胡光志:《内幕交易及其法律关系控制》,西南政法大学博士论文,2002 年,第 224 页。
③ 参见林志洁:《美国联邦最高法院判决与内线交易内部人定义之发展》,载《欧美研究》41 卷 3 期,2011 年 9 月,第 849-883 页。
④ 亦有论者译作"内幕人员"或"内部人"。

悉"的基础。① 当事人即使具备该条所载的身份,也无法被认定为内幕信息知情人。纵观大陆地区立法沿革及各国的司法实践,"尚未公开"皆为内幕信息的构成要件之一②,加之大陆地区立法采形式公开主义,因此系争内幕信息一经公开,当事人的内幕信息知情人身份即当消灭。由于上述立法的特殊性,部分论者也将内幕人一词用作对内幕信息知情人之简称。③

由上可知,在涉及两岸制度的比较时,须对内幕人的概念加以澄清,否则易使读者产生混淆。因此若无特别说明,本文中所称的内幕人即指因具有特定身份而被认为可能获取内幕信息的人。④

(三) 内幕人交易禁止期间的基础理论

有论者将反对内幕交易的代表性学说总结为"维护市场公平说""保护信息财产权说"及"违背信托义务说"三种。

"维护市场公平说"认为滥用其他投资者无望通过自身的努力来克服的信息优势是不公平的⑤,笔者认为该说实质是为了维护内幕人与外部人间的信息公平。

"保护信息财产权说"认为"信息财产的所有人应属于公司,而非内部管理人"[1]57。笔者认为由于公司创造信息财产已付出了相应代价,因此该说本质是为维护公司与内幕人间的信息公平。但此说存在的缺陷在于论者简单地将信息财产权固定于公司之上,而公司是否具有处分其信息财产权之自由本身即是争议问题。如果公司没有处分的自由,此财产权是否存在在实践中并无差异。

"违背信托义务说"认为内幕交易破坏了双方的合作关系,"不仅有碍内幕人员为公司和股东尽力,甚至还会引起相互之间的利益冲突"[1]57。但信托关系原则上属于私法范畴,违背信托义务本有其救济措施,不涉及行政或刑事领域,因此该说的主张不在本文的探讨范围之内。

纵观以上三说,除"违背信托义务说"外,前两说皆涉及信息公平。"维护市场公平说"着眼于"外部关系","保护信息财产权说"则关注"内部关系"。而本文探讨的内幕人交易禁止主要涉及公法上的规制,因此本文所谓的内幕人交易禁止期间的基础理论为"维护市场公平说"。

---

① 若仅以文意观之,此处对内幕信息知情人之构成似采"严格责任",但最高人民法院后以印发《关于审理证券行政处罚案件证据若干问题的座谈会纪要》(下称《纪要》)之方式对此进行了澄清与规范。具体参见《纪要》(法〔2011〕255号),载《司法业务文件》2012年第1期,第38-39页;及马婧妤:《最高法明确内幕交易举证责任》,载《上海证券报》,2011年9月30日,第F01版。

② 参见王润生、余云华:《内幕交易犯罪中"知情人员"和"内幕信息"的认定探讨》,载《犯罪研究》,2012年第4期,第27页。

③ 参见马克昌:《论内幕交易、泄露内幕信息罪》,载《中国刑事法杂志》,总第31期,第29页。

④ 内幕人的具体外延,可参考林胜安对于内部人(insider)的描述:"内部人指公司之董监事、经理人,百分之十的大股东,基于职务或控制关系获悉消息之人(如会计师、律师、营业员、交易所人员、金管会人员),及由述人员间接获悉消息之人。"见林胜安编著:《证券交易法》,台北:书泉出版社 2009 年第 10 版,第 311 页。

⑤ 参见美国《内幕人交易制裁法》(Insider Trading Sanction Act of 1984),转引自齐文远、金泽刚:《内幕交易的经济分析与法律规制》,载《法商研究》,2002年第4期(总第90期),第56页。

三、内幕人交易禁止起始点之检视

（一）大陆地区起始点的立法现状

大陆地区《刑法》第一百八十条规定，"内幕信息尚未公开前"内幕人不得入市交易，但此规定未对内幕人交易禁止的起始点予以明确，甚为论者所诟病。因此，随后出台的两高《内幕交易解释》提出了"内幕信息敏感期"之概念，并将内幕人交易之禁止严格限定于内幕信息自形成至公开的期间。

内幕信息敏感期的概念虽然对内幕人交易禁止期间的起始点在形式上予以明确，但如果直接将其与《刑法》文本并而观之，即可推知内幕人在内幕信息形成之时起便不得入市交易，根本无需存在"知悉"的基础。因此，极易造成内幕人在内幕信息敏感期内从事了交易行为，其于交易之时虽然不知悉该信息，但事后仍被认定从事了内幕交易的不合理情形。

（二）大陆地区起始点设置对内幕人的影响

笔者试举一例加以讨论。某甲为上市公司 A 的董事，但并不参与公司日常运营管理。A 公司与另一上市公司 B 曾有合作意向，某甲对此知情。A 公司与 B 公司于某年 1 月 1 日达成合并协议，但尚需董事会通过方生效力。两公司在此之前经历了长时间谈判，该过程某甲皆未参与，对于两公司合作意向发展为合并决定之情事亦不知情。同年 1 月 5 日，某甲出于个人判断买入一定数量的 A 公司股票。该年 1 月 10 日，A 公司董事会表决通过合并事宜，某甲出席。①

本例中，两公司合作意向的产生虽然对合并决定的形成不无"影响"，但关联性实弱，且并未形成动议、筹划、决策或执行，因此意向产生之时不应被推定为内幕信息形成之时。而两公司所达成的合并协议虽仍需董事会最终确定，却已然符合内幕信息的构成要件，因此两公司达成合并协议之时应被认定为内幕信息敏感期的起始点。由此可知，系争交易行为发生于内幕信息敏感期内，而由于某甲具有 A 公司董事之身份，恰在《证券法》第七十四条第一款规定之内，故为内幕人无疑。由于主观心态不易认定，通常需以客观方面加以反推。而总结大陆地区实务可知，某甲的内幕人身份及系争交易的敏感时点，足以使有权机关认定其知悉内幕信息，并从事了内幕交易。又因为某甲无法对系争交易前其未与内幕信息接触之情况予以穷举，其抗辩应难以被有权机关所接受，因此将承担不利的后果。

内幕人交易禁止的目的本为平衡其对外部人的不当信息优势，该优势的起始点应为内幕人知悉内幕信息之时。而由上例之探讨可知，若内幕信息的形成早于内幕人的知悉，纵使该时间段内内幕人并不掌握信息优势，其亦将丧失交易自由。这样的效果虽然符合法律规定，却与"维护市场公平"的追求相去甚远。更令某甲这类内幕人无所适从的是，其交易行为毫无保障，随时可能被事后追责。悬于头顶的"达摩克利斯之剑"自然会影响内幕人做出与

---

① 更为详细之假想案例参见"理律杯"全国模拟法庭竞赛组委会：2012 年第十届"理律杯"全国高校模拟法庭竞赛赛题——"李大任、潘逸璇内幕交易、泄露内幕信息案"，载 http://oa.law.tsinghua.edu.cn/lilvbei/edit/UploadFile/20121017195016989.zip，2014 年 4 月 25 日最后访问。

市场相契合之交易选择,而这样的效果显然并非立法者所乐见。

(三)台湾地区起始点设置的概观与比较

根据中国台湾地区"证券交易法"第一百五十七条之一第一项的规定,内幕人交易禁止期间的起始点为其"实际知悉发行股票公司有重大影响其股票价格之消息时"。另由同条第五项、第六项的规定可知,该条所谓"重大信息",即学理上的"内幕信息",与大陆地区立法并无外延上的实质差异。

根据台湾地区"证券交易法第一百五十七条之一第五项及第六项重大消息范围及其公开方式管理办法"第五条的规定,发行股票公司有重大影响其股票价格的消息的成立时点,"为事实发生日、协议日、签约日、付款日、委托日、成交日、过户日、审计委员会或董事会决议日或其他依聚义事证可得明确之日,以日期在前者为准"。此规定与大陆地区两高《内幕交易解释》第五条第二款对于认定内幕信息形成之时的规定,在内容上亦无实质区别。

由上可知,两岸内幕人交易禁止期间起始点上的区别并不在于核心概念本身,而在于操作上的差异。其一,台湾地区立法上严格区分内幕信息之形成与知悉,在认定时具有逻辑上之先后顺序,于技术上更显精密。其二,台湾地区的立法中不存在类似大陆地区在确定内幕信息敏感期时所采取的事先类型化操作,内幕人交易禁止期间的起始点需以"实际知悉"为原则进行个案审查。而该原则在法律确认下能够最大限度地保障内幕人的交易自由,亦可避免有权机关为追求行政或诉讼经济而滥用类型化模式,对内幕人加诸不当义务。

(四)问题与应对

首先,大陆地区在行政与司法实践中虽然尚未有类似前述争议的实例发生,但不能忽视这样的立法效果对于内幕人的交易行为选择所产生的影响。并且,由于大陆地区对于内幕交易启动规制的时日尚短,进入规制程序的案例本不多见,进入司法管辖者又更为稀少,故代表性存疑。随着大陆地区有权机关经验的积累,手段的完善,以及证券市场的不断发展,若不对这样的立法效果加以调整,势必将面临争议的激化。

其次,由后文对于内幕人交易禁止期间终结点的分析可知,大陆地区采"形式公开说",而未对内幕人在内幕信息公开后一段时间内的交易行为加以禁止,由此可以合理推知其在立法上恪守市场公平原则。而两高《内幕交易解释》对于内幕人交易禁止期间起始点的类型化,实际上是对内幕人课以了相较于外部人而言的额外义务,具有违背上位法立法意指之嫌。

再次,由此所造成的,类似某甲的内幕人在交易之时无法预见其是否会被事后追责的情形,与法的可预测性相悖。内幕人的交易行为由此所受的影响虽无法量化,但由于可能遭遇上例中情形的人多为"第一层内幕人",而该群体多掌握资金或具有特殊地位,在证券市场运行中发挥着重要作用,市场因此所受到的影响不可小觑。

---

① "对内幕人一般分为两类,一类人是由于其地位和职业的缘故可以接触到原始内幕信息的人;另一类人是从第一类人那里得到信息的人。有时人们把第一类人称作'公司内幕人',把第二类人称作'得到被泄漏处的信息的人'(Tippees),但是普遍被接受的则是以'第一层内幕人'和'第二层内幕人'来代替他们。"见黄仁杰:《谈反内幕人交易法的几个问题》,载《金融科学——中国金融学院学报》,1997年第1期(总第35期),第94页。

此外，若仅将"内幕信息敏感期"视为方便证券监督管理机构侦查内幕交易行为的工具，而对于内幕人发生在其中的交易予以注意，这样方式当然无可厚非。但内幕交易行为不仅涉及行政规制，更可能触犯刑事法律。交易自由事小，人身自由事大。因此，当内幕人具有被刑事归责之虞时，继续采用"内幕信息敏感期"对内幕人的交易行为进行推定则不甚妥当。

最后，大陆地区两高《内幕交易解释》采取"内幕信息敏感期"的事先类型化模式，无外乎是出于保障行政或诉讼经济的考量。但"实际知悉"原则十分明确，亦不存在专业、技术或经验上的壁垒。以之为标准进行个案审查，而非简单地以类型化模式加以处理，更有利于保障内幕人的交易权利。目前大陆地区专业人员的素质虽然有待提高，但足以支持这样的制度设计，且对行政或诉讼经济并无过多损抑。

四、内幕人交易禁止终结点之检视

（一）终结点的理论争议

关于内幕人交易禁止期间的终结点，各法域主要存在"形式公开说"与"市场消化说"两种立法例。由中国大陆地区两高《内幕交易解释》第五条第四款的规定可知，大陆地区采形式公开说无疑。

市场消化说论者大多将市场消化说与"实质公开说"相结合，或认为市场消化说即为实质公开说①，并常以只有采实质公开说"才可能具有真正意义上的公平"②为由批评大陆地区立法。因此，下文将对市场消化说的实际效果试做检视与探讨。

（二）市场消化说的实践效果

证券市场变幻莫测，行业部门、信息种类、时间先后等具体因素综合影响，在每例个案之中，市场消化所需的时间也不尽相同。因此，市场消化说论者认为，应以市场消化而非内幕信息依法定形式公开，来作为恢复内幕人交易权利的时点。又因为影响个案的因素众多，无法量化比较，须引入人的因素以做判断。以之投射进司法实践中，便是对法官裁量自由的扩张。此乃该说论者本希望达成的目的。

由内幕人交易禁止期间的基础理论可知，市场消化的时点便是内幕人与外部人掌握的信息量达到平衡的时点。以该时点作为内幕人交易禁止期间的结束点更加符合实质公平的要求，此亦是市场消化说论者最重要的论据。由前文可知，若能确实保证个案判断的准确性与一致性，市场消化说自然堪为上策。

然而，市场消化并不似前文中所论的"实际知悉"一般明确，却如民法中的"公序良俗"及行政法中的"比例原则"一样具有高度抽象性。确实保证个案判断的准确性与一致性颇为不易。在市场消化说滥觞的美国，由于"因循先例"（stare decisis）的制度设计，以及具有较强专业性的法官队伍，使得司法实践中的准确性与一致性能够得到保证。而大陆法系下判例的作用显然无法与英美法系相提并论，因此对于某些需要个案审查的模糊概念多采取事先

---

① 参见胡光志：《内幕交易及其法律规制》，西南政法大学博士论文，2002年，第224页。
② 参见胡光志：《内幕交易及其法律规制》，西南政法大学博士论文，2002年，第224页。

类型化的模式予以解决。

纵使假定中国台湾地区相关立法确实以市场消化说为基础,其采取事先类型化模式对于市场消化的时点加以统一也不存在任何争议。这样的"一刀切"显然与美国通过判例在事后所确定的诸如"信息公开具体需要的时间应结合公司规模的大小和知名度等因素来确定,知名度高的大公司需要的时间短一些"[2]59等细节原则的方式背道而驰。无视个案差异,将之全然统一,实为对裁量自由的限制,亦与该说的初衷相悖。

(三) 其他部门法中"效果与目的错位"的情形

就实践而言,大陆法系国家对于英美法系学说的继受,出现效果与目的错位的情形并不鲜见,笔者在此再举一例加以佐证。

"最密切联系原则"(the doctrine of the most significant relationship)作为一种法律选择方法,最早出现于美国判例之中①,渐为各国立法所采纳。该原则与市场消化说的提出,皆因所涉及的关系难以量化比较,须扩大裁量自由,进行个案审查所致。② 然而,中国台湾地区引入该说所产生的效果似乎并非如此。在2010年台湾地区"涉外民事法律适用法"的修订中,第二十条第二项推翻了旧法中"无明示者依默示"的规定,转而采"无明示者依关系最切之法律",目的在于"由法院依具体案情个别决定其应适用之法律"[2]180。若单看此项规定,法官的裁量自由似乎得以扩张。该条第三项则引入"特征性履行"③,对于最切关系的裁量加以限制。台湾地区的法律虽无明文规定如何进行特征履行的判定,但其新法修正理由中提及"爰参考一九八〇年欧洲共同体契约之准据法公约(即罗马公约)第四条的精神,规定法律行为所生之债务有足为该法律行为之特征者(中略)……应当推定为关系最切之法律"[2]181云云。又台湾地区虽具有悠深的大陆法系传统,在司法实践中亦非常重视比较法的价值。一般裁判文书,乃至"司法院"大法官的解释中引用外国法进行说理者并不鲜见。因此,参考立法初衷与司法实践的需要,在实际操作过程中法官裁判时多会参酌2008年通过制定,自2009年12月17日起生效的"欧洲议会及理事会规则593/2008"(简称"罗马规则")。其中罗马规则Ⅰ于第四条第一项列举了多样契约类型,并依据各类契约之特征,分别明定其准据法。④

因此,法官认定特征性履行之时仅在名义上具有选择说理论据的自由,而在实际上则无半点发挥的余地。在旧法"无明示者依默示"中,默示虽受当事人意思的左右,法官尚享有不小之解释空间。

由此可见,新法虽采纳最切关系原则,却并未达到扩张裁量自由的目的。此亦为效果与目的之错位。

(四) 终结点之立法意指探寻

中国台湾地区实定法中内幕人交易禁止终结点所采之理论并未见诸明文,市场消化说

---

① 参见许光耀:《试论最密切联系原则的利弊得失》,载《法律评论(双月刊)》,1999年第1期(总第93期),第76页。
② 参见许兆庆:《国际私法上"最重要关联原则"之理论与实际》,载《东海大学法学研究》,第16期,第153-190页。
③ 性质同日本2006年《法律适用通则法》第八条第二项规定之"特征的给付"。
④ 参见何桂芳:《契约准据法中推定的关系最切原则》,《月旦法学杂志》2011年10月第197期,第207-208页。

论者多认为其立法基础为其所持之说,惟管见以为实有可商榷之处。

若仅从台湾地区立法的文意予以解读,其所谓"公开"即为"形式公开"无疑。至于台湾地区在立法时是否实际上采取或考量了实质公开原则,分析其"证券交易法"第一百五十七条之一对内幕人于"未公开前"与"公开后"一定时间内之交易皆加以禁止可知,若采实质公开原则,则此处区分"未公开前"与"公开后"一定时间则毫无必要。

除实质公开的解释外,台湾地区立法中将内幕人交易禁止期间的终结点向公开后推延一定时间之做法尚存在多种解释,例如打破信息公平原则而对外部人给予特别的保护,则不失为立法者可能的考量。因此,单以法条的外观即认为此种推延为实质公开原则的体现,似略欠妥当。但若实质公开说为市场消化说的理论基础,或二者实为同质,则台湾地区立法以市场消化说为基础的论断将失去存在的前提。因此有论者既以实质公开说来论证市场消化说的合理性,又以台湾地区立法作为市场消化说的论据①,显然存在逻辑瑕疵。

台湾地区即便不以形式公开说作为立法的基础,也在实定法中采取了形式公开的表征,与美国法中之"实质公开"概念存在差距。

(五) 启 示

首先,由前文论述可知,依照事先类型化的模式,无法实现市场消化说论者所追求的"实质公平"。实践中,"最切关系原则"也采事先类型化的模式,个案之中联结虽然因素众多,但尚可计量,故对其的类型化较为细致。此种方式虽然仍与实质公平有距离,但相比市场消化说的实践仍具有明显优势。因为影响市场的因素众多且分散,无法似最切关系原则之实践一般进行较为细致之事先类型化。而以目前抛弃个案审查,对所有个案皆采"一刀切"的模式,与以实质公开的时点作为内幕人交易禁止期间终结点的立法例并无实质差别,亦无合理性上的高下之分。

其次,纵如中国台湾地区这样强调比较法价值的法域,目的与效果错位的情形尚且如此严重,遑论大陆地区这样相对封闭的法律继受环境。况且目前大陆地区司法队伍总体专业素质尚有参差,在"市场消化"的时点确定这样对专业、技术与经验皆要求颇高的工作上,应尽量排除人的因素,以减少"不确定性",从而保证"司法一致性"。

最后,设置内幕人交易禁止期间的直接目的是为了保障内幕人与外部人间之信息公平,但最终目的则是为了保障证券市场受市场规律而非少数不当信息优势掌握者所支配。在这种目的的指导下,若对内幕人课以额外的义务,实际上将造成另一种脱离市场规律支配之情形。故管见以为,只要保证内幕人与外部人对于内幕人交易禁止期间的终结点皆能够合理预见,并以之对于交易行为的选择做出判断,即符合形式公平及市场规律的要求。

五、结 语

中国大陆地区的证券市场正处于发展与建设阶段,相较其他成熟市场,内幕人群体所发挥之正面作用尚显不足。在公开信息面前,内幕人与外部人地位平等。而在手握政策的有

---

① 类似论述亦可参见张春萍、卢世荣:《内幕交易行为中内幕信息的界定》,载人民法院网 http://www.chinacourt.org/article/detail/2003/08/id/78093.shtml,2003 年 8 月 27 日发布,2014 年 4 月 25 日最后访问。

权机关面前,即使是掌握信息优势之内幕人亦处于绝对劣势。因此若要充分发挥内幕人之正面作用,在立法与实践中,应着力保障"市场公平",切忌杀鸡取卵、因噎废食。

同时,亦当警惕内幕人交易禁止期间的规制脱离经济社会发展之实际。检视台湾地区相关立法沿革与社会发展可知,终结点的设置乃是随着证券市场活力不断增强,内幕人作用持续上升,相关专业人员素质逐步提高,对外部人予以特别保护的呼声开始涌现,始由内幕信息形式公开的时点,发展为公开后12小时,继而修正为目前施行之公开后18小时。这样的立法模式与发展路径,对大陆地区而言颇具参考价值与借鉴意义。

参考文献:

[1] 齐文远,金泽刚.内幕交易的经济分析与法律规制[J].法商研究,2002(4).
[2] 黄荣坚,等.月旦简明六法(叁)[M].台北:元照出版有限公司,2013.

(责任编辑:宋亚辉　审校:熊樟林)

违反规章的合同效力判断
——以未经审批的外债合同的效力问题切入

桂 艳[*]

摘 要：违反规章规定的合同，不能简单以"违反社会公共利益"或"违反法律、行政法规的强制性规定"为由，被认定无效。虽然规章层级相对较低，其实际作用却不容忽视，应慎重判断违反规章的合同效力。至于具体分析思路，既有的"二分法"操作模式为合同效力的判断提供了可行的路径，但由于所涉"效力规定"与"取缔规定"概念高度概括，不易区分，会出现裁判过程随意性较大、裁判结果可预见性较低的问题。本文尝试引入比例原则分析违反规章的合同效力，即依据适合性、必要性、均衡性原则，依次分析违反规章的合同是否有损于社会公共利益；是否可通过其他手段保护社会公共利益；以及使合同无效的后果与保护的社会公共利益是否相当。只有当合同违反的规章内容与社会公共利益具有直接相关性、判令合同无效是足以保护社会公共利益的唯一手段、且依据社会大众的一般观念可知合同无效的后果与因合同损害的社会公共利益之间具有均衡性，违反规章的合同才能被认定为无效。否则，在这三项原则中，只要有一项原则不能满足，相应的合同就不能仅仅因违反规章而被认定为无效。

关键词：规章 社会公共利益 合同效力

On the Judgment of Validity of the Contract in Violation of Regulations
——Take the Validity of the Contract without the Approval of the Foreign Debt for Example

Gui Yan

Abstract: The contract in violation of regulations is not found to be invalid, in accordance with "violation of the public interest" or "violation of the law, the mandatory administrative regulations". Although level of the regulation is relatively low, but its actual role can not be ignored, we should carefully determine validity of the contract in violation of regulations. As for the specific analysis of ideas, the "dichotomy" operating

---

[*] 桂艳，南京市中级人民法院民五庭助理审判员，法学硕士。

mode to determine the validity of contract provides a feasible path, but because of "the effectiveness of the provision" and "banning provision" highly summarized concept that is difficult to be distinguished, the mode will lead to arbitrary discretion and less predictable results. This paper attempts to judge validity of the contract in violation of regulations under the principle of proportionality, which according to suitability, necessity and proportionality principle, followed by analysis of whether the contract in violation of regulations detrimental to the public interest; whether the public interest can be protected by other means; and make whether the consequences of invaliding the contract and the protection of the public interest fairly.

Key words: regulations; the public interest; the validity of the contract

合同法第五十二条第(四)项或第(五)项分别规定的是"违反社会公共利益"或"违反法律、行政法规的强制性规定"的合同无效。单从字面意思来看,该法律条文似乎不涉及违反规章的合同效力问题。实践中,法官常直接以合同法第五十二条第(四)项或第(五)项的规定作为依据,来判断违反规章的合同效力。对于违反规章的合同效力问题,实践中的做法是否正确,需要进行研究。

本文将从未经审批的外债合同效力问题切入,考察相关案例,提出问题:违反规章的合同效力如何及其判断标准为何?即规章是否影响合同效力,以及规章如何影响合同效力。通过对规章的制定机关、内容与作用的分析,得出违反规章可能会影响合同效力的结论。继而梳理判断合同效力的既有理论的得失,并引入比例原则分析问题,以期较为务实地解决规章如何影响合同效力的问题。

一、司法实践考察:以未经审批的外债合同为例

我国法律、行政法规对涉及外债①的借款合同的生效要件没有特别规定。② 但国家外汇管理局(以下简称"外汇局")、中国人民银行颁布的部门规章规定,外债须经审批,否则该借款合同无效。例如,1997年外汇局颁布的《境内机构借用国际商业贷款管理办法》第4条规定,境内机构借用国际商业贷款应当经外汇局批准,未经外汇局批准而擅自对外签订的国际商业贷款协议无效。可见,关于外债合同须经审批的规定,仅出现在规章中,法律与行政法规对此均无涉及。

笔者收集了数份涉及未经审批的外债合同效力问题的判决书。在这些判决书中,各地、

① 本文所称外债,指中国境内依法设立的金融机构、公司等对中国境外的公司、自然人及其在中国境内依法设立的非常设机构承担的以外币表示的债务。

② 《中华人民共和国外汇管理条例》第18条第1款规定:"国家对外债实行规模管理。借用外债应当按照国家有关规定办理,并到外汇管理机关办理外债登记。"但根据合同法解释一第9条的规定:"依照合同法第四十四条第二款的规定,法律、行政法规规定合同应当办理批准手续,或者办理批准、登记等手续才生效,在一审法庭辩论终结前当事人仍未办理批准手续的,或者仍未办理批准、登记等手续的,人民法院应当认定该合同未生效;法律、行政法规规定合同应当办理登记手续,但未规定登记后生效的,当事人未办理登记手续不影响合同的效力,合同标的物所有权及其他物权不能转移。"该条例只规定了应当办理外债登记,未规定登记后生效,即根据该行政法规的规定,当事人未办理登记手续不影响合同效力。因此,该行政法规并非对涉及外债的借款合同生效要件的特别规定。

各级法院一致认为未经审批的外债合同无效,只是判决理由与法律依据各有不同:一、第一种裁判模式:外债合同没有办理审批手续,违反了国家法律的强制性规定,因而该外债合同无效。① 该裁判模式将《境内机构借用国际商业贷款管理办法》等部门规章的规定等同于法律、行政法规的强制性规定,直接依据合同法第五十二条第(五)项认定"违反法律、行政法规的强制性规定"的合同无效。二、第二种裁判模式:未经审批的外债合同违反了我国外债管理的相关法规,被认定无效。② 该裁判模式将"我国外债管理的相关法规"与"社会公共利益"挂钩。一旦违反了前者,即以违反合同法第五十二条第(四)项为由,认定合同无效。三、第三种裁判模式:以合同法第五十二条为依据,认为"所涉港币借贷未经主管部门批准",合同无效。③

第一种裁判模式将规章直接等同于法律、行政法规是不妥当的,也可能正因为意识到此种"不妥当",法官未在判决书中注明合同无效的具体法律依据。第二种裁判模式适用了违反社会公共利益条款,但没有说明适用该条款的理由。由于"社会公共利益"这一概念较为抽象,适用时说理应充分,防止出现向"一般条款逃逸"的现象。第三种裁判模式未说明"未经审批"与"合同无效"之间的逻辑关系,跳过三段论推理,直接认定合同无效,缺乏令人信服的理由。

综上,对于未经审批的外债合同效力问题,不同法院作出的判决结果相同,但是判决理由不同,判决思路也均存在一定问题。那么,究竟未经审批的外债合同效力如何? 规章能否影响合同效力,以及规章如何影响合同效力? 换言之,违反规章的合同效力如何及其判断标准为何? 这将是本文重点解决的问题。

二、规章影响合同效力之可能

合同法第五十二条第(五)项将导致合同无效的事由限于法律、行政法规的强制性规定。《关于适用中华人民共和国合同法若干问题的解释(一)》第4条进一步规定:"合同法实施以后,人民法院确认合同无效,应当以全国人大及其常委会制定的法律和国务院制定的行政法规为依据,不得以地方性法规、行政规章为依据。"显然,合同法第五十二条第(五)项及其司法解释均认为违反规章不会影响合同效力,但实践中有判决认定违反规章的合同无效,如前文梳理的案例所示。对于规章是否影响合同效力问题,立法与司法的态度不同,我们需要从规章的制定机关、内容与作用来分析。

第一,从规章的制定机关来看,规章由部委或地方政府颁布。一些规章不可避免地体现部门利益或地方利益。基于合同自由之故,合同效力不能仅因违反部门利益或地方利益被否定,因此,合同法第五十二条第(五)项将影响合同效力的因素限定在法律、行政法规的强制性规定上,而将规章排除在外。"之所以将国务院部委的规章以及地方法规排除在外,主要是因为合同法是市场经济的基本法,是市场交易的基本规则,统一市场的建立要求交易规则的统一,要求合同法制的统一,因此,不允许不同部门或地方设立不同的交易规则。"[1]177

---

① 参见最高人民法院(2002)民二终字第97号民事判决书。
② 参见上海市高级人民法院(2011)沪高民二终字第1号民事判决书。
③ 参见广东省高级人民法院(2003)粤高法民四终字第20号民事判决书。

第二,从规章的内容来看,很多法律制度都是通过规章加以确立。例如,中国人民银行颁布的《贷款通则》规定,企业之间不得违反国家规定办理借贷或者变相借贷融资业务。这一规定是我国贷款制度的重要环节,是规范企业借贷行为的重要依据。相较于法律、行政法规,规章的立法层级固然较低,但规章中规定的事项绝非不重要。

第三,从规章的作用来看,规章可能影响法院的裁判思路。"'红头文件'至少可以缓解法律供给和法律需求之间存在的矛盾,在新的法律法规出台之前,'红头文件'不仅可以解决新的社会关系无法调整的问题,而且为制定相关法律奠定了实践基础。"[2]100 这里的"红头文件"并非法律术语,是人们对"各级政府机关"下发的红字标题和印章的文件的俗称,广义上包括部门规章和地方政府规章等行政规章。实践中一些政策通过规章的形式出台,可能影响裁判思路。

综合以上分析可知,虽然规章的立法层级较低,但其作用不容忽视,一些制度和政策正是通过规章确立。因此,从统一裁判尺度与建立统一市场经济的角度,原则上以法律、行政法规的强制性规定作为认定合同效力的依据。同时,实践中应慎重对待规章影响合同效力的问题。正如最高人民法院副院长奚晓明在全国民商事审判工作会议上的讲话《充分发挥民商事审判职能要求作用,为构建社会主义和谐社会提供司法保障》中所述,人民法院固然只能依据全国人大及其常委会制定的法律和国务院制定的行政法规认定合同无效,而不能直接援引地方性法规和行政规章作为判断合同无效的依据。但如果违反地方性法规或者行政规章将导致损害社会公共利益的,则可根据合同法第五十二条第(四)项的规定,以损害社会公共利益为由确定合同无效。

换言之,实践中原则上应以法律或行政法规的强制性规定作为判断合同效力的依据,同时,应慎重对待违反规章的合同效力问题。至于法律适用问题,由于合同法第五十二条第(五)项将合同无效的判断依据限定于法律、行政法规的强制性规定,因此,应以合同法第五十二条第(四)项"违反社会公共利益"条款作为法律依据。在解决了规章是否会影响合同效力的问题后,进一步的问题是,规章如何影响合同效力? 即判断违反规章的合同效力的具体操作方法为何?

三、判断规章影响合同效力之既有理论评价

规章对合同效力的影响,实质上是公法规范对私法意思自治的影响,反映的是政府管制与私法自治的关系。如何兼顾这两方面的目的,以最小成本达到最大效果? 学者与实务界对这一问题已有相当的认知:管制规定(规章)的规范力是否延伸到私法关系(合同效力),取决于对该管制规定的定性,是效力规定还是取缔规定,也就是"二分法"的操作方式。

(一)"二分法"的理论与实践

日本将法令(法律与命令)分为效力规定和取缔法规。前者是强行法规,后者不是。违反效力规定的行为无效。而判断违反取缔法规的行为是否无效时,则依据民法中有关公序良俗的规定。日本的司法判例基本上接受了此种学说,在进行综合判断时,采取"仅仅违反取缔法规的契约原则上有效"的立场。[3]

我国台湾地区"民法"第七十一条规定:"法律行为,违反强制或禁止之规定者,无效。但

其规定并不以之为无效者,不在此限。"该条款中的"但书",为是否排除法律行为的效力保留了选择的空间。台湾学者引进日本学说上的"二分法",所谓的取缔规定即为该"但书"所述的对象。台湾"最高法院"在判例中以"目的性限缩"方式把取缔规定直接从"民法"第七十一条的"强制或禁止之规定"中剔除,虽适用了不同的法律解释方法,但也是采用效力规定和取缔规定的"二分法"进行操作,结果是一致的。[4]3至于违反取缔规定的合同效力,则应"综合判断":综合法规的意旨,权衡相冲突的利益(法益的种类、交易安全、其所禁止者究系针对双方当事人或仅一方当事人等)加以认定。[5]302

多数大陆学者也认为应从强制性规定中排除取缔规定(或管理性规定)[6]331;[7]44。司法实践中,最高院在《关于适用中华人民共和国合同法若干问题的解释(二)》第14条中规定:"合同法第五十二条第(五)项规定的'强制性规定',是指效力性强制性规定。"虽然,司法解释将管制规定的范围限定在法律与行政法规上,但可以窥见,在管制规定的规范力能否延伸至私法关系的问题上,最高院的意见是应区分强制性规定与任意性规定、效力性强制性规定与管理性强制性规定,并排除非效力性的管理性强制性规定以及非强制的任意性或倡导性规定对合同效力的影响。这依然坚持了二分法的思路。对于强制性规定的类型,最高院同样采取"综合判断"。《关于当前形势下审理民商事合同纠纷案件若干问题的指导案件》第16条规定:"人民法院应当综合法律法规的意旨,权衡互相冲突的权益,诸如权益的种类、交易安全以及其所规制的对象等,综合认定强制性规定的类型。"

规章如何影响合同效力的问题,实为"管制规定的规范力是否延伸至私法领域"的子问题。不同法域的学说和司法实践在解决该问题时,均采用了"二分法"的思路,即将法律、法规及规定划分为效力规定与取缔规定,违反效力规定的合同无效,违反取缔规定的行为则需要综合判断。

(二)"二分法"的缺陷

将管制规定划分为效力规定与取缔(管理性)规定的"二分法",为解决违反强制性规定的合同效力问题提供了思路。但由于效力规定与取缔规定的界定不甚清晰、判断标准主观性较强,二分法至少在以下两方面存在缺陷。

一是增加了司法裁判的随意性。由于效力规定与取缔规定的概念具有高度概括性,裁判者多需要"具体案件具体分析",缺乏统一的可行规则,导致裁判的随意性增加。"法官有点像在度量衡发明以前的市场肉贩,只能用手掂掂案件的分量,凭经验就作了要不要让该管制法规介入此私法关系的综合判断。"[3]9

二是降低了裁判结果的可预见性。由于缺乏统一的可行规则,司法裁判的随意性增加,可预见性降低。当事人只能从判决中看到空洞的、宣示性的用语,无法意会法官究竟斟酌了哪些因素,无法从裁判中得出可用于指导行为的准则。

"二分法"理论为违反强制性规定的合同效力判断提供了理论上可行的思路,但实践中区分效力规定与取缔规定有难度,极易导致司法裁判的随意性,裁判的可预见性随之降低,潜在当事人无法从现有裁判中预期自己行为的法律后果。

四、比例原则指导下的合同效力判断

由于"二分法"操作模式在实践中暴露出缺陷,个案中可以尝试从新的角度探索规章如何影响合同效力的问题。违反规章的合同效力的判断,实质上是在社会公共利益与个人合同自由之间权衡。在这个过程中,裁判者需要保证合同无效的判断是适度的,不会因为保护其一端,而过度损害另一端的利益。为达成这一目的,学者们多认为,在违反强制性规定的合同效力判定中引入比例原则,以使该问题的判断脱离"空洞公式的阶段",使审查思路清晰起来。[8]至于怎样在比例原则下判断违反规章的合同效力,下文将展开论述。

(一)适合性:合同与社会公共利益的相关性

合同因违反规章被认定为无效,需满足的条件之一,即为合同因为违反规章而有损于社会公共利益,也就是说,合同与实现社会公共利益具有相关性。合同与实现社会公共利益具有相关性,也是比例原则中适合性原则的一般要求。

比例原则中的适合性原则,指手段有助于目的达成,如果实施该种手段(措施)无助于达成目的,则不符合适合性原则。简言之,目的与手段之间有合理的联系。若采取的手段可以部分有助于目的的实现,也是符合适合性原则的。德国联邦宪法法院就指出,即使只有部分能达成目的,也算符合此原则。[9]369

例如,外债合同未经审批,有损于国家对外债的监管秩序,则该合同与社会公共利益具有相关性。再如,中国石油化工股份有限公司的分公司将"中国石油"商标许可某加油站使用,与石油所承载的社会公共利益并无相关性,不能认为该商标许可使用行为违反社会公共利益,进而认定商标许可使用合同无效。①

需要注意的是,合同与社会公共利益的相关性,应指直接的相关性。如果合同履行,将直接有损社会公共利益。例如,约定买卖人体器官的合同,与社会公共利益之间具有直接相关性,该合同显然无效。如果合同与社会公共利益之间并无直接的相关性,仅具有间接的相关性,则不能因此认定合同无效,否则,合同自由将受到过多的限制,不利于交易安全与稳定。例如,甲与拍卖公司签订的拍卖合同,不能因为当时负责拍卖的拍卖师没有拍卖资格,就被认为无效,因为拍卖合同的签订与拍卖师须具有一定资质的要求所承载的社会公共利益之间并无直接联系。再如,乙从超市购买水果刀,后用该水果刀杀人,该买卖合同与杀人行为间无直接相关性,故该买卖合同不应被认为无效。

(二)必要性:合同无效具有必要性

认定违反规章的合同无效,需要满足的另一条件是为实现社会公共利益,使合同无效具有必要性。反之,合同虽然违反了规章,但有其他可替代性手段进行处理,则不能认定该合同无效。这也是比例原则中必要性原则的要求。

必要性原则也称"最小伤害原则"、"最温和方式原则",指公权力欲侵犯公民基本权,有数种可能途径时,公权力机关应选择对公民伤害最小的方式为之。公权力的行使,以达到目的为已足,切不可过度侵及人民权利。[10]

如何认定合同无效具有"必要性"?当合同违反规章规定时,如有其他可替代性手段能对违反规章的行为加以遏制或处罚,且该措施足以达到保护社会公共利益的目的,就无需使合同无效。正如有学者认为:"如果单纯的通过对一方当事人的处罚就可以实现目的,那么

---

① 参见(2011)甘民二终字第39号民事判决书。

就没有必要非得让合同无效。"[11]178

具体说来,合同无效具有必要性需满足三个条件:一、没有其他手段对违反规章的行为进行遏制或处罚。如违法逃税的当事人接受行政处罚,补缴税金并交纳滞纳金后,法官认为损害社会公共利益的情形已经消灭,不必再认定当事人签订的合同无效了。① 二、即使存在可替代性手段,但该手段未实际实施,社会公共利益依然处于受损状态。如律所与委托人签订风险代理合同,约定的代理费远高于诉讼标的的30%,虽然《律师服务收费管理办法》中规定,对违规收费的行为给予没收违法所得、罚款等行政处罚,但签订代理合同的行为具有相对性与私密性,价格管理机关不易察觉并给予处罚,这使得违规收费的行为常处于无人监管的真空地带。此时,一旦有相关纠纷进入司法程序,从维护正常诉讼秩序和规范律师行业服务秩序角度,应认定违规收取代理费的合同无效。三、替代性手段对违规行为进行了遏制或处罚,但不足以达到保护社会公共利益的目的。

(三) 均衡性:否定合同效力的后果与损害的社会公共利益相当

在判断违反规章的合同效力时,我们还需考虑:如果基于公共利益判断合同无效,对当事人是否会造成与其违规行为不成比例的严重后果?申言之,当事人是否会因为一个较轻微的违规行为,而遭受严重的打击?

我们在判断违反规章的合同效力时,必须对当事人因违规而损害的社会公共利益,与当事人因违规而被否定合同效力的后果之间进行衡量。这是因为,一旦合同无效,将使合同溯及至合同成立前,不再发生当事人预期的法律效果,既违背当事人自由意志,也不利于法律关系的安定,又妨碍第三人的善意信赖。因此,只有当违反规章而损害的社会公共利益较为重要时,才能否认合同效力。如王轶教授所说:若使没有足够充分且正当的理由,就不得主张对民事主体的自由进行限制,并强调这一规则应当成为私法上的一项最低限度的实体性论证规则。[12]

对合同无效的后果与其损害的公共利益大小进行衡量,也是比例原则中均衡性原则的要求。该原则旨在强调保护目的与手段之间的均衡,避免为了实现目的,造成不成比例的损失。从经济学的角度讲,就是成本与收益应当成比例。

对否定合同效力的后果与损害的社会公共利益进行均衡性考量,实质是价值层面的利益衡量。这就要把涉及的利益排列比较,这需要法官在个案中具体分析。但至少有以下几条原则需要遵守:第一,公共利益的价值并不永远高于私人自治的价值,否则,就不存在本文所讨论的关于违反规章的合同效力问题了。第二,关于社会公共利益重要性的判断,裁判者应当以社会大众的一般观念为准,而非以个人逻辑性的、闭塞的判断为标准。这在当今网络时代尤其重要。一方面,司法实践通过网络公开,裁判的观点应当经得起大众的品评与检验。另一方面,信息科技的发展也为法官寻找并发现社会大众的一般观念(即"民意")创造了条件。如"许霆案"在一审与二审中的不同裁判思路,为如何在裁判中体现"民意"提供了可资借鉴的路径。[13]93-111 第三,虽违反规章,但实际上社会公共利益未受损害,则不应限制私人自治自由。如施工方虽无资质,但其建设的工程经验收合格,该建设施工合同就应当被遵守。因为要求施工方具有一定资质,是基于保证建设工程质量与施工安全的社会公共利益

---

① 参见(2001)浙民法终字第238号民事判决书.

考虑,工程经验收合格,该社会公共利益实质上未受到损害,就不应认定合同无效,建设施工合同应当履行。

综上,在判断违反规章的合同效力时,可以引入比例原则,先后依据适合性、必要性、均衡性原则,分析违反规章的合同是否有损于社会公共利益。如果有损于社会公共利益,可否通过行政管理等替代性手段有效保护。在确定了否定合同效力对保护社会公共利益具有必要性后,还需以社会大众的一般观念对合同无效的后果与其损害的社会公共利益大小进行衡量,警惕社会公共利益一定重于私人自治的观念,避免出现社会公共利益未受损时否定合同效力的情形。

五、结语:比例原则分析方法在典型案例中的运用

前文讨论的未经审批的外债合同效力问题,可以用比例原则进行分析:

首先进行适合性分析。外债合同未经审批,违反了《境内机构借用国际商业贷款管理办法》等部门规章的规定,违反了我国关于外债审批的管理制度。严格的外债审批和登记是保障我国金融安全的制度屏障。"我国的外债登记制度是实行外债管理的主要政策之一,有利于加强对利用国外贷款项目借、用、还全过程的信息监测,从而为有效的外债管理奠定了基础。"[14] 外债审批制度与金融安全有相关性。外债未经审批有损我国关于外汇管理与金融安全的社会公共利益。

其次进行必要性分析。虽然规章对外债未经审批的情形设置了行政处罚措施,但由于外债合同的签订与履行具有相对性与私密性,外债合同未经审批的情形常未被外汇管理部门发现并予以纠正。因此,不少进入司法领域的外债合同,未经审批亦未被行政机关纠正并给予行政处罚。对此,司法程序作为保护社会公共利益的最后一道防线,判决否定该类合同的效力,毋庸置疑具有了必要性。

最后需在否定合同效力的后果与损害的社会公共利益的重要性之间进行衡量。未经审批的外债合同被认定无效后,权利义务恢复到合同成立前的状态,债务人因合同取得的财产,应返还债权人。该部分财产包括借款本金和本金的利息。债权人损失的通常是合同约定的高于中国人民银行同期贷款利率部分的利息。而未经审批的外债合同损害的社会公共利益涉及外债管理及金融安全。相较于此种社会公共利益,否定此类合同效力的后果并非"不成比例的严重后果"。

综上所述,经过适当性、必要性及均衡性的三重判断,可知未经审批的外债合同无效。虽然结论与前文引述的案例结论一致,但是运用比例原则的分析方法,裁判者有相对具体的操作方法,相对可控的分析思路,以及相对充分的分析理由,而这也是本文重点论述适用比例原则判断违反规章合同效力的目的。

参考文献:

[1] 韩世远. 合同法总论[M]. 北京:法律出版社,2011.
[2] 刘贵祥. 合同效力研究[M]. 北京:人民法院出版社,2012.
[3] 解亘. 论违反强制性规定契约之效力[J]. 中外法学,2003(1).

［4］苏永钦.以公法规范控制司法契约［J］.人大法律评论,2010(1):3-26.
［5］王泽鉴.民法总则［M］.北京:中国政法大学出版社,2008.
［6］王利明.合同法新问题研究［M］.北京:中国社会科学出版社,2003.
［7］应秀良.违反行政法强制性规定的合同效力探讨［J］.法律适用,2004(3).
［8］耿林.强制规范与合同效力——以合同法第52条第5项为中心［M］.北京:中国民主法制出版社,2009.
［9］陈新民.德国公法学基础理论［M］.济南:山东人民出版社,2001.
［10］姜昕.比例原则释义学结构构建及反思［J］.法律科学(西北政法学院学报),2008,26(5):45-56.
［11］韩世远.合同法总论［M］.北京:法律出版社,2011.
［12］王轶.民法价值判断问题的实体性论证规则—以中国民法学的学术实践为背景［J］.中国社会科学,2004(6).
［13］苏力.法条主义、民意与难办案件［J］.中外法学,2009,1(97):44.
［14］李继伟,曹峰建.均衡审慎:构筑金融版"都江堰"［J］.外汇管理,2009(11):15-17.

(责任编辑:宋亚辉　审校:王禄生)

《检察院组织法》修改背景下检察委员会制度立法完善之思考

张建兵　张　涛[*]

摘　要：在即将修改的《检察院组织法》中,应当对检察委员会制度进行相应修改,以立法的力量推动现行检察委员会制度的发展和完善。本文分析现行检察委员会制度立法不足和司法化改革面临的问题,探讨检察委员会制度立法完善,以期为《检察院组织法》相关条文的修改提供有益参考。

关键词：检察院组织法　检察委员会制度　立法完善

The Thinking of the Legislative Perfection on the Procuratorial Committee System under the Background of Modifying the Procuratorate Organic Law of the People's Republic of China JiangsuNantong Tongzhou District People's Procuratorate

Zhang Jianbing　Zhang Tao

Abstract: In the forthcoming modifying of the procuratorate organic law, the procuratorial committee system should be modified accordingly. The development and improvement of the system of the current procuratorial committee system should be pushed with the power of the legislation. This article will analysis the shortage of the legislation and the facing problems on the judicial reform of the current procuratorial committee system, investigate the legislative perfection of the current procuratorial committee system, and provide a useful reference to the modifying of the relevant provisions of the procuratorate organic law.

Key words: the Procuratorate Organic Law; the Procuratorial Committee System; the Shortage; the Legislative Perfection

检察机关是我国唯一的宪法意义上的法律监督机关。检察委员会制度是中国特色社会主义检察制度的体现,是检察机关内部无形的组织形式,也是各级检察院内部的业务决策机构。但在实践运行中,因其自身存在的制度缺陷,不可避免存在冲突。在近期公布的《十二

---

[*] 张建兵,江苏省南通市通州区人民检察院检察委员会专职委员、研究室主任。张涛,江苏省南通市通州区人民检察院助理检察员。

届全国人大常委会立法规划》中,《中华人民共和国检察院组织法》(以下简称"《检察院组织法》")的修改被列为条件比较成熟的第一类立法项目。因而在即将修改的《检察院组织法》中,应当对检察委员会制度进行相应修改,以立法的力量推动现行检察委员会制度的发展和完善。本文以《检察院组织法》的修改为契机,分析现行检察委员会制度立法不足和司法化改革面临的问题,探讨检察委员会制度立法完善,以期为《检察院组织法》相关条文的修改提供有益参考。

一、《检察院组织法》有关检察委员会制度沿革及规定

我国检察机关的内部领导体制是检察长负责制与检察委员会集体领导制度相结合,检察委员会是检察机关民主决策、科学决策、依法决策和业务决策的重要组织形式。[1]108 贯彻集体领导原则、实行民主决策,是我国的首创,也是中国特色社会主义司法制度、检察制度的一个重要组成部分。建国以来,我国先后共颁布了四部人民检察院组织法,即1949年12月颁布的《中央人民政府最高人民检察署试行组织条例》(以下简称"《49组织条例》")、1951年9月颁布的《中央人民政府最高人民检察署暂行组织条例》(以下简称"《51组织条例》")及《各级地方人民检察署组织通则》(以下简称"《51组织通则》")、1954年9月颁布的《中华人民共和国人民检察院组织法》(以下简称"《54检察院组织法》")和1979年7月颁布的《中华人民共和国人民检察院组织法》(以下简称"《79检察院组织法》")。《51组织通则》规定的检察署委员会议,是我国检察机关检察委员会制度的源头。《54检察院组织法》第二条规定:"各级人民检察院设检察委员会。检察委员会在检察长领导下,处理有关检察工作的重大问题。"至此,有中国特色的检察机关业务决策和领导体制——检察委员会制度正式确立。《79检察院组织法》第三条第二款规定:"各级人民检察院设立检察委员会。检察委员会实行民主集中制,在检察长的主持下,讨论决定重大案件和其他重大问题。如果检察长在重大问题上不同意多数人的决定,可以报请本级人民代表大会常务委员会决定。"其后,《检察院组织法》虽经1983年、1986年两次修改,但该条款内容没有变化。确立这种独特内部领导体制的初衷是想既符合检察机关强调一体化,突出工作效率的要求,又要与我国国家机关普遍适用的民主集中制相一致,即实现民主集中制和首长负责制的有机结合。

从历史的角度考察,检察委员会的决策机制经历了从检察长一长制向民主集中制推演的历史过程。《49组织条例》规定,检察长是检察委员会的主席,检察委员会意见不一致时,检察长有最后的决定权,表明了检察长在检察委员会制度中的特殊地位。《54检察院组织法》进一步扩大了检察长的权力,规定检察委员会在检察长领导下处理检察工作的重大问题。《79检察院组织法》总结了过去的历史经验,明确规定检察委员会实行民主集中制,该规定标志着我国检察委员会制度的高度发展和不断完善:一是检察委员会的性质和定位被明确为讨论决定重大案件和其他重大问题;二是检察委员会实行"民主集中制"被第一次写入《检察院组织法》;三是检察委员会由以前在检察长的"领导下"被改为"主持下";四是检察长本人一般不能否决检察委员会多数人的意见,如果否决则要报请本级人大常委会决定。

二、现行《检察院组织法》有关检察委员会制度规定不足

(一) 对检察委员会制度的规定过于简单笼统

从现有的法律规定看,国家权力机关颁布的基本法律缺乏对检察委员会制度的具体规定。在作为国家根本大法的现行《宪法》中,只对检察机关的性质、地位、行使职权方式等作了原则性规定,但对检察委员会的设立等问题没有任何文字表述。而作为本应成为设立检察委员会制度最为有力依据的国家基本法《检察院组织法》,却仅以第三条第二款的形式做出上文所述的简要规定,显得过于笼统和原则化。此外,该条款规定的检察委员会异议请示制度,与2009年10月最高人民检察院出台的《人民检察院检察委员会议事和工作规则》(以下简称《议事和工作规则》)规定的"双向报送"①做法相冲突。《检察官法》虽也属于国家权力机关制定的基本法律,但它也只规定了检察委员会委员的任免问题,对于检察委员会制度的其他问题未能涉及,实为一大缺憾。

(二) 没有明确区分"重大案件"与"重大问题",致使实际工作难以执行

根据《79检察院组织法》第三条规定,检察委员会的职能是"讨论决定重大案件和其他重大问题",然而何为"重大案件"与"重大问题",法律至今无明文规定。但从"其他重大问题"中"其他"的语义上分析,立法并未将"重大案件"从"重大问题"中分离出去,全国人大常委会法工委坚持认为"重大案件"仍然属于"重大问题"。[2]39 1990年5月11日,全国人大常委会法工委在回复宁夏自治区人大常委会的询问时指出:"这个法律条文(即指《检察院组织法》第三条)中的后一个'重大问题'包括重大案件。"据此,重大案件的争议也应提交人大常委会讨论。那么,该立法为什么要区分"重大案件"和"其他重大问题"? 立法意图无法知悉,因为如果"重大案件"也属于"重大问题",所有"重大问题"都要提交人大常委会决定,区分就完全没有必要。② 由此,立法产生一个模糊点,即如果检察长在"重大案件"上不同意多数人的意见(即"重大案件争议")是否需要提交人大常委会讨论,法律并未明确。从司法实践来看,检察机关恢复重建以来,各地检察机关在讨论决定重大疑难问题意见分歧时,很少有报请人大常委会决定的先例,通常的做法是报请上级检察机关决定。

(三) 将"重大案件争议"提请本级人大常委会讨论决定不妥

2006年12月31日全国人民代表大会常务委员会法制工作委员会在答复某省人大常委会办公厅关于如何适用《检察院组织法》第三条第二款的请示答复中认为:"但在工作中,对具体刑事案件的处理,根据第十条第二款关于'最高人民检察院领导地方各级人民检察院和专门人民检察院的工作,上级人民检察院领导下级人民检察院的工作'的规定,由下级检

---

① 《议事和工作规则》第24条规定,检察长不同意多数检察委员会委员意见的,对案件可以报请上一级检察院决定;对事项可以报请上一级检察院或本级人民代表大会决定。此规定体现的是"双向报送"。
② 1980年最高人民检察院制定的《人民检察院检察委员会组织条例》第6条坚持了民主集中制,没有区分重大案件与重大问题,完全没有提重大案件。

察院请示上级检察院为妥。省人民检察院检察长不同意检察委员会多数人就某一案件提请最高人民检察院抗诉的意见,建议如实向最高人民检察院报告有关情况和意见,由最高人民检察院决定是否提出抗诉。对具体案件的处理问题,不宜提请本级人大常委会讨论决定。"一般而言,检察委员会所讨论的问题,往往具有较强的专业性,而检察长与多数委员意见分歧,难以决断,说明该问题的处理难度较大。而人大常委会的组成人员,往往来自社会各个方面,具备法律专业知识的人较少,由他们来决断检察机关内部的重大疑难问题显然不妥。[3] 此外,人大常委会实行的是定期会议制度,按照人大常委会的议事规则,议案应在会议召开前的十五日前提交人大常委会,而检察长在重大案件上不同意多数人的决定,往往是重大、疑难、复杂案件,如果按规定程序报请本级人大常委会决定,有可能影响办案期限,贻误对重大案件的及时处理,从而造成不良影响和后果。

三、《检察院组织法》修改背景下检察委员会制度立法完善

(一)立法修订的基本思路

由于《检察院组织法》条文存在有限性、抽象性,在立法时要从《宪法》、《检察院组织法》、《组织条例》、《议事和工作规则》等不同效力层次上进行相关的解释、改进、细化和完善。在对《检察院组织法》进行必要的修改的同时,应当适时制定关于检察委员会制度的立法解释,就检察委员会制度的重要方面做出明确规定,有效推动检察委员会司法化改革的进程。

一是明确规定继续推行民主集中制。检察委员会通过民主集中制,以集体决策的方式保障法律的统一实施,弥补个体检察官的"知识不足",是我国检察机关整体独立的必然途径,是法律监督权内部分权的需要,有助于防止检察官滥权,保障司法公正。 因此,只有民主集中制才有助于民主法治制度的发展与实现,必须加以贯彻。值得注意的是,检察长不同意检察委员会多数意见时由本级人大常委会或上级检察院解决,这实质上是试图平衡检察院首长负责制与民主集中制的矛盾,但由于两者内在依据的本质不同,如果法律不加以明确,这种平衡只能得到暂时性、局部性缓解,根本无法最终解决矛盾。[1]108 比如,检察长对内部争议选择提交上级检察院还是本级人大常委会审议,上级检察院和本级人大常委会意见不一致时如何做最终的决策,难以有效解决。因此,法律必须明确何种性质的争议采取何种最终决策方式。

二是明确区分"重大问题"的"国家性"和"地方性",分别由上级检察院、本级人大常委会做最终决策。一般来说,检察委员会要讨论决定的重大问题一般是事关全局性的宏观问题,如检察院业务方面的制度建设、工作计划、重要改革等。[4] 从类别上看,上述宏观问题既可以是在检察工作中如何贯彻执行国家法律、政策,也可以是贯彻本级人民代表大会及其常务委员会决议的"重大问题",还可以针对以往的检察工作经验进行总结,或者针对检察工作中出现的新问题、新情况提出暂时的应对政策。本文以为,凡是涉及贯彻地方人民代表大会及其常务委员会决议,研究检察工作中的地方性的新情况、新问题并总结地方性的检察工作经验,审议、通过本地区检察业务、管理等规范性文件之类的"重大问题争议",由地方人大常委

---

① 邓思清:《论我国检察委员会制度改革》,载《法学》2010年第1期。

会解决,其余由上级检察院解决。

三是明确规定"重大案件争议"由上级检察院处理。高检院对检察委员会议案范围的规定,从《检察院组织法》规定的"重大案件"拓展到了《组织条例》规定的"重大、疑难、复杂案件",再细化到《议事和工作规则》规定的"重大社会影响、重大意见分歧、抗诉类、复议类等案件",但对于何谓"重大案件"并无明确解释。《检察院组织法》将"重大问题争议"交由本级人大常委会决策,但对于"重大案件"是否属于"重大问题"却并未明确,人大和高检院在此问题上产生了很大的分歧和反复,随着个案监督制度的夭折,出于克服司法地方保护主义和对司法独立的追求,"重大案件争议"由上级检察院决策的理念已经获得认同,达成共识。因此,在《检察院组织法》修改时应加以明确。

(二) 检察委员会制度的立法建议稿

《检察院组织法》作为国家规定检察机关组织机构问题的专门法律,应当就检察机关最高业务领导机构——检察委员会的组织、职能、活动方式等问题设定专章加以具体规定,而不应简单地做过于原则化的规定。建议在《检察院组织法》中单设一节:检察委员会制度,规定以下内容:

1. 检察委员会的任务

各级人民检察院设立检察委员会。检察委员会的任务是讨论决定"重大案件"和其他"重大问题"。

2. 检察委员会的组成

各级人民检察院检察委员会由资深检察官若干人组成,本院检察长为当然成员。各级人民检察院检察委员会委员人数应当为奇数。各级人民检察院检察委员会专职委员、委员,由检察长提请本级人民代表大会常务委员会任免。

3. 检察委员会的运行规则

检察委员会由检察长召集和主持,实行民主集中制,检察委员会会议做出决定,应当按照少数服从多数的原则进行表决。

地方各级人民检察院检察长在讨论重大案件和其他重大问题时不同意多数检察委员会委员意见的,可以报请上一级人民检察院决定;在讨论本地区重大问题时不同意多数检察委员会委员意见的,可以报请本级人民代表大会常务委员会决定。在报请本级人民代表大会常务委员会决定的同时,应当抄报上一级人民检察院。

参考文献:

[1] 谢小剑. 检察委员会决策方式改革的历史维度[J]. 甘肃政法学院学报,2012(4).
[2] 傅林. 合宪,还是违宪——对我国《人民检察院组织法》第三条的质疑[J]. 天津商学院学报,2006(6).
[3] 黄德家.《人民检察院组织法》第三条的部分内容应修改[N]. 检察日报,2006-11-19(1).
[4] 袁承东. 检察院办案分歧能否提交人大常委会决定[N]. 检察日报,2005-5-30(1).

(责任编辑:王禄生　审校:熊樟林)

试论新刑诉法语境下贿赂案件共同被告人供述证据的补强规则[①]

沈 威 姚 舟[*]

内容摘要：修改后的刑诉法第五十三条在原有口供补强规则之上，不仅增设了印证证明模式，还为补强规则明确了排除合理怀疑的补强标准。本文对该条文在共同被告人供述补强规则的适用进行探讨，并进而对贿赂案件的被告人供述证据补强提出建议，以求对运用证据规则准确定罪、避免冤假错案有所裨益。

关键词：供述 补强 共犯 贿赂

On the Corroboration Rule of Accomplices' Confession of Bribery Case under the Context of Revised Criminal Procedure Law

Shen Wei Yao Zhou

Abstract: According to the revised Criminal Procedure Law, Article 53 not only adds the verification mode, it also clarifies the corroboration standard which requires evidence beyond reasonable doubt on the basis of the original rule of corroboration. This paper firstly discusses the application of the rule of corroboration of accomplices' confession, then it puts forward some suggestions about the corroborative evidence for the confession of the defendant of the bribery case, hoping to help make accurate convictions and prevent wrongful convictions by using the rule of evidence.

Key words: confession; corroboration; accomplices; bribery

所谓口供补强规则，是指仅凭被告人的口供不能定案，只有当被告人的口供能够得到其他证据的补强时，才能认定案件事实的证据规则。[1]刑诉法对"仅有被告人供述而没有其他证据的，不能定罪"已有明确规定，修改后的刑诉法对此条文并无太大改动，只是增设了排除合理怀疑的补强标准。实践中，对于该条文适用的主要争议存在于共同犯罪人之间供述能否作为补强证据，并进而引发其他类型共同被告人之间的供述能否相互补强等问题。笔者试从检察实务入手，对共犯的供述证据是否需要补强以及如何补强进行实证研究，并进而对

---

[*] 沈威，福建省莆田市城厢区人民检察院副检察长。姚舟，福建省莆田市涵江区人民检察院副检察长。

[①] 本文根据作者参加 2013 年 7 月福建省检察官协会访问台湾检察官协会时在新竹地检署主题交流所作报告而修改成文。

贿赂案件的共同被告人供述证据提出若干基础性补强规则建议,以求对准确定案、避免冤假错案有所裨益。

一、共犯供述证据补强规则的必要性分析

(一) 一起刑事错案的共犯供述证据研究

2011年10月22日上午10时许,犯罪嫌疑人刘某(已判刑)伙同殷某,经策划后由刘某驾驶摩托车载殷某上街游荡伺机作案,在某路口殷某趁被害人邱某不备,将其手上的手提包抢夺走,包内有人民币600元,诺基亚手机一部;此后二人又继续踅至下一个路口,殷某趁被害人曾某不备,强拉其挂在摩托车车把上的手提包,致曾某和摩托车一同倒地,被拖一段距离后,手提包被抢走,包内有人民币2 000多元,手机两部,被害人曾某伤情鉴定为轻微伤。①

公安机关认定本案的证据有:已判刑的刘某供述伙同殷某共同实施抢夺、抢劫2起,赃物均由其变卖挥霍一空。犯罪嫌疑人殷某供述内容与刘某的基本一致,两人在作案时间、地点、人物等情节上供述基本能够相符。该抢夺团伙的另一名同案犯赵某也供述从刘某处听说刘某和殷某有共同实施抢夺、抢劫的行为,且刘某、赵某均通过照片辨认出殷伟明。虽然两名被害人由于是从背后遭抢夺,无法辨认出本案犯罪嫌疑人,但公安机关认为本案证据可以形成一条证据链证实殷某涉嫌抢夺、抢劫罪。

然而,犯罪嫌疑人殷某在检察机关提审时辩解,其在案发当日已在外地打工,没有作案时间,其有罪供述系公安机关刑讯逼供之下无奈承认的结果。检察机关根据其提供的在外地打工的线索,经核实,确认其的确没有作案时间,从而避免了一起冤假错案。掩卷反思本案,如果没有检察机关的提讯犯罪嫌疑人,或者在检察机关提讯时殷某不作辩解,那么依据公安机关提供的证据能否认定殷某涉嫌犯罪?依照公安机关提供的证据分析,犯罪嫌疑人殷某已做有罪供述,且能够得到同案犯刘某供述的印证,还有一份传来证据赵某供述的加强,已不属于纯粹意义上的孤证定案,而且从侦查的现实可能性上看,似乎也并无可继续补强的余地,依据两份有罪供述认定本案似乎并无不妥。

从当前的刑事侦查实践看,越富有侦查经验的警察越敢大胆假设,而以获取犯罪嫌疑人、被告人有罪供述的证据方法开启刑事侦查之门,然而一旦疏于小心求证,则极易种下冤假错案的祸根。犯罪嫌疑人的供述相对于其他证据而言,具有描述犯罪事实真实性的最大可能,但同样基于自身趋利避害以及侦查人员急于破案的外界压力,通常也潜藏着无限偏离真实的危险,对于案件事实的真实还原,犯罪嫌疑人及其同案犯的供述具有"水可载舟、亦可覆舟"的双重可能。而一项非营利团体"无辜研究计划(Innocence Project)"运用DNA科技重新调查以"当事人指认"为主要证据定罪量刑的案件,令人惊讶的结果显示:单凭指认证据所导致的冤假错案的比例,竟然高达68%之多。[2]美国大法官布里南(Justice Brennan)在韦德(Wade)抢劫银行案中形容"当事人指认的言词证据"为:恶名昭彰的不可信赖的(notoriously unreliable)证据。[3]很显然,如果仅凭供述证据——无论是犯罪嫌疑人、被告人本人或是其同案犯的供述——定案,都将导致整个案件证据根基的不稳定,从而影响案件

---

① 本案例为发生在福建省莆田市的真实案例。

(二)共犯供述证据之间相互补强的不可信赖性

共犯的供述证据,是指该两个或两个以上的共同犯罪人除承认自己的犯罪事实以外,还包括供述其他共犯与自己共同参与的犯罪事实。该类证据的特点具有两面性:一方面共犯共同参与犯罪,对相互之间的分工配合较之其他证据更有证明力;另一方面,从人的本性出发,每个共犯基于自身利益的考虑,都会避重就轻,把责任往其他共犯身上推或者出于江湖义气、兄弟朋友等利害关系将责任都往自己身上揽,供述的客观性因此而存在一定问题。因这两方面的考虑,对共犯供述证据是否需要补强,在理论界存在三种不同看法:"肯定说"认为,刑诉法第五十三条规定仅适用于单个被告人的情形,共犯之间互为证人关系,只要可以相互印证就可以定罪[4];"否定说"认为,鉴于供述证据的易变性特点以及共犯之间的利害关系,即使共犯之间供述一致,可以相互印证,也不能据此定案[5];"折中说"认为,对待共犯供述,原则上应坚持刑诉法第五十三条的规定,但在确实无法取得其他证据的情况下,如果同时具备下列情形,可以以共犯的口供作为定案根据:(1)各被告人分别关押,能够排除串供的可能性;(2)各被告人的口供都是在没有任何违法的条件下取得的,能够排除刑讯逼供或引诱、欺骗的因素;(3)各被告人供述的犯罪事实细节基本一致,在分别指认的前提下可以确认他们到过现场;(4)共犯只有2人时,原则上不能仅凭口供的相互印证定罪,共犯为3人以上时才可以慎重行事。[6]177 这个观点在实证层面得到了最高人民法院2000年在《全国法院审理毒品犯罪案件工作座谈会纪要》的印证,该纪要规定:"在处理这类案件时,仅凭被告人口供依法不能定案。只有当被告人的口供与同案其他被告人供述吻合,并且完全排除诱供、逼供、串供等情形,被告人的口供与同案被告人的供述才可以作为定案的证据。对仅有口供作为定案证据的,对其判处死刑立即执行要特别慎重。"虽然目前仅有毒品犯罪的认定运用了该规则,但在适用中不得不让人产生疑问:如果说毒品犯罪因其严重的社会危害性而适用这种要求比较低的补强规则的话,那么诸如危害国家安全、恐怖活动、特别重大贿赂犯罪是否也应采纳该标准?

从学说的内涵分析,折中说与肯定说在实质上是一致的,其为共犯供述证据可以相互补强设置的条件是为了保证供述证据的独立性、可靠性等证据能力的要求,换言之,只要供述证据具备独立的证据能力,那么侦查机关很愿意"创造"出确实无法取得其他证据的前提,导致排除共犯供述证据需要其他证据补强的原则。然而在司法实践中,"折中说"所设置的条件基本不具可操作性,理由如下:第一,分别关押并不足以排除共犯之间在案发前串供;第二,刑诉法第三十三条规定犯罪嫌疑人自被第一次被讯问或采取强制措施之日起即可委托辩护律师,律师会见后之间的沟通交流在实践中屡见不鲜,在程序设计上就无法保证犯罪嫌疑人在进入刑事诉讼程序之后不串供;第三,目前实践中很难完全排除刑讯逼供和诱供的情形。该学说所列的条件,除了人数要求外,基本都无法在实践中以搜集证据的方式来实现。

笔者认为共犯口供无论在何种情况下都不能相互成为彼此的补强证据,仅有共犯供述证据的情形应适用刑法第五十三条的补强规则限制,理由如下:第一,无论共犯之间基于不同的审判程序所成立的形式上的共同被告人关系,还是被告人与证人的关系,共犯之间基于案件本身所产生的利害关系都无法因此而改变。这种因利害关系而出现虚假并误导裁判的可能,不符合供述证据补强规则确立的初衷。第二,在同一逻辑下,如果仅凭共犯供述即可定案,那么在刑事诉讼的每个环节如果共犯同时翻供都可以导致案件不成立,这种司法风险不符合我国刑诉法的立法原则。台湾地区现行"刑诉法"第156条第2款规定:"被告或共犯自白,不得作为有罪判决之唯一证据,仍应调查其他必要之证据,以查是否与事实相符。"该规定明确将共犯供述与被告人供述列为同一地位,纳入口供补强规则的体系之内,值得借鉴。

二、共同被告人供述证据补强规则的文本与实践

共同被告人供述证据的补强规则是隶属于供述证据补强规则的子概念,在讨论前者之前,有必要对补强规则进行相关概念的界定。

(一)补强规则的文本规定

口供补强规则,是指在刑事诉讼过程中,禁止以被告人的自白作为认定其有罪的唯一依据,而要求提供其他证据予以佐证。一般认为,我国1996年的刑诉法第四十六条就是口供补强规则的体现,2013年修改后的刑诉法规定于第五十三条,对基本内容没有改动,只是明示列举了在没有口供情况下,证据确实充分的标准,如下表所示。

1996年刑诉法规定	2013年刑诉法规定
第四十六条 对一切案件的判处都要重证据,重调查研究,不轻信口供。只有被告人供述,没有其他证据的,不能认定被告人有罪和处以刑罚;没有被告人供述,证据充分确实的,可以认定被告人有罪和处以刑罚。	第五十三条 对一切案件的判处都要重证据,重调查研究,不轻信口供。只有被告人供述,没有其他证据的,不能认定被告人有罪和处以刑罚;没有被告人供述,证据确实、充分的,可以认定被告人有罪和处以刑罚。 证据确实、充分,应当符合以下条件: (一)定罪量刑的事实都有证据证明; (二)据以定案的证据均经法定程序查证属实; (三)综合全案证据,对所认定事实已排除合理怀疑。

根据该文本规定,我国对供述证据不作庭上与庭外的区分,无论被告人的罪行轻重以及认罪是否自愿,都必须要有其他证据对其进行补强。修改后的刑诉法新增的对证据确实、充分所列明的三个条件,不仅确立了口供补强规则模式之外的印证证明模式①,而且还确立了证明程度的排他性要求。但纵观整部刑诉法,对于供述证据,特别是共同被告人供述的补强规则的规定仍失之笼统,存在以下问题:

1. 全文关于补强规则的内容只有这一条规定,属于原则性规定,缺乏系统的规则规定。只说明了仅有被告人供述不能定罪的否定情况,但对被告人供述需要何种证据给予补强以及需要补强至何种程度方能定罪则没有正面予以明确。

2. 该条文所指的被告人供述是否包括共同被告人供述、共同被告人供述是否属于其他证据、该其他证据指的是证据种类还是证据数量等问题没有予以明确,导致对依赖共同被告人供述定罪的证据规则适用产生分歧。

---

① 印证证明模式并不将需要补强的证据类型限制在口供,而是扩展至所有可以证明案件事实的证据。

（二）共同被告人的分类

所谓共同被告,是在同一审判程序中被指控犯有罪行而被共同追究刑事责任的人。[7]共同被告人在司法实践中一般有三种形态:第一种是存在共同犯罪关系的共同被告人,即共犯;第二种是虽然没有共犯关系,但是相互之间的罪行存在牵连关系的共同被告人,如事前没有通谋的盗窃犯与掩饰隐瞒犯罪所得、窝藏犯、包庇犯以及对合型犯罪,如行贿与受贿犯等;第三种是既不是共犯,也无牵连关系,但司法机关为了诉讼便利而合并在同一诉讼程序中加以追诉的人。如甲乙丙三个共同被告人,甲与乙共同实施盗窃,乙与丙共同实施抢劫,两案合并审理。这种情况下,由于甲与丙并无利害关系,区别于以上两种共同被告人的情形,可以互为证人,相互之间的证言作为补强证据使用应当没有障碍。具有牵连关系的共同被告人,在相互之间存在利害关系这一点上与共犯相类似,总体上可以比照共犯供述的补强规则加以适用。因此,本文将在研究共犯供述证据补强规则的基础上,对具有自身独特特点的贿赂案件被告人的供述证据进行更为细致的研究。

（三）共同被告人供述证据的补强要求

供述证据的补强在不同法系和不同国家有不同的做法,大体而言可以划分为"罪体说"和"实质说"两种标准。前者是指只要罪体得到补强即可,但对于什么是罪体,又有三种不同的看法:第一种认为罪体是犯罪行为造成的客观损害结果,比如故意杀人罪中的尸体,盗窃罪中的赃物;第二种认为罪体包括上述的结果事实以外,还应该包括该结果是犯罪行为所引起的,例如故意杀人罪中的尸体且该尸体系他杀而不是自杀;第三种认为罪体除犯罪行为、犯罪结果以外,还应包括犯罪行为人与被告人的同一性,例如故意杀人罪中的尸体且该尸体系被告人所杀。"实质说"则认为,只要供述证据的真实性得到补强即可,只要供述证据的真实性得到其他证据佐证,即可定罪。

而我国学界的主流观点认为应当采纳"实质说",即只要达到确立供述证据的真实性标准即可。补强证据通过对供述内容中各个片段和环节的验证与补强,以此实现对供述证据内容真实性的证明。补强证据在对供述证据的真实性进行补强的同时,必然会产生与供述证据共同证明案件主要事实的结果。法官能够依据供述证据与补强证据达到对案件事实的认定。

但值得注意的是,司法实践中,最高人民法院的判例所体现出来的谨慎态度,并不是采用"实质说"的证明标准。最高人民法院刑一庭在《新刑诉法及司法解释案例精析与理解适用》里列举了一个案例:被告人王某与其父亲王某某因家庭矛盾不合,两人发生多次争吵。据王某供述,其于2003年8月18日晚11时,携带起子、木柄U形火叉进入王某某房间,见其熟睡,王某用火叉叉住王某某脖子,用起子从王某某左耳处刺入大脑,致王某某当场死亡。王某随后将此事告诉其妻子游某,并要求游某帮助转移尸体,二人将王某某尸体装入麻袋后,用木艇运至水库,并把石头捆绑在麻袋上将尸体沉入水库。同年9月8日,村民发现一只装有尸体的麻袋浮在水库水面。王某得知后,于次日晚再次将尸体沉入水库。但王某某的尸体至今无法找到。王某的供述得到其妻子游某的印证,证明王某作案后告知了其杀死了王某某,并当面将裹好的尸体装入麻袋沉进水库;村民的证言也证实看到水库中发现装有尸体的麻袋;血迹鉴定书证实在王某某房间内提取到的血迹与被告人王某有亲权关系。一审法院认为本案证据充分,可以形成一条完整的证据锁链,以王某犯故意杀人罪判处无期徒刑,以游某犯帮助毁灭证据罪,判处有期徒刑两年、缓刑三年。二审法院审理后认为,虽然王某与游某二人在庭审时均作有罪供述,且在一定程度上有其他证据佐证,但原判认定王某杀死其父亲后沉尸灭迹仍属事实不清、证据不足,不能据以定案,表现在:第一,尸体和作案工具均未找到;第二,村民发现装有尸体的麻袋无法确认即为王某某尸体;第三,王某与游某虽然都供述将王某某沉尸水库,但尸体至今未能找到,不能证明王某某确已死亡,更不能证明王某某死亡的时间和原因。因此,无法认定王某、游某有罪,最后判决撤销一审判决,宣布王某、游某无罪。[9]252

本案中,虽然两名具有牵连关系的被告人均做了有罪供述,该供述也能够得到血迹鉴定、村民证言等间接证据的补强以印证供述的真实性,但在犯罪损害尸体无法查明的情况下,仍不能够据以定案。纵观二审法院认定事实不清、证据不足的理由虽然有三点,但总结起来就是没有尸体,所以导致了最终的无罪判决,很显然,对于被告人有罪供述的补强规则这里采用的是更为严格的"罪体说"而非"实质说"。最高法刑一庭进而指出:"不能仅凭言辞证据,尤其不能仅凭同案被告人供述认定犯罪事实。由作证主体的利害相关性和证言来源的特点决定,同案被告人供述等言辞证据往往具有易变性、主观性等缺点。如果仅凭同案被告人供述定案,那么,整个案件事实认定的基础就极不扎实,容易因同案被告人的供述的改变而改变。必须有其他证据,如物证、书证来直接保障和补强同案人供述的证明力,以保证证明结论的排他性。"[9]256

三、贿赂案件共同被告人供述证据的补强规则

补强规则属于证明力规则,一般而言,证据对待证事实有无佐证作用以及佐证作用的大小是因案件而异的,成文法律很难对此做出一个统一的规定,也就是说,对证明力的评价应当由事实审理者根据逻辑与经验自由进行判断,而不应当由法律加以概括规定。因此,本文在共犯供述证据补强规则的基础上,试就具体类案,即贿赂案件的行、受贿被告人的供述证据补强进行以下几个方面的探讨:

(一) 行、受贿被告人供述补强之必要性

行、受贿被告人之间的联系不如共犯被告人,且二者的犯罪故意也完全不同,因其犯罪行为隐蔽、直接证据稀缺等特殊性,有观点指出行受贿被告人的供述可以互为证言补强,直接依据口供定罪。[10]从侦查实践看,贿赂案件的侦办过程中,的确长期存在"线索初查→控制受贿嫌疑人→获取口供→依据口供获取相对人言词证据→再讯问受贿嫌疑人→定案"的"由供到证"的侦查模式,供述证据在此类案件中具有不可替代的作用,如果排除行受贿双方的供述,基本上不可能做到以间接证据定案。也正因为这样,如果仅凭行受贿双方供述定罪,将导致以下两方面风险:一方面,行受贿双方都是该类行为的既得利益者,二者对于被查处的行为指向具有共同利益的利害关系,因此可能做出虚假供述。正如台湾地区"高等法院"在2013年第1729号判决所指出的那样:"对向犯(如贪污、选举贿赂、贩毒等罪)及被害人、告诉人,性质上虽非共犯,然在刑事诉讼程序上,与被告处于相反之立场,所为陈述或不免渲染、夸大,而有所偏颇,客观上其证明力显较于被告无利害关系之一般证人之陈述为薄弱,为免过于偏重其等之指证,有害真实发现及被告人权保障,并落实刑事诉讼法推定被

无罪及严格证明法则,对向犯及被害人、告诉人之陈述与被告、共犯自白之性质类同,其自白之证明力,依相同法理,亦均应有所限制。亦即,对立共犯及被害人、告诉人之陈述不得作为有罪判决之唯一证据,须其陈述并无瑕疵,且就其他方面调查,有补强证据证明确与事实相符,始得采为被告论罪科刑之基础。"另一方面,供述证据在无其他客观证据补强情况下改变起来很容易,司法实践中尚少没有被告人供述而定罪的情况,恰恰相反的是,行受贿被告人庭上一方或双方翻供导致撤案或判无罪的情况多。因此,行受贿双方被告人供述与共犯供述一样应受补强规则的约束。

(二) 行、受贿被告人供述补强之对象

为细化阐述供述补强对象,根据我国刑法犯罪构成四要件的传统理论,对补强对象做以下区分和讨论:

第一,对于犯罪主体,一般认为不需要补强,只有在出现年龄或精神状态可疑以致可能影响正常判断时,才需要另行启动补充侦查程序。但是贿赂案件的受贿人均为国家工作人员的特殊主体,其关于身份的供述需要补强。

第二,犯罪的主观要件一般认为不需要补强,这在各国的规定和实践中都没有什么异议。因为主观方面属于被告人的心理活动,客观上寻找其他佐证较为牵强和苛刻,但法律规定客观行为可推定主观故意的除外。值得注意的一个倾向是,司法实践中,侦查机关均十分重视对被告人是否有作案动机的查明,因为从生活经验判断,犯罪动机是被告人实施犯罪的根本动因,是确认被告人是否就是犯罪行为人的重要参考因素。如果没有犯罪动机而实施犯罪,则有两种可能:要么供述真实性存在问题;要么被告人的精神状态存在问题。而这二者都将对法官的最终判决产生决定性影响。此外,与犯罪故意不同的是,证实犯罪动机的客观证据也能够经常被发现,这一点表现为侦查人员制作行、受贿笔录时通常有一条类似格式条款的提问:"你为什么要送钱(财物)给某某人? 某某人为什么要送钱(财物)给你?"有罪供述的答案不外乎是因为受贿人握有某项职权,行贿人送钱的目的是权钱交易以换取更多的经济利益。而该方面供述的补强只要提取相关职权以及权钱交易项目的书证即可,这在司法实践中应该说,是具有可操作性的。

第三,对于犯罪构成的客观要件,全部或至少是主要部分的事实需要补强。按照刑法第三百八十五条的规定:"国家工作人员,利用职务上的便利,索取他人财物,或者非法收受他人财物,为他人谋取利益的,是受贿罪。"其客观行为包括三个方面:

(1) 利用职便。该方面的补强只要有其任职及职务内容的书证即可,至于是否利用了职便,需要与为他人谋利的事项相联系方能证实,因此需要补强相对人请托事项存在并与其职权具有有关联系的证据。

(2) 非法收受(索取)财物。财物是本罪最主要的客观存在,也是因此损害本罪客体即国家工作人员廉洁性的主要因素。职便与财物的因果关系决定了本罪的构成,因此在补强前者的基础上,关于财物的证据补强对于确立贿赂案件具有十分重大的意义。一般而言,实践中的财物包括金钱、实物以及可以用金钱计算数额的财产性利益。实物需要提取本身以物证形式补强毋庸置疑,财产性利益需要相对人提供相应票据证据予以证明补强也当无异议。这里仅对货币以及近年来实务中逐渐出现并流行的购物卡如何补强进行讨论。

① 货币。货币具有种类物的一般特性,且一旦进行流动就会融入整个社会经济的流通

体系而无法确定其归属,因此小额的货币交易是无法进行财物部分的证据补强,但这并不意味着所有贿赂行为中的货币交易都不需要证据补强,如我市某局副局长吴某受贿案中,侦查部门指控吴某收受蔡某(涉嫌行贿罪被立案)美金1万元及人民币5万元,其中1万美元部分不仅将严重影响量刑,且系吴某的立案线索,还涉及自首问题,属关键事实,故审查起诉的公诉人两次将本案退回侦查部门要求补充关于该1万美元的来源、去向的证据用于补强当时还一致对应的吴某和蔡某的供述。然而侦查机关既无法提供相关存取款或外汇兑换记录以证实资金来源,也无法就吴某供述的将该1万美元用于牙科诊所投资的事实进行排查。最终,在该案起诉至法院后,由于吴某和蔡某双双翻供,该1万美元的事实遭到法院删减,理由之一就是"控方无法从该款来源及去向角度佐证该1万美元钱款交易的存在"。笔者认为,对于数额较大且系定案关键的货币,其来源和用途无疑将成为考察供述真实性的主要依据,即使从标准较低的"实质说"出发,都有补强之必要。故建议对10万元以上(即可能判处10年以上有期徒刑的贿赂案件)的贿赂款应当补强其货币来源、受贿人收取货币后的去向及用途。

②购物卡。之所以要另行讨论购物卡的补强规则,一方面是因为该类受贿媒体作为财产性利益逐渐兴起,另一方面也是因为法院对购物卡如何认定以及是否需要补强认知不一。从我市近三年的司法审判上看(如下表),法院对于购物卡部分事实之采信有愈加大胆的趋势,不仅在数量上有明显增加,而且越是基层院越敢采信,更重要的是,上述判决均系在仅有行受贿供述而无实物在案的情况下做出,可谓完全以货币交易型贿赂犯罪的证据标准来定谳购物卡型贿赂。但显然,如果仅有行受贿被告人供述而无其他证据补强,就以购物卡卡面金额认定案件数额是没有依据的,理由如下:一是购物卡不同于银行卡,其使用受发卡商家限制,只能在指定场所消费,一般无法兑换为货币现金,因此购物卡不能适用银行卡的规定,以卡面数额认定。二是两高在《关于办理商业贿赂刑事案件适用法律若干问题的意见》第七条中明确规定:"可以用金钱计算数额的财产性利益,如提供房屋装修、含有金额的会员卡、代币卡(券)、旅游费用等。具体数额以实际支付的资费为准。"也就是说,购物卡的在贿赂案件中的数额认定应该以相对人实际购买购物卡的数额为准,而在现实中,由于商业竞争,商家在销售购物卡时普遍存在打折促销的情况。以卡面金额认定贿赂金额不仅不利于被告人,且违反两高的司法解释规定。因此,对于以购物卡作为财物内容进行行、受贿犯罪的,应当对购物卡环节做如下方面的补强:首先应提取购物卡实物,证实其真实存在;如确实无法提取到的,应收集销售购物卡商家的销售证据以证明其销售价格。

年份	受贿案件总数	购物卡受贿案件数	法院予以认定(存在购物卡实物)	法院予以认定(不存在实物)	审级分布
2010	38	3	0	3	中级法院:3 基层法院:0
2011	35	2	0	2	中级法院:1 基层法院:1
2012	49	11	0	11	中级法院:1 基层法院:10
合计	122	16	0	16	中级法院:5 基层法院:11

③ 实物。与购物卡仅"一墙之隔"的实物型贿赂却在实践中享受到了天壤之别的待遇，检法两部门对此态度十分明确，必须有实物在案且经鉴定，否则即便行受贿双方对实物的形状、价值等有十分明确且一致的供述仍不得采信。从办案情况来看，实物不在案的贿赂型案件大部分在侦查阶段就会被侦查部门自我否定，少部分坚持移送起诉后也会被审查起诉部门否定（见下表）。

年份	实物型贿赂案件数（含实物/不含实物）	实物型贿赂案件移送起诉数（含实物）	实物型贿赂案件移送起诉数（不含实物）	审查起诉结果
2010	7(3/4)	3	0	认定3起
2011	5(0/5)	0	2	全部不认定
2012	2(1/1)	1	0	认定1起
合计	14(4/10)	4	2	认定4起（全为含实物）

如此严苛的判断标准同样被适用于供述补强之上，在2011年被移送审查起诉的2起无法提取到实物的案件中，侦查机关认为涉案实物分别为黄金、软壳中华烟等带有一定流通性质的等价物，故先后补充了购买证明、价格评估鉴定结论等证据来补强口供，但审查起诉部门最终都以实物不在案，无法判定真伪及价值为由删减了事实。笔者认为，提取实物固然是实物型贿赂案件最有力的补强措施，但也不宜限定为唯一补强措施。理由在于，对于具有一定等价流通性质的实物，如烟酒、黄金等物，较多受贿人在接受后都会变卖以换取相应对价，在危害后果方面与货币型贿赂并无区别，如果对此类贿赂案件均以实物不在案为由一律拒绝除提取实物之外的证据补强，无疑将放任甚至鼓励此类犯罪，导致不良的法律指导效果。笔者建议，对于特定化程度较高的实物，如特定工艺品、玉石等，应以提取实物作为必要补强措施；对于具备一定等价流通性质的实物，以提取实物为原则，但如果实物无法提取，若能补强行贿人购买实物的商店的销售记录、经营者证言、受贿人变卖实物的记录等证明实物来源、去向的相关证据，且与行受贿供述相互印证的，仍可作为补强措施予以采信。

（3）为他人谋利。有观点认为为他人谋取利益属于受贿罪的主观要件，为他人谋利是行、受贿人之间货币与权力交换达成的默契，就行贿人而言，是对受贿人提出的一种要求；对受贿人而言，是对行贿人的一种答应。因此只是受贿人的一种心理态度，属于主观要件的范畴。[11]也有观点认为，无论是客观要件说、主观要件说，还是主客观要件统一说，都无法克服自身学说上的缺陷，应取消"为他人谋利"作为受贿罪构成要件的地位，仅将其列为量刑情节处理。[12]从上述两种观点所阐述的内容来看，均是由于"为他人谋利"在实践中难以取证而试图归类于主观要件或量刑条件，从而只要行受贿人的有罪供述即可定罪。但从现有的法律规定分析，最高人民法院于2003年11月13日在《全国法院审理经济犯罪案件工作座谈会纪要》规定：为他人谋取利益包括承诺、实施、实现三个阶段的行为。只要具有其中一个阶段的行为，即可构成为他人谋利。这三行为呈进程上的递进关系，后者均包含了前者，存在实施行为的必然有承诺行为，能够实现的必然要经过实施，因此，承诺是三行为中最低等次的要求。从逻辑上讲，连接职权内容与请托事项之间的纽带即"为他人谋利"的行为，该行为显然是一种外在的客观行为，只不过由于承诺行为的隐蔽性和单一性，通常无法为第三人所知晓而无法由第三方证明。因此,从现实可能性考量,对于承诺类型的为他人谋利行为除非能够实现以获取"实时证据"①为主要侦查手段的普及,否则无需证据补强;对于已有实施行为或已实现请托事项的应该有相应证据补强。

第四,犯罪客体涉及的是抽象的社会关系,内化于犯罪中,无需用证据来特别证明,因此无需补强。

(三) 行、受贿被告人供述补强之程度

补强程度是指补强证据需要达到什么样的证明程度才可以被认定为是已经达到了补强的目的。理论界大致存在三种不同看法:绝对说认为,除口供本身之外的补强证据应能够达到排除合理怀疑的证明程度;相对说认为,口供与补强证据结合能够证明犯罪事实即可;折中说认为,法庭外的口供应以绝对说为标准,法庭上的口供以相对说为标准。大陆地区辽宁抚顺市顺城区检察院于2000年8月推出了《主诉检察官办案零口供规则》以及大陆地区民间推出的《中国证据法草案建议稿》第二百三十三条认为:补强证据应当达到能够独立地证明犯罪事实是被告人所实施的程度。二者采纳的是绝对说的标准。由于我国刑诉法不区分庭外供述与庭上供述的效力,因此一般司法实践都是采纳相对说的标准。实务上,有人提出应当允许针对不同类型的案件,制定不同的补强证明程度:在较为严重的犯罪中,如故意杀人、抢劫等,应严格限制犯罪嫌疑人、被告人供述证据的证明作用,要求更为完整的补强证据;而对于一些轻微的犯罪,可以赋予供述证据以较大的证明力,仅要求一定程度的补强证据即可。至于具体的标准,则需要在司法实践中去逐步形成和完善。[13] 具体就行受贿被告人供述的补强而言,如果采纳绝对说,不仅事实上架空了供述的证明作用,而且在事实上如果排除行受贿双方供述,其他补强证据几乎都是间接证据,基本不可能形成完整的证明锁链,因此行受贿案件的补强程度应当采纳相对说,即行受贿被告人的供述与补强证据能够共同形成排除合理怀疑的结论。

四、结 语

口供的补强规则属于证明力规则,作为对自由心证原则的例外与约束,对由证据构建起来的法律事实起到了保障真实性的基础作用,但成文法无法一一确定各类案件补强的范围和补强的程度,仍然要依赖于事实审查者的内心确信与认同。囿于研究的时间和文章的篇幅,笔者无法对各类共同被告人供述的情况进行逐一的分析论证,这里仅就贿赂案件的分析而引申出共同被告人供述的补强规则进行一些基础性的梳理,以求对审查同类案件有所帮助。

第一,只有一项供述证据,无论其为被告人供述,或共犯供述,或对向犯供述,均不得单独依此定罪,必须依赖于其他证言或非言词证据相互印证,至少须就符合法定犯罪构成要件之关键、重要部分事实的存在进行补强。

第二,用于补强的其他证据应独立于被告人供述,尤其应注重书证、物证等非言词证据

---

① 所谓实时证据,是指通过采取窃听、跟踪、秘密录音录像等技术侦察手段直接获取的反映犯罪嫌疑人即时犯罪情况的证据。

的收集。

第三,用于补强的其他证据不仅要达到确立供述证据的真实性标准,而且必须对案件的损害结果有所证明。

第四,修改后的刑诉法较之以往,对供述证据的补强规则提出了排除合理怀疑的补强标准。供述与其他补强证据相结合应达到可以排除合理怀疑得出唯一结论的证明程度。

参考文献:

[1] 刘浪. 自白补强规则实证分析[J]. 华东政法大学学报,2012(5).
[2] 葛里森. "无辜计划"在行动[J]. 检察风云,2008(17).
[3] United States v. Wade. 388U. S. 218,1967.
[4] 刘建军,李满洪. 浅析共同犯罪中被告人供述和辩解的证据价值[J]. 现代法学,1995(1).
[5] 吴丹红. 论共犯口供的证明力[J]. 中国刑事法杂志,2001(5).
[6] 陈光中. 刑事诉讼法学[M]. 北京:中国政法大学出版社,1999.
[7] 李杉杉. 论共同被告口供的证据能力[J]. 商业经济,2007(9).
[8] 赵宁. 我国被告人有罪供述补强规则探析[J]. 犯罪研究,2004(4).
[9] 黄尔梅. 新刑诉法及司法解释案例精析与理解适用[M]. 北京:法律出版社,2013.
[10] 胡嘉滨. 口供补强证据规则基本问题初探[J]. 北京人民警察学院学报,2006(1).
[11] 吴明磊. 口供补强规则在贿赂案件中的适用[J]. 人民检察,2001(12).
[12] 高忠祥,苏晓. 浅议受贿罪中"为他人谋利益"要件[EB/OL]. [2014-05-30]. http://www.jcrb.com/jcpd/jcll/201007/t20100721_389296.html,2014-5-30.
[13] 汪建成,孙远. 刑事诉讼中口供规则体系论纲[J]. 北京大学学报,2002(2).

(责任编辑:王禄生　审校:熊樟林)

分离与互动:家事纠纷诉调对接机制之完善

黄银斌[*]

摘　要:在"大民法"观念的影响下,家事案件适用一般民事诉讼程序,无法满足家事纠纷及其化解程序的特殊性要求。各地法院积极探索家事纠纷联调机制,动员社会力量参与纠纷化解工作。但是,由于在实践中社会资源协同配合不足,而且法官承受着调解率和办案任务的双重压力,难免出现调解法官和审判法官的一体现象,导致法院调解面临"合意贫困化"、"调解强制化"的实践困境。本文将比较分析日本、澳大利亚家事纠纷化解制度,总结家事纠纷调解机制的本土经验,整合互补资源,"有限地分离"法院调解和诉讼程序,以完善家事纠纷诉调对接机制。

关键词:家事纠纷　诉调对接　有限分离　对接互动

Separation and Interaction: Perfecting the Connection Mechanism of Litigation with Mediation in Family Disputes

Huang Yinbin

Abstract: Being under the influence of the concept of Broad Civil Law, the family disputes with other civil disputes are incorporated into the normal proceeding, which doesn't meet the practical requirement of the resolving family disputes. The local courts explore joint mediation mechanism of family disputes to mobilize public communities. However, the communities play poorly together in judicial practice. Moreover, the judges undertake both trial and mediation, which lead to lacking of consensus in mediation. Basing on comparative analysis the practice of Japanese and Australia system to solve family disputes, the practitioners should limited separate the proceedings of litigation and mediation.

Key words: Family Disputes; Connection of Litigation with Mediation; Limited Separation; Connection and Interaction

"家和万事兴",作为社会的细胞,家庭的和睦幸福关系到个人发展和社会进步。但是,目前我国婚姻家庭、继承纠纷案件每年约占民事案件的四分之一(见图一),数量较多且不断增加。家事纠纷不仅严重困扰着当事人,还影响到子女的正常生活,威胁社会的健康发展。

---

[*] 黄银斌,福建省厦门市同安区人民法院书记员,法学硕士。研究方向:民商法学。

本文将分析我国家事纠纷化解状况,比较日本家事法院的调停制度和澳大利亚"家事关系中心"的调解制度,借鉴其创新亮点,检讨我国家事纠纷解决机制的缺漏,并尝试重构家事纠纷诉调有限分离和对接互动的二元机制。

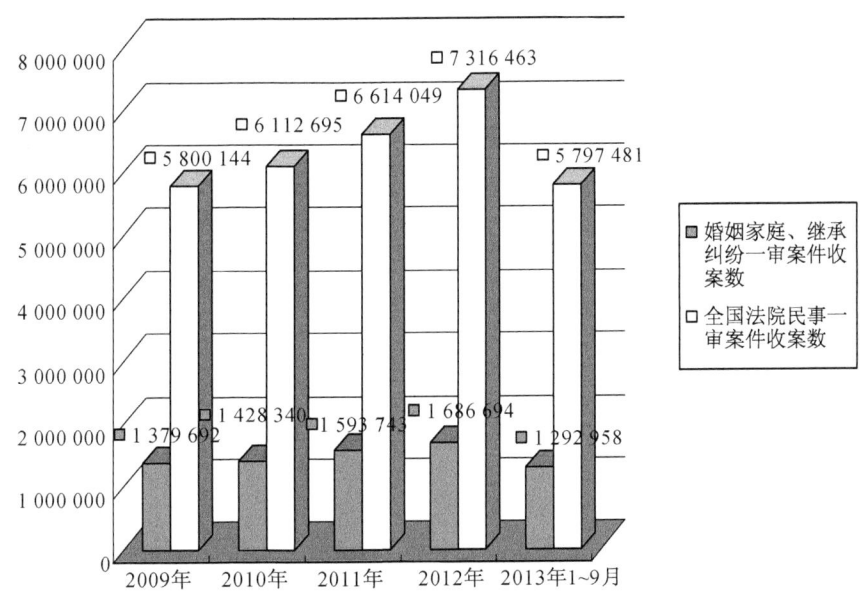

图一:全国法院2009年至2013年1~9月婚姻家庭、继承纠纷案数情况(单位:件)

注:数据来源为最高人民法院网

一、家事纠纷解决程序的特殊性

(一) 家事纠纷的特性

家事案件通常涉及当事人间的爱恨情愁,牵扯到财产权益和情感纠葛双重因素,与其他类型的民事纠纷相比,有其特殊性:

首先,家事纠纷充斥着强烈的道德伦理色彩。家庭成员因血缘等因素而产生情感关系,存在着次序分明的身份关系,其权利义务分配是以特定身份为依据。家庭成员在相处过程中夹杂着复杂的情感伦理因素,其和睦相处或对立纷争基本上是当事人的感情维系或变动恶化所致,捉摸不定的感情和复杂多变的心理状态使得"家事纠纷的过程时时刻刻在流动,对它的变化无法预先判断",并且"引起家事的原因复杂而不能轻易地探明"[1]。家事纠纷的伦理特性主导着纠纷解决中的非理性因素,当事人的情感态度直接影响着解决效果,使纠纷解决存在极大的偶然性。

其次,家事纠纷具有较强的社会公益性。作为社会的基本单元,家庭承担着教育、繁衍后代的社会功能,其成员关系的和谐始终是社会健康发展的前提。一旦发生家事纠纷,如果得不到及时合理的解决,容易引发家暴、青少年犯罪等社会隐患,从而会酿成个人、家庭甚乃至社会问题。基于社会成员生活的连带性,家事纠纷主体具有开放性,在一定意义上"牵一发而动全身"。家事纠纷的化解已超出个人和家庭隐私的范畴,威胁到社会整体秩序的稳定性,从实质上与社会共同体的根本利益息息相关。

再次,家事纠纷具有天生的隐蔽性。"家丑不可外扬",传统观念将家庭生活情况作为评价个人道德形象的重要标准,并会对个人的社会发展产生影响。当事人认为家事纠纷的发生是一件很不光彩的事情,并会给自己和他人造成不必要的身心伤害,因而会从维持家庭稳定的角度排斥他人的探知和介入,尽可能保密纠纷事实。与此同时,家事纠纷发生在日常生活中,纠纷事实难以体现在书证、物证等证据材料,当事人也不会有意识地收集和保留证据;一旦矛盾升级,当事人倾向于自身立场着眼,隐藏或伪装事实证据,并容易情绪激动,仇视、攻讦对方,尽可能地阻碍查明事实,以致当事人的过错程度难以确定。

(二) 家事纠纷解决程序的特殊性

正是家事纠纷的特殊性,表现出感情用事、情绪激动等一系列非理性行为,决定了不宜采用对抗的方式评判当事人的对错并对纠纷做出非输即赢的裁决,而需要平和地化解纷争,力促婚姻家庭生活恢复到常态。然而,在当事人处分主义被强化的情况下,大量家事纠纷被纳入诉讼程序。尽管理论上认可家事纠纷的特殊性,但在"大民法"观念的影响下,家事案件与其他民事案件一样,都统一适用一般民事诉讼程序。

依靠"对抗—判定"的一元方式终结纠纷的诉讼程序,忽视了化解家事纠纷是以修复关系和恢复生活常态为宗旨,无法满足维护家庭关系稳定的现实需要。正如日本学者我妻荣指出:"身份关系是非合理的关系,家事纠纷的基础就是身份关系,其身后潜藏着复杂的人际关系,表面上看,有财产分割、精神安慰费、养育费等支付金钱的请求,其根本则是夫妻间、亲族间情感上、心理上的纠葛,即埋藏着的非合理因素。因此,为了解决表面上的法律纠纷,有必要先解决这些非合理的要素。显然,对待非合理的关系,适用合理的一般基准是不适当的。"[2]在情感混乱的非理性状态下,当事人难以轻易宽容对方,如果此时将纠纷置于诉讼程序中,不仅无助于消除隔阂,反而当事人会为赌气或赢得诉讼而相互攻击,不惜代价地挖掘和公示对方隐私,导致当事人积压更深的仇恨,不利子女抚养等后续关系的处理。

然而,适用规范的开放性、利益考量的整体性、情感修复的前瞻性等优势,家事调解会考虑当事人的心理感受,营造轻松的对话氛围,尽可能尊重当事人的隐私,将纠纷解决限制在一定的范围内,促使当事人放下思想包袱进行冷静地思考。调解者也可以不受程序设计的束缚,主动约谈当事人的亲属、邻居等,能动地发现家事纠纷的客观事实和争议焦点,并注重民俗习惯等规范的应用,有针对性引导当事人考虑婚姻家庭的长远利益,消弭当事人间的对立冲突,从而彻底有效地化解纠纷,重建家庭成员间的信任关系,避免纠纷解决过程中面临山杠爷的"尴尬"和秋菊的"困惑"。因此,调解制度会尽可能使情理和法理的标准趋于一致,更加契合家庭纠纷的目的:不仅定位于化解眼前的矛盾纠纷,还立足于修复当事人之间的情感关系。

二、我国家事纠纷调解制度的现状分析

(一) 家事纠纷调解制度的实践探索

受"大民法"观念影响,在家事纠纷化解领域,我国尚无独立的家事调解制度,与其他民

事纠纷一样,将其纳入法院调解工作范畴。随着近年来家事纠纷不断增多且案情复杂,司法实务中逐步肯定家事纠纷的特殊性,各地法院一直探索符合纠纷化解规律的实践模式。而在构建"大调解"体系的背景下,最高人民法院出台《关于建立健全诉讼与非诉讼相衔接的矛盾纠纷解决机制的若干意见》,部分法院通过"对传统资源的利用与恢复,对'中国'与'家事'因素的重视与回归"[3],积极探索家事纠纷化解新模式。例如,厦门市同安区人民法院结合辖区内家事纠纷一直占较高比例的情况,于2005年试点成立"农村家事纠纷援助中心",开创基层组织、人民法庭、司法所等齐心协力依靠农村公共资源化解"家务事"的新思路,能动参与农村社会管理创新。援助中心制定了工作细则,其挂靠在村调解委员会,确立了"受理登记、处理原则、协议签订、回访、工作记录存档"的程序制度,统一设置家事纠纷调解台账,制作"家事纠纷登记簿"及家事纠纷专用调解协议书。一旦发生纠纷,凡有村民向中心求助或调解员了解到情况,调解员就会尽快赶赴纠纷现场,依据"乡约民俗"①等规范,充分运用情理和法理进行劝解,努力化解纠纷。而对于事实争议较大、难以劝解的纠纷,驻援助中心法官则及时到达现场,听取当事人的意见,通过走访了解缘由,认真分析纠纷事实,并通过释法析理促调解协议的达成,并应部分当事人的要求,就地对调解协议进行司法确认,促使当事人主动履行义务。

继同安法院首创"农村家事纠纷援助中心"后,其他地区法院同样意识到家事纠纷及其化解机制的特殊性,逐步探索家事纠纷综合协调解决机制,以应对家事纠纷化解工作所提出的新课题:江西省崇仁县法院于2011年设立"家事调解室",抽调对处理家事纠纷具有丰富经验的资深老法官担任调解室主任,借助基层调解组织、妇联、关工委、社区村组街道干部等社会资源作为调解员,轮流坐诊化解家事纠纷,探索诉前、庭中、庭后全程化解纠纷,尽可能将家事纠纷化解在"家门口",或尽可能使当事人减少对抗,促使双方冷静理性对待裁判结果;2012年,江苏省常州市金坛区法院联合司法局、妇联、团委创新成立家事纠纷联调室,配备熟悉家事案件并具有丰富经验的专任法官,聘任德高望重的社会贤达为人民调解员参与纠纷调解,其集法、理、情于一体,为当事人提供指导和服务,注重诉前化解家事纠纷,有效节约司法资源;2013年,杭州市西湖区法院联手司法局、妇联成立浙江省内首个婚姻家庭纠纷专业调解团队,其由法院特邀调解员、司法局人民调解员、妇联妇女儿童维权和法律援助志愿者等42人组成,并将专业心理咨询师引进诉前调解,全面整合心理学和法学资源,进而通过委托、邀请或由当事人选择调解员化解家事纠纷;2014年,深圳市盐田区法院积极探索家事纠纷综合协调解决机制,其依托法院专业化家事审判机构平台,集中整合司法局、民政局、妇联、团委、公安局等力量和资源优势,建立家事调查员和调解员制度,设立人身安全保护机制,着力推进家事纠纷全程调解、人身保护、专业心理辅导、妇幼老权益保护机制,强化家事纠纷调解工作,引导当事人客观理性对待纠纷,尽可能减少对抗,促使当事人相互谅解,有效化解司法审判压力,并有助于家庭稳定和社会和谐。

(二)家事纠纷调解制度的实践困境

各地法院家事纠纷化解实践是我国基层法院化解家事纠纷工作的缩影,在一定程度上

---

① 援助中心法官化解"接脚夫"纠纷是成功运用闽南风俗习惯进行调解的典范,也是该院文化建设与司法为民实践相结合的成功案例。见许翠霞,王勤芳.从"接脚夫"的习俗谈善良风俗的认定——由厦门同安区一则审判案例谈起[J].河北经贸大学学报(综合版),2009(4):23-28。

反映出我国家事纠纷调解制度的实践现状,其运行过程中所遇到的共性问题凸显出家事纠纷调解制度的实践困境。

1. 社会资源的协同配合不足问题

我国家事调解制度本意在于继承和发展了中国调解传统,重视辖区本土经验的实践理性,统合妇联、村调解委员会等基层社会力量,并积极运用风俗习惯等以妥善化解家事纠纷,促进家庭成员间、邻里之间关系和睦稳定。然而,随着城镇化进程加快,"市场中国"改变了中国的乡土社会结构,传统宗族权威备受挑战,家族式调解逐步式微,人民调解在半熟人或陌生人社区中的作用有限,加之行政机构因政策激励不足而缺乏调解积极性,导致家事调解工作尽管名义上由基层调解组织主导,但人民调解员等社会资源参与积极性不高。在实际工作中,仍主要由法院第一时间介入纠纷,实际地承担家事纠纷化解工作,其无法在程序上与法院诉前调解相区分,法院的工作压力并没有得到缓解;专业人士的(如心理咨询师)参与度不高,影响纠纷化解工作的专业化程度,人民调解委员会等部门协作作用发挥不足,参与调解工作的积极性不高,非诉调解的社会资源并没有完全得到调动,没有达到调解员和法官在家事纠纷工作中各司其职的预期目标,无法实现非诉调解、诉讼调解与诉讼程序的衔接。

2. "调审一体化"的程序架构倾向问题

尽管在司法实践中基本都认为家事调解制度属于"自治型"的纠纷解决方式,要求遵循民事诉讼法规定的自愿调解原则,充分尊重当事人的意志,将调解视为诉讼程序的备用制度,赋予当事人的程序选择权,并无强制要求应当经过调解(离婚纠纷除外);但是,由于基层调解制度没有充分发挥案件分流功能,大量家事纠纷涌入法院,法院调解承担着化解家事纠纷的重任。而当前法院面临案多人少的困境,加上重视调解结案率的司法政策导致法院调解的主持人员与审判案件的法官重合现象的出现,法官担当着说服和判定的双重功能,形成了"调审一体"程序结构。由于调解理念的强化,调解结案率、服判息诉率等成为法官业绩考核的重要指标,与年终奖惩等直接挂钩,并且错案追究制度等评价案件发回、改判情况,使得案件处理结果直接关系法官业务能力评价,无形地将法官的个人利益与当事人对案件处理态度绑定起来,"使得本与案件无利害关系的法官间接地与案件处理的评价体系产生了'利益'关系"[4]。尽管调解应遵循合法原则,但并没有像审判严格遵循程序并严格依法做出判定,只要求不损害国家、集体、第三人的利益和不违背公序良俗,一定程度上软化了民事法律规定。在"调审一体"程序结构下,主持调解的法官又控制着审判权,面临纠纷处理结果与其存在"利害"关系的困境,难免会利用主持者的话语优势,动员所拥有的资源并运用各种纠纷处理技巧,极力提出自己认为"正确合理的解决方式"。"在调解者对具体纠纷的解决持有自己的利益时,往往可以看到他为了使当事者达成合意而施加种种压力的情况。""因为调解者对当事者常常持有事实上的影响力"[5],积极"利用"调解程序可能进入或回归审判的威胁而"强制"当事人同意调解方案,采取"以拖压调"、"以判压调",排斥自主合意的形成,出现了调解强制化或是合意贫困化的倾向,"异化"的法院调解蒙上了"审判阴影",导致部分学者质疑法院调解对权利保护功能①。

---

① 有学者认为,即使调解中的让步是当事人自愿做出的,但仍存在对权利保护不足的问题。见:李浩.民事审判中的调审分离[J].法学研究,1996(4):62.

"当然,我们不能说现在民事诉讼中的调解都是在违背当事人意愿的情形下达成的,但十分清楚和不可否认的是,在目前这样的司法环境中,强制调解的情形必然会高频率发生,强制调解难以避免。"[6]在调解率等评价指标驱动下,调解法官会积极营造有利于实现评价指标的环境,虽然为当事人合意解决纠纷提供了沟通平台,但法官仍会对纠纷的解决进行"干预",模糊了诉讼和调解的界线。"诉调一体"架构固然有助于调解和审判程序转换,促使纠纷化解结果既尽可能符合原有事实,又最大限度遵循法律和政策的要求;但法官则面临双重角色的矛盾,尤其在评价指标压力下,法官将利用对调解的引导支配权,通过以劝压调、以拖压调等手段,自觉或不自觉地对当事人施加压力,排斥当事人的自治性,出现调解强制化趋向,甚至法官可能为促进调解而采取"各打五十大板"的葫芦官结案方式,不仅使法院调解背离合意的本质属性,贬损法院调解的正当性基础,还会影响调解协议的自觉履行、当事人的真正和解,并将给社会造成不良示范效应,甚至会诱使审判人员行为失范。

三、外国家事纠纷化解制度的比较考察

(一)日本家事纠纷化解制度

"日本是一个十分重视家庭和谐的东方国家,他们很早就认识到家事纠纷的特殊性"[7],早在1898年就颁布了《人事诉讼程序法》,并于2003年将其修订为《人事诉讼法》;其后,受美国部分州设置家事法院的启示,于1947年颁布《家事审判法》,设置家事法院,由其负责家事纠纷的调停工作,并确立独立的家事诉讼程序;而对于婚姻、收养、亲子关系等人事诉讼案件由地方法院管辖,家事法院只是参与调停工作。根据《家事审判法》第17条、第18条的规定,除了具有明显非讼性质的甲类事件外,日本在处理家事纠纷过程中坚持"调停前置主义",即对于可进行调停的案件,如果有人提起诉讼,必须先向家事法院申请调停,如果没有申请调停而提起诉讼时,则法院应将案件交付家事法院进行调停,尽可能地"用道义充满温情地来解决纠纷";对于已经进入诉讼程序的案件,法院如果认为案件仍可以进行调停,也可依职权随时将案件交付给家事法院进行调停。

日本的家事法院是由书记官、调查官(从具有5年以上职业经验的律师中任命)、法官(包括调解法官和审判法官)组成,并附设处理纠纷的辅助机构,如家庭科学调查室、医务室、调解委员及家事裁判所委员会协助家事法院工作。如果有人向有管辖权的家事法院申请调停纠纷,或者是地方法院依职权将案件移送给家事法院进行调停,那么将由一名家事法官和两名以上的家事调停委员组成的家事调停委员会主持纠纷调解工作。家事调停和审判工作注重了家事纠纷的特殊性,在事实调查过程中限制当事人辩论主义和有责主义原则的适用,甚至会主动依职权斟酌、裁量事项。通常情况下,为查明纠纷缘由和厘清实质争点,调查官会在调停委员会的委托下"运用心理学、医学、社会学、经济学或其他专门知识,对当事人及相关人员的性格、经历、生活现状、财务状况以及家庭环境等方面展开调查"[8],并且在必要的时候需要医生对当事人的情况进行诊断。其后,调查官会在最大限度地了解纠纷的实际缘由基础上向调停委员会提交调查报告。调停委员会借助于调查报告或诊断结果,传唤当事人、证人到庭询问并核实相关证据材料,进而根据已有调查的结果对纠纷事实进行秘密决

议后向当事人提出合理的事情处理方案,引导当事人达成调解协议;若没有达成协议,纠纷将依法进入相应的诉讼程序。

(二)澳大利亚家事纠纷化解制度

随着替代性纠纷解决机制的兴起,澳大利亚也开始注重调解具有费用低廉、情感修复等优势,强调通过调解来解决家事纠纷。澳大利亚在《1975年家庭法》第19条规定,凡依家庭法进行的纠纷处理,双方当事人及儿童都可以要求进行调解;《2004年家事法规则》第5条还列出了判断纠纷是否适宜以调解方式处理的考虑因素,如双方当事人的情绪和心理状态、家庭暴力的风险。当家事纠纷进入家事法院后,家事法院登记处工作人员在立案前会对部分家事纠纷进行调解,调解工作由合格的社会工作者、心理学家的家事调解员主持,家事调解员必须对纠纷情况进行评估,以确定是否适宜调解;而法官为保证在调解不成时裁判的中立性,只能对调解工作提供指南而不能亲自出面主持。近年来,澳大利亚立法机构每年都修正家庭法律,增加了"FDR新机制",由专门的社区或社会调解组织提供家事咨询、调解等服务,更加注重对家事纠纷的非诉讼的多元化解决途径[9],尤其是2005年澳大利亚政府开始在全国建立"家事关系中心"的网络,旨在法庭外解决父母对子女照顾权等家事纠纷问题。

"家事关系中心"的工作人员需要具备相应的专业资质且具有丰富的调解工作经验,为已分居、离婚或者正处于纠纷中的夫妻提供各种服务,以协助家庭走出危机,挽救婚姻,至少让难以挽回的离婚双方当事人不用诉诸诉讼而好合好散,以避免双方相互敌视以及由此给子女带来的更多伤害。[10]"家事关系中心"的主要功能包括:(1)对分居期间的夫妻进行集体学习培训,引导已分居的夫妻如何处理情感问题,如何安排分居后的子女照顾权问题,如何将夫妻之间的冲突和儿童问题分别开来等等;(2)为分居夫妻提供咨询和建议,安排与专家进行个人访谈,提供处理分居期间各种问题的建议、信息;(3)帮助协商制定父母对子女照顾权行使的方案,向当事人提供3个小时免费调解时间,避免父母对儿童照顾权的行使受到夫妻间纠纷的阻碍而难以实现,并根据处理行使照顾权协议生效后的各种情况,分类解决协议履行纠纷;(4)帮助祖父母、外祖父母解决对孙子女、外孙子女的探视、接触等问题,维护他们之间的幸福和谐的关系。

(三)日本与澳大利亚家事纠纷化解制度的异同

从比较法的角度来看,尽管制度设计存在差异,但日本和澳大利亚都重视家事纠纷及其解决程序的特殊性,都注重调动社会资源参与家事纠纷化解工作,积极探索促使家庭关系和谐稳定的纠纷处理机制,在其家事纠纷化解实践中,两者都没有明确提出诉调对接概念,但实际上都部分地贯彻诉调对接的法理。

在调解主体方面,日本家事法院承担着家事纠纷调停的主要工作,设置了家事调查官,专门从事纠纷事实调查、证据材料收集等工作,并附设医务室等部门,充分吸收心理咨询师等专业人士参与家事调停,运用医学、心理学、经济学等知识,提高调查和调停工作的专业性和科学性。然而,日本模式尽管吸收了调停委员参与,但仍过于注重法院的作用,没有注重调动宗亲、社区等非诉社会资源,弱化社区调解等传统调解方式的功能发挥,无法缓解法院的诉讼爆炸压力,并且调停委员会的评议没有听取当事人的意见,具有准裁判性质的调停决议,堵塞当事人在调解领域的退路,反而不利于家事纠纷的化解。澳大利亚"家事关系中心"

的调解员必须具备相应专业资质条件,应经过培训、考核而取得资格,但其服务主体广泛,包括社区或专门调解组织的工作人员,其不仅有具备专业背景、熟知家事法律的司法登记官、法院调解员参与,还通过建设"家事关系中心"调解网络,充分调动其他社会非诉资源参与家事纠纷化解工作,从而有助于在气氛缓和的条件下解决夫妻间的矛盾,及时、妥善地化解家事纠纷,并在一定程度上减轻当事人讼累,有效缓解法院的诉讼压力。

在调解和诉讼关系方面,日本家事法院是二元分化调停程序和审判程序,采取"调停前置主义",即涉及乙类事件和人事诉讼纠纷,当事人应向法院申请调停,如果地方法院受理案件后发现纠纷未经调停,则应将案件依法移交家事法院调停。乙类事件一旦调停不成立,则当然转入审判程序,无需当事人另行提出诉讼请求;人事诉讼事件调停不成立,当事人若欲继续诉讼程序,应在收到调停不成立通知后两个星期内向地方法院起诉,其实际上架构了"二元分离"模式,区分调解和审判的法官、组织和程序,让审判法官摆脱调解压力,消除当事人在调停过程中发言或退步的顾虑,促使合意形成,强化调停协议的正当性,避免调停的强制化倾向。然而,"二元分离"模式的问题在于机械地割裂纠纷,由家庭法院负责调停程序和地方法院主持诉讼程序,并且两种程序间缺乏衔接互动机制。"当事人在调解阶段所提出的资料、调解过程的记录或家庭法院调查官的调查报告书,虽作为家庭法院调解记录被保存,但当事人未必能自由阅览抄录,故在离婚事件因调解不成立而进入地方法院之诉讼程序时,家庭法院所留存之上述调解记录,多未被充分活用"[11],导致解决程序的不经济。而澳大利亚家事法院为确保家事纠纷裁判的公正性,同样也实行"二元分离"模式,要求法官不能主持家事纠纷调解工作,而只能提供调解指南。家事法院在处理纠纷过程中始终贯彻调解原则,只要当事人表现出调解的意愿,法官则会立即终止诉讼程序并给予双方当事人和解的机会,由其安排调解员或者建议当事人向社会组织寻求帮助。一旦当事人提交调解申请后,则由登记官或法院调解员初步了解案件事实,举行案件评估会议,并视案件性质由不同调解主体主持家事纠纷调解工作。至于是否接受"家事关系中心"的服务,则完全取决于当事人的自身意愿,但是依《澳大利亚家庭法》规定,"家事关系中心"坚持"儿童最大利益优先原则",对于分居夫妻就子女抚养等纠纷则尽可能地引导当事人利用非诉讼途径,如调解、咨询等妥善地解决纠纷;同时,为鼓励当事人采取非诉途径解决家事纠纷,"家事关系中心"利用覆盖网络广泛的优势,在纠纷发生的第一时间为诉讼前分居或将离婚的夫妻提供免费咨询、调解等服务,及时妥善地处理各类家事纠纷。

四、家事纠纷二元诉调对接机制的完善

通过分析日本、澳大利亚的家事纠纷化解模式,结合我国家事调解制度存在的缺失,笔者认为应当借鉴日本、澳大利亚的诉调分离机制,并应吸收其在调解阶段充分调动社会非诉资源的做法,回归诉讼和调解的本质属性,交错应用非诉和诉讼法理,以重构家事纠纷诉调对接机制,即合理分配调解人员的工作职责,安排诉前调解法官主持调解工作,"有限地分离"法院调解和诉讼程序(见图二),从而避免二元分化的"绝对分离"存在拖延解决纠纷的不足以及"调审一体"程序存在调解强制化的弊端,使二者在一定距离间实现对接互动,以充分发挥调解(包括社会调解和法院调解)和审判在纠纷化解中的组合优势。

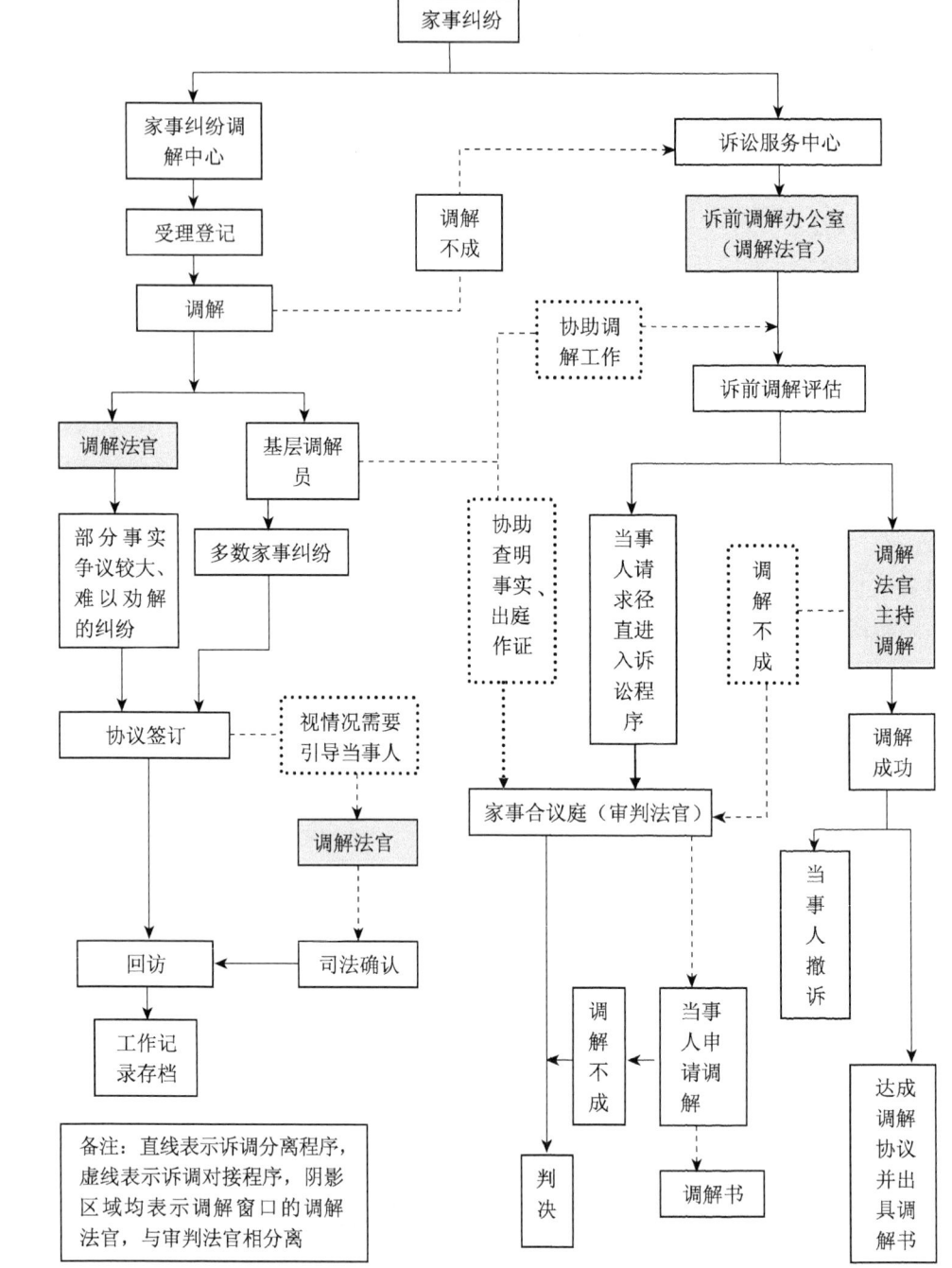

图二：诉调有限分离与对接互动之家事纠纷处理流程图

（一）家事纠纷诉调之有限分离

基于现行工作机制的限制，调解工作趋向于"调审一体化"，就难免会出现"合意贫困化"等现象，贬损调解协议的正当性，因此，有必要合理安排纠纷处理组织，使调解和诉讼之间适当地相对分离,使纠纷化解工作契合家事纠纷的特殊性和纠纷解决的一般规律。笔者认为,诉调对接机制是对调解和诉讼选择的否定之否定结果,符合纠纷解决机制发展规律,尤其是对注重调解作用的家事纠纷而言,其作用是不言而喻的。因此,家事纠纷解决机制的改革需要借鉴日本家事法院的分离做法,在诉调对接的前提下实现"有限分离";而有限分离的重点在于人员的分离,并借助于考核机制的改革,以推进机构、程序的分离,避免"一体融合"存在调解强制化倾向。

首先,关于家事纠纷的调解工作,不仅应关注法院调解工作,还应关注社区调解等,以实现非诉调解与法院调解的对接:(1)笔者认为应重视我国本土调解工作经验的实践理性,在非诉调解工作机制探索上已取得良好的效果,所以非诉调解模式架构方面可直接借鉴同安法院"农村家事纠纷援助中心"的做法,只需要对法院调解工作模式进行重构。(2)在法院调解机构设置方面,应相应调整法院人员的现行编制,利用诉讼服务中心的现有资源。诉讼服务中心可专门成立诉前调解办公室,强化诉讼服务中心的调解法官力量,选派具有丰富调解经验和人生阅历、性情耐心温和、善于心理疏导的诉前调解法官,由其主持调解等工作而不参与家事审判工作,专门负责基层调解员培训,指导和监督非诉调解工作的合法性和合理性,审查确认和解、调解协议,并在家事案件诉讼立案前,鼓励当事人和解,实现诉前(立案)调解与非诉调解的对接,实现调解法官与审判法官的分离,确保家事纠纷审理的公正性和保证现行法院系统评价机制的落实。

其次,在家事案件审判方面,由于该类型纠纷内容的复杂化及其独特性,有学者认为应借鉴日本和我国台湾地区的做法,建立家事诉讼制度,规定与之相称的诉讼程序,设置和配备专门机构和专业法官,以便集中专业司法资源,专门研究家事案件的审判工作,适应纠纷专业化审理需要。不可否认,法院对婚姻等家事案件统一在交通事故、损害赔偿等大民事审判体制中,家事纠纷解决程序的特殊性难以体现,其他社会机构参与和协调的联动功能也无法充分发挥。

然而,民事诉讼法暂未规定家事诉讼程序,立法层面没有像其他国家制定"家事事件法"或"家事诉讼法"等,不可能在没有立法依据的基础上成立专门的家事法院,但是可借鉴我国香港和台湾地区在普通法院内成立专门家事法庭的有益经验。基于现实考虑,由于仍处于探索阶段,需要合理利用现有司法资源,整合民庭审判力量,抽调具有丰富家事案件审判经验的法官成立家事合议庭,由该合议庭专门审理家事案件,及时对案件做出判决,发挥诉讼重构社会关系的功能;而在审判法官考核制度上,应弱化审判法官的调解率要求。家事合议庭的法官选任,应至少有一名女性、已婚法官,除考虑法律专业水平外,还应适当考虑法官的年龄,强调善于人际沟通等,邀请社会上具有一定法律知识、熟悉家事纠纷化解工作的人员,如心理咨询师作为合议庭陪审员。待经验成熟后,再设置独立的家事审判庭,从而避免设立家事法院引起系统的大波动,并实现了家事调解和审判的机构、人员和程序之"有限分离"。

(二)家事纠纷诉调之对接互动

在处理家事纠纷的过程中,诉讼与调解的"绝对分离"固然能避免"调审一体化",解决调解强制化和合意贫困化的问题,但二元分离模式则机械地划分纠纷解决流程,造成重复调查事实、拖延解决问题,并且无休止的争议容易折磨当事人及其亲属的身心,影响子女健康成长。因此,有必要整合不同纠纷解决模式的优势,使有限分离的家事纠纷诉调程序架构对接互动机制,促使调解功能重新归位,发挥法官参与调解的权威性,避免调解员可能因缺乏法官的指导而导致调解过程或结果违背法律,从而在解决"调审一体"问题的同时解决二元绝对分离机制的非效率,实现案结事了人和。

第一,在人员对接方面,尽管家事调解员独立负责纠纷化解运作,但在调解过程中当事人请求或遭遇专业能力、伦理议题的限制时,可以视情况要求调解法官指导;在诉前调解中,由调解法官承担日本家事调查官的职责,负责事实调查、促进和解、司法确认等工作,引入专业人士等社会资源,同时法官在调查事实时可视情况要求调解员协助,帮助平复当事人情绪,促使当事人和解,从而既保证了审判人员与调解人员的分离,又确保发挥法院参与家事调解工作优势,避免法官顾虑到现行的评价机制而"迫使"当事人接受调解;在机构对接方面,基层调解组织与诉前调解办公室、诉讼服务中心与家事合议庭在案件受理、证据材料移交等方面的衔接配合,设计出标准的程序转介流程。

第二,在执业守则对接方面:(1)由于家事纠纷会涉及个人隐私,调解人员和审判人员应严格保密履职过程中知晓的个人隐私;(2)坚持公正原则,保持不偏不倚的态度,避免带有决断性或恐吓性的言语行为,与当事人存在利害关系的人员应当回避;(3)在家事纠纷非诉调解和法院调解过程中,允许以简便的口头方式提出即可,并在一定情况下允许宗亲参与调解;(4)由于家事纠纷具有公益性,可能会涉及弱势群体利益保护问题,在调解和诉讼过程中要适当坚持职权主义,适度限制当事人自主行使和处分权利,处理时应考虑当地风俗习惯,并应尊重未成年子女表达意见的权利,在疑有虐待等情况发生,调解者则应及时依法通报,要求法官妥善处理;(5)在家事调解和审判场所采取"圆桌式"布置,以"和"为主旋律,以责任担当、亲情维系、宽容理解为内涵,并配以引导纠纷双方当事人和睦相处的宣传标语、图画等材料,尽可能地营造和谐气氛。

第三,程序对接方面:(1)发挥调解在化解家事纠纷中的特殊作用,借鉴日本家事调停经验,即所有家事纠纷在进入诉讼程序前应进行诉前调解评估,不管是基层调解组织的非诉调解和法院的诉前调解;在纠纷进入诉讼程序后,仍应考虑家事纠纷的特殊性,软化刚性的诉讼程序,吸收家事调解的田间送达等便民措施。在审判过程中,随着纠纷事实的查明,当事人表现出调解意愿就应当允许,但在诉讼阶段的调解则由审判法官主持,毕竟其比较了解案件事实,但需要摒弃对审判法官的调解率考核,避免给审判法官造成调解压力。(2)诉调的程序对接重点是,审判人员如何处理调解阶段收集的证据和调查的事实,是否可以直接援用?家事纠纷具有私隐性,容易受到情感因素的影响,许多证据转瞬即逝,证据事实难以保存或发现,直接影响诉讼效率和正义伸张。目前,许多国家基本上都确认"调解自认排除规则",要求调解中的陈述或让步不得为裁判的基础,免除当事人在调解过程中的心理顾虑,促使当事人达成调解协议;家事纠纷涉及当事人的隐私,需要对涉及个人隐私的证据材料进行区分。通常情况下,家事纠纷解决坚持职权主义原则,除非是当事人的自认情况下,可以援用调解过程中收集的证据材料,优先适用调解记录,肯定其证据效力;必要时也可以邀请调解员出庭作证,帮助法院查清案件事实,但不能涉及与纠纷事实发生无相当因果关系的隐私

---

① 比如,对于驳回婚姻无效、撤销、离婚或撤销离婚的诉讼请求后,原告不得以变更诉讼请求或以新理由再提起独立的诉讼,被告也不得以反诉理由所主张的事实再提起独立的诉讼。

内容,忽视当事人对调解人员的信任关系。(3)在确保调解协议的履行方面,调解人员可根据具体情况引导当事人向法院负责调解的窗口申请司法确认,方便当事人快速地取得执行名义;而对于部分当事人拒绝自动履行的,审判人员应当在没有明显相反的证据或意思表示情况下,如果一方当事人主张依照调解协议进行裁判,应认可调解协议具有合同性质的效力而径直做出裁判,以督促当事人自觉履行调解协议,实现调解和审判的互动。

参考文献:

[1] 高野耕一.家事调停中裁判官的责任.案例672[J]//李青.中日家事调停的比较研究.比较法研究,2003(1):83.
[2] 我妻荣.家事调停序论.家族法的诸问题[D]//张晓茹.家事裁判制度研究.北京:中国政法大学,2004:20.
[3] 巫若枝.30年来我国家事纠纷解决机制的变迁及其启示[J].法商研究,2010(2):83.
[4] 唐力.在"强制"与"合意"之间:我国诉讼调解制度的困境与出路[J].现代法学,2012(3):91.
[5] 棚濑孝雄.纠纷的解决与审判制度[M].王亚新,译.北京:中国政法大学出版社,1994.
[6] 张卫平.推开程序理性之门[M].北京:法律出版社,2008:88.
[7] 陈爱武.人事诉讼程序研究[M].北京:法律出版社,2008:218.
[8] 陈飏.日本家事调停制度研究[J].河北法学,2010(1):169.
[9] 陈苇,曹贤信.澳大利亚家事纠纷解决机制的新发展及其启示[J].河北法学,2011(8):40.
[10] 陈苇,来文彬.论我国家事纠纷人民调解的新机制——以澳大利亚"家事关系中心"之家事纠纷调解为视角[J].学术交流,2009(7):62.
[11] 张晓茹.家事裁判制度研究[D].北京:中国政法大学,2004:65.

(责任编辑:王禄生 审校:熊樟林)